2019

시민생활과 세금

안경봉 편저

국민대학교 출판부

개정4판을 내면서

제3판이 독자들의 호응을 받아 새롭게 제4판을 낼 수 있는 기회를 갖게 되어 감사드린다. 그동안 제3판 2쇄라는 형식으로 제3판이 나온 이후 바뀐 세법내용도 담고 미비한 점을 보완하기는 하였으나, 그동안의 세법 개정사항 및 새로운 논의들을 담기에는 충분하지 않아 개정 제4판에서는 대폭 손질을 가하게 되었다.

제4판에서는 그동안의 세법 개정사항 및 통계들을 반영하고, 각 강(講)별로 그동안 불명확하게 서술되어 있는 부분들을 찾아 정리하고, 각 강(講)별로 모두(冒頭)에 제시된 사례들에 대한 해결을 체제상 따로 정리하기도 하고, 추가로 해설이 필요한 경우에는 사례를 추가하고 자세한 해설을 붙이기도 하였다.

연습사례들은 목차에 해당 면수를 밝혀 독자들이 기초적인 이론을 공부한 후 공부한 내용을 정리할 수 있도록 쉽게 찾아볼 수 있게 하였다. 뿐만 아니라 제4판에서는 각 강(講)마다 시사적이고 현안이 되는 내용을 독자들이 쉽게 이해할 수 있도록 '뉴스속의 세금', '판결속의 세금', 'column' 등의 형태로 새로이 추가하였다.

제4판 개정작업에 바쁜 시간을 쪼개어 동참하여 준 공동 집필자 김홍균 박사, 이한우 박사, 김종필 세무사에게 감사의 말씀을 전한다.

특히 김홍균 박사는 제4판에서 편집작업을 쉽게 할 수 있도록 전문편집인을 주선하고, 번거로운 연락업무를 도맡아 편저자의 짐을 한결 덜어 주었다. 이한우 박사는 제4판에서 처음으로 집필작업에 참여하였음에도 불구하고, 본인의 강의경험을 살려 바쁜 업무시간을 쪼개어 집필에 필요한 새로운 아이디어도 내고, 쉽지 않은 집필작업에 기꺼이 참여하여 주었다. 전문가들과의 공동집필로 제4판이 더욱 풍성한 내용을 가질 수 있었음은 두말할 나위가 없다.

최종 원고가 나오기까지 인내심을 가지고 기다려준 국민대학교 출판부 관계자들에게도 감사하다는 말씀을 드리고 싶다.

끝으로 『시민생활과 세금』이 제4판에 그치지 않고 계속 이어갈 수 있도록 독자 여러분의 아낌없는 격려와 질책을 바란다.

2019년 2월

편저자 안 경 봉

목 차

□ 쉬어가기

□ 뉴스속의 세금

□ 판결 속의 세금

□ column

제 1 강 세금은 무엇인가

학습목표

1. 세금이 무엇인지 왜 내야 하는지 말할 수 있다.
2. 세금의 종류를 알 수 있다.
3. 우리나라 재정수입의 상당수를 차지하는 세금의 구성비에 관해 말할 수 있다.

"Nothing can be said to be certain, except death and taxes."

— Benjamin Franklin

1. 세금은 왜 내야 하는가

국가가 일반·지방행정, 공공질서 및 안전, 통일·외교, 국방, 교육, 문화·체육 및 관광, 환경, 보건·복지 및 고용, R&D, 산업·중소기업 및 에너지, SOC, 농림·수산 및 식품 등등 공공서비스를 제공하려면 막대한 자금이 필요하다. 2017년 및 2018년 중앙정부 분야별 지출은 다음 <표 1-1>과 같다.

<표 1-1> 중앙정부 분야별 지출(2017~2018년)

(단위 : 조원)

구 분	2017년	2018년
보건·복지·고용	131.9	144.7
교육	59.4	64.2
문화·체육·관광	7	6.5
환경	7.1	6.9
R&D	19.5	19.7
산업·중소기업·에너지	18.8	16.3
SOC	22.2	19
농림·수산·식품	19.8	19.7
국방	40.3	43.2
외교·통일	4.6	4.7
공공질서·안전	18.2	19.1
일반·지방행정	65.1	69
총지출	410.1	428.8

※ 출처 : 국회 예산정책처 재정통계(http://stat.nabo.go.kr/fn02-25.jsp)

개인도 먹고 살기 위해서는 열심히 벌어야 하는 것처럼 국가도 공공서비스를 제공하기 위해서는 필요한 재원을 마련하지 않으면 안 된다. 국가가 재원을 조달하는 방법으로 소득세・법인세・부가가치세 등 국세, 공기업주식매각 수입 등 세외수입, 국채발행 수입 등 여러 가지가 있는데, 그중 세금으로 마련하는 재원이 가장 많다.

예컨대 2016년 회계연도기준 조세수입은 70%로 대한민국 전체 세입예산에서 가장 많은 비중을 차지하고 있다(<표 1-2> 참조).

<표 1-2> 대한민국 전체 세입예산(2016년)

(단위 : 조원, %)

구 분	예산(조원)	비율(%)
국세	220.9	54
지방세	64.8	16
국채	41.4	10
중앙세외수입	31.4	8
지방세외수입	23	5
지방채	7.6	2
지방기타수입	20.3	5

※ 출처 : 열린 재정(재정정보 공개시스템)
(http://www.openfiscaldata.go.kr/portal/theme/themeProfile14.do# return false;)

2. 세금(조세)이란 무엇인가

연습사례

Q1. 우리는 대부분의 경우 세금을 내야 한다. 열심히 회사에서 일을 하고 받은 월급에 대해, 슈퍼에서 물건을 살 때, 심지어 식당에서 밥 먹을 때도 세금을 내야 한다.
세금이란 도대체 무엇인가?

세금이란 국가나 지방자치단체가 공공서비스 제공을 위한 재원조달을 위해 반대급부 없이 강제적으로 국민에게 부과하는 금전이다. 이러한 정의에 의하면 세금은 다음과 같은 특성을 가지고 있다.

1) 공익성(公益性)

세금은 전술한 바와 같이 공공서비스의 재원으로 쓰이는 것이다. 공공서비스 분야는 경찰, 교육, 문화예술, 수자원, 우편, 재해, 의료, 복지, 철도, 주택, 폐기물, 통신, 식품위생, 일반관리 등이 있는데, 사회공동체의 편익을 위하여 제공되는 재화와 용역을 포괄하는 개념이 공공서비스이다.

국가나 지방단체가 이러한 공공서비스를 제공하기 위해 필요한 자금을 모집하는데, 세금은 자금 모집의 한 수단이라고 할 수 있다.

2) 비대가성(非對價性)

세금은 반대급부가 없다. 납세자가 국가에게 세금을 납부하더라도 국가로부터 직접적인 대가를 받지 못한다. 납세자로서는 세금은 일종의 희생이라고 할 수 있다.

3) 강제성(强制性)

국가나 지방자치단체가 공공서비스제공 등 정상적인 기능을 이행하기 위해서는 이에 소요되는 일정 재원을 반드시 확보해야 한다. 전술한 바와 같이 세금은 국가나 지방자치단체의 수입 중 가장 큰 비중을 차지하므로, 이의 안정적 확보를 위해 납세자인 국민이 세금을 안내면 국가는 강제력을 발동하여 추징하게 될 것이다.

그러나 이와 같이 세금을 확보하는 데 있어서 강제력의 수반이 불가피한 것이기는 하나, 이로 인해 사실상 국민의 재산권을 침해하게 되는 경향이 있다.

3. 세금의 종류

1) 세금(조세)의 종류

세금의 분류방법에는 여러 기준이 있지만, 일반적으로 다음 <표 1－3>과 같이 분류한다. <표 1－3>에 의하면, 우리나라는 국가가 부과하는 11가지의 세금과 지방자치단체가 부과하는 11가지의 세금이 있다.

<표 1-3> 세금의 종류

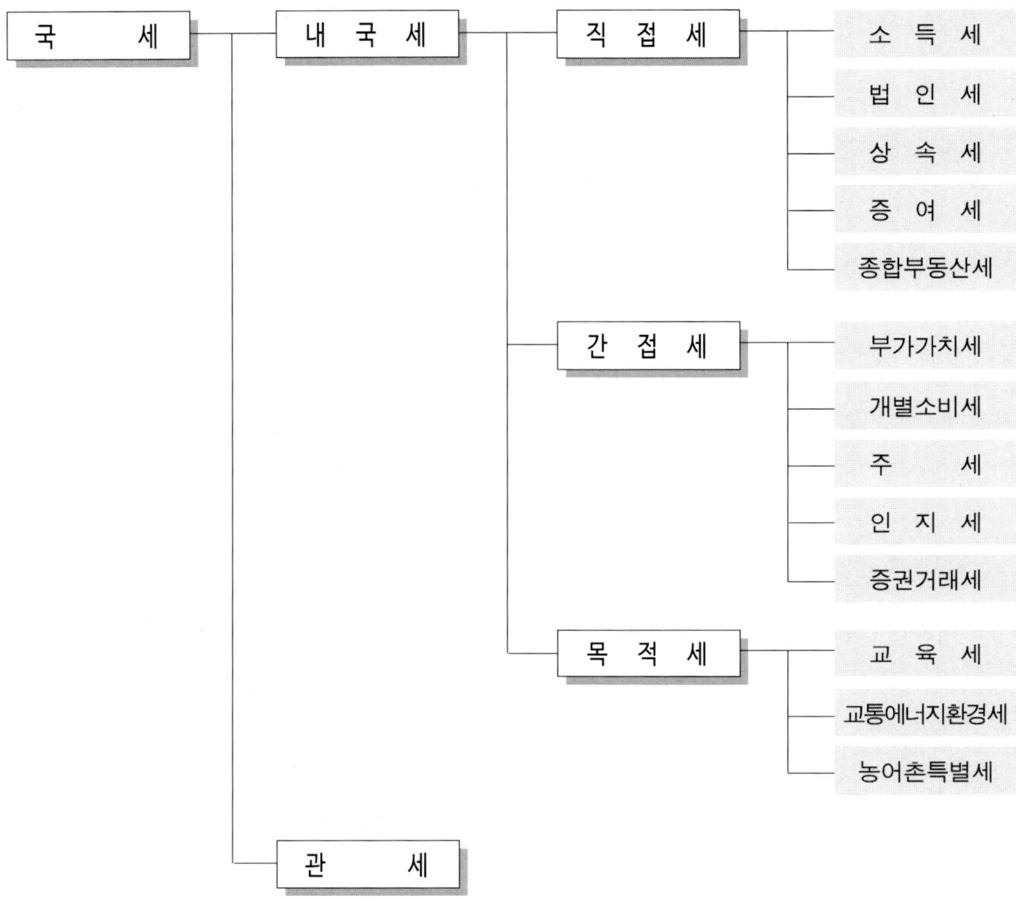

- 법인세 : 법인의 소득세 대하여 부과되는 세금
- 소득세 : 개인의 소득세 대하여 부과되는 세금
- 상속세 : 개인의 사망으로 인해 발생하는 상속 재산에 대한 세금
- 증여세 : 개인 간 증여하는 재산에 대한 세금
- 종합부동산세 : 주택과 토지를 일정 기준 이상으로 소유하고 있는 사람들의 재산에 대한 세금
- 부가가치세 : 물건 등이 제조, 유통을 거치면서 증대되는 가치에 대한 세금
- 개별소비세 : 일정한 사치성 성격을 가진 물품이나 특정 장소의 입장에 대한 세금
- 주세 : 주류에 대해 일정하게 부과하는 세금
- 교통세 : 휘발유 등에 부과하는 세금
- 인지세 : 문서를 작성한 자에게 부과하는 세금
- 증권거래세 : 주식(주권, 출자지분)을 양도하는 경우 양도자에게 부과하는 세금
- 관세 : 일정한 물품을 국외에서 수입하는 경우 부과하는 세금
- 교육세 : 특별소비세나 주세 등에 부과하는 세금
- 농어촌특별세 : 소득세, 법인세 등의 감면세액에 대해 부과하는 세금

- 지 방 세
  - 보 통 세
    - 취 득 세
    - 등록면허세
    - 레 저 세
    - 담배소비세
    - 지방소득세
    - 지방소비세
    - 주 민 세
    - 재 산 세
    - 자 동 차 세
  - 목 적 세
    - 지역자원시설세
    - 지방교육세

- 취득세 : 재산 등을 취득함에 따른 세금
- 등록면허세 : 재산 등을 등록하거나 각종 면허를 받는 자에게 부과하는 세금
- 지방소득세 : 소득의 일정 부분에 대해 추가적으로 부과하는 세금
- 재산세 : 보유하고 있는 재산에 대해 부과하는 세금
- 자동차세 : 자동차 소유자에게 부과되는 세금

2) 국세와 지방세

부과 · 징수의 주체가 국가인가 지방단체인가에 따라 국세와 지방세로 구별한다.

<그림 1-1> 국세 vs 지방세[1]

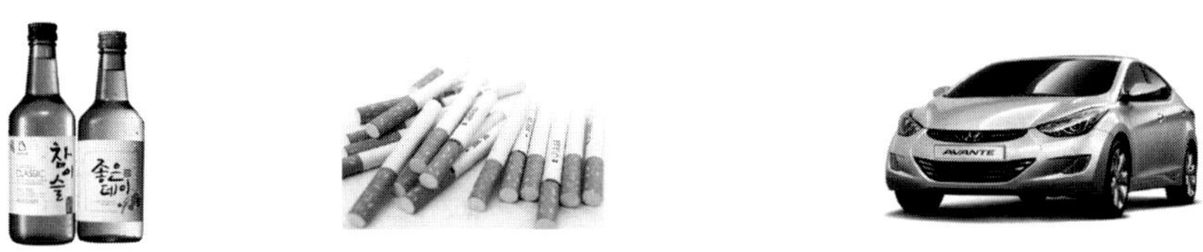

주세 = 국세 vs 담배소비세 = 지방세

구입시 개별소비세 = 국세 vs 보유시 자동차세 = 지방세

1) http://bluemarbles.tistory.com/1181(방문일자 : 2011.12.20.)

위 <그림 1－1>을 살펴보면, 주세는 국세이지만 담배소비세는 지방세이다. 또한 자동차를 살 때 내는 자동차분 개별소비세는 국세이지만, 보유하고 있는 자동차에 대해 매년 납부하는 자동차세는 지방세이다. 그렇다면 어떠한 세목은 국세로 하고 어떠한 세목은 지방세로 할지에 대한 명확한 기준은 무엇인가? 사실상 명확한 기준은 없지만 일반적으로 다음과 같이 나누어 볼 수 있다.

첫째, 과세의 대상이나 세율을 한 국가 내에서 통일시켜야 할 필요가 있는 세목은 '국세'로 하는 것이 적합하다. 이는 세금으로 인해 개인이나 기업의 선택에 왜곡이 발생하지 않도록 하기 위함이다. 현재 국세로 운영되고 있는 소득세(종합소득세, 양도소득세, 근로소득세 등)와 법인세, 부가가치세 등 대부분 세목이 여기에 해당한다.

둘째, 이전할 수 없는 고정자산에 대한 과세는 '지방세'로 하는 것이 적합하다. 재산세, 취득세, 등록면허세 등 부동산에 대한 과세가 대표적이다. 토지나 건물과 같은 부동산은 지방자치단체 내에 속해 있으면서 이전이 불가능하기 때문이다. 외국의 경우에도 부동산의 거래, 보유에 대한 과세는 대부분 지방세로 하고 있다.

셋째, 지역 간 조세수입의 격차가 크게 나는 세목은 '국세'로 하고 조세수입이 비교적 고르게 나타나는 세목은 '지방세'로 하는 것이 적합하다. 예를 들어, 법인세는 지역 간 격차가 크게 발생하므로 지방세로 하기에 부적합하며, 상대적으로 지역 간 격차가 적은 자동차세, 담배소비세 등은 지방세로 하기에 적합하다.

3) 내국세와 관세

국세를 다시 교역에 대한 통관절차의 필요성의 유무에 따라 관세와 내국세로 나눈다. 외국과의 교역에 의하여 물품이 수입·수출되거나 국경을 통과할 때 부과하는 세금이 '관세'이고 외국과 관계없이 국내에서 징수하는 세금이 '내국세'이다.

특히 관세는 국가 재원의 조달 수단일 뿐만 아니라 국산품을 보호하기 위한 중요 수단이기도 한다. 외국제품이 가격과 성능에서 국산품보다 월등한데 이 제품이 그대로 수입될 경우 국민경제와 세계평화에 결정적인 영향을 미칠 가능성이 있다면 정부는 높은 관세를 부과하여 국산품과 외제품의 가격 차이를 없애고 국산품을 보호하게 된다. 이에 반하여 국산품을 수출할 때 관세를 부과할 가능성도 있는데, 이는 주로 국내 생산과 생활 필수의 보호, 국내 자원 수출의 제한 등 목적을 달성하기 위한 것이다.

이와 같이 관세를 통한 수입과 수출의 제한은 상대국의 입장에서 본다면 아주 불리하므로, 관세는 항상 국제 간 자유경제무역 협상의 초점이 된다.

예컨대 한국과 미국 간의 FTA는 바로 일정한 상품에 대해 한미 양국이 모두 관세를 면하는 것에 관한 조약이다.

> ❐ 대한민국과 미합중국 간의 자유무역협정 비준동의안 · 협정 주요 내용 : 가목
> "각 당사국은 상대국 원산지 상품에 대한 관세를 관세철폐계획에 따라 철폐하되, 우리나라는 쌀을 양허대상에서 제외하고 그 밖에 우리 산업 전반에 직접적이고 지대한 영향을 미치는 일부 품목에 대하여는 현행 관세를 유지하거나 장기이행기간을 설정하도록 하며, 미합중국도 자국의 산업 전반에 직접적이고 지대한 영향을 미치는 일부 품목에 대하여는 장기이행기간을 설정하도록 함."

4) 직접세와 간접세

조세부담은 다른 사람으로 전가(轉嫁)될 수 있는지 여부에 따라 내국세는 다시 직접세와 간접세로 구분된다. '직접세'는 납세의무자가 실제의 조세부담자와 일치하는 것이며, '간접세'는 납세의무자가 명의상 세금을 부담하는데 실제로 다른 사람으로 전가될 수 있는 것이다.

예컨대 식당에서 식사하게 되면 식사대금에는 10%의 부가가치세를 포함한다. 부가가치세는 식당의 주인이 납세의무자이지만 실제로는 소비자인 손님에게 전가되는 셈이다. 이에 반해 납세의무자가 소득을 얻고 소득세를 납부하는 경우 부가가치세와 달리 더 이상 다른 사람에게 전가할 수 없다.

5) 보통세와 목적세

지방세는 조세수입을 일반적 지출에 충당하기 위한 것이냐 또는 특정의 목적을 위하여 지출할 것이냐에 따라 보통세와 목적세로 나눈다. 세금의 가장 일반적인 목적은 국가의 재원을 조달하는 것이다. 그러나 재원 조달 이외에 특별한 정책, 경제 등 목적을 위해 징수할 수도 있다.

예를 들면, 지방교육의 질적 향상에 필요한 지방교육재정의 확충에 드는 재원을 확보하기 위하여 지방교육세를 부과한다.

4. 세금관련 통계

1) 조세부담률

조세부담률{Total tax revenue (excluding social security) as percentage of GDP}은 경상GDP에서 조세(국세+지방세)가 차지하는 비중으로 특정 국가 국민들의 조세부담 정도를 측정하는 지표를 말한다.

<표 1－4> 우리나라의 조세부담률

(단위 : 조원, %)

구 분		2013년	2014년	2015년	2016년	2017년
경상GDP		1,429.40	1,485.10	1,558.60	1637.4	1730.4
조세	계	255.7	267.2	288.9	318.1	345.8
	(조세부담률, %)	17.9	18	18.5	19.4	19.9
	국 세	201.9	205.5	217.9	242.6	265.4
	지방세	53.8	61.7	71.0	75.5	80.4

위 <표 1－4>에서 보는 바와 같이 우리나라의 조세부담률은 2013년 17.9%이었다가, 2017년 19.9%로 2.0% 상승하였다. 우리나라 조세부담률은 2016년 기준으로 19.4%로 OECD 회원국 8개국의 평균 조세부담률(27.8%)에 비해 낮은 수준이라고 할 수 있다.

조세부담률을 연간 일수(365 또는 366)로 나누어 보면 국민이 1년 동안 세금을 내기 위해 일하는 일수를 산출할 수 있다.

쉬어가기

✥ 2016년 세금해방일은 3월 20일

매년 세금해방일을 발표해온 자유경제원은 2016년의 세금해방일은 3월 20일이라고 발표했다. 국민이 1년 동안 세금을 내기 위해서 일하는 일수는 며칠이나 될까? 순수하게 자신의 소득을 위해 일하기 시작한 날을 세금해방일이라고 한다면, 2016년 세금해방일은 3월 20일이다. 이는 365일 중에 79일째 되는 2016년 3월 19일까지 일해서 벌어들인 소득은 정부에 세금을 내기 위한 것이고, 3월 20일부터 일해서 벌어들인 소득이 온전히 자신의 소유라고 할 수 있다.

세금해방일은 조세총액을 국민순소득으로 나눈 조세부담률을 연간 일수로 분할하여 산출한다. 계산에 사용된 2016년의 조세총액은 기획재정부 발표 자료를 활용한 예측치 283조 8,950억원이며, 국민순소득은 명목 예상치로 한국은행 발표 자료를 활용한 1,300조 6,022억원이다. 조세총액을 국민순소득으로 나누면, 조세부담률은 21.8%이다.

즉, 국민이 부담해야 할 조세부담은 국민순소득의 21.8% 인데, 이를 연간 기준으로 나누어 보면 366일 중 79일에 해당한다. 따라서 국민들은 79일이 지난 3월 20일부터 자신의 고유소득을 위해서 일을 시작하게 되는 것이다.

※ 출처 : 현진권, http://www.cfe.org/20160318_143011(방문일자 : 2017.3.11.)

2) 국세와 지방세 비율

국세와 지방세의 구분은 「국세와 지방세 조정 등에 관한 법률」에서 규정하고 있다. 국세와 지방세의 구분은 부과징수의 주체를 의미하는 것으로, 실제 재정의 규모와는 다른 개념이다.

통상 국세의 경우 국세청·관세청 등 중앙정부기관을 통해 징수되어 한국은행 국고계좌로 수납되고, 지방세의 경우에는 시·군·구를 통해 징수되며, 지방자치단체별 은행계좌를 통해 수납되고 있다.

<표 1-5> 국세와 지방세 비율

(단위 : 조 원, %)

구 분	2013년	2014년	2015년	2016년	2017년
조 세	255.7	267.2	288.9	318.1	345.8
(GDP 대비, %)	17.9	18	18.5	19.4	19.9
국 세	201.9	205.5	217.9	242.6	265.4
(국세 비중, %)	79	76.9	75.4	76.3	76.7
지 방 세	53.8	61.7	71	75.5	80.4
(지방세 비중, %)	21	23.1	24.6	23.7	23.3

2013년 이후 국세비율은 76~79%, 지방세 비율은 21~24% 수준에서 안정적인 모습을 보이고 있다. 국세수입은 지방교부금 등을 통해 지방으로 상당 부분이 이전되고 있으며, 이를 포함하는 경우 총 조세수입의 62%를 지방정부가 사용하고 있다.

외국의 경우 연방제 국가는 지방세 비중이 상대적으로 높은 반면, 비연방제 국가는 지방세 비중이 상대적으로 낮은 모습을 보이고 있다. 예컨대 연방제 국가인 미국은 2014년 기준 지방세 비중이 44.5%로 상대적으로 높다. 반면 비연방제 국가인 프랑스는 2014년 기준 지방세 비중이 28.1%로 상대적으로 낮다.

학 습 평 가

1. 우리가 세금을 반드시 내야하는 원인을 설명하라.
2. 불법주차로 부과된 과태료는 세금인가?
3. 용어의 뜻으로 옳은 것은?(2015년 사법시험 수정)
   ① “국세”에는 소득세, 법인세, 부가가치세, 재산세 등이 포함된다.
   ② “세법”에는 「소득세법」, 「법인세법」, 「부가가치세법」, 「관세법」 등이 있다.
   ③ “직접세”는 납세의무자가 실제의 조세부담자와 일치하지만, 간접세는 납세의무자와 실제의 조세부담자가 일치하지 않는다.
   ④ “국세”는 부과ㆍ징수의 주체가 지방자치단체이고, “지방세” 국가가 부과ㆍ징수 주체이다.

[정답] : ③

제 2 강 세법은 무엇인가

학습목표

1. 세법의 개념을 알 수 있다.
2. 세법의 법원(法源)에 관해 말할 수 있다.
3. 세법의 규정내용에 관해 말할 수 있다.

1. 세법은 무엇인가

1) 세법이란 무엇인가

세법은 조세의 부과와 징수에 관한 일련의 법체계이다. 세법은 크게 다음의 네 가지 분야로 구성된다.

(1) 조세실체법

납세의무의 존부 및 크기를 정하는 데 관한 법체계를 말한다. 구체적으로 납세의무자, 납세지, 과세관청, 과세물권, 과세표준, 세율 등의 과세요건을 규정하는 분야이다.

국세기본법의 일부규정, 법인세법, 소득세법, 상속세 및 증여세법, 부가가치세법, 지방세법, 관세법, 국제조세조정에 관한 법률, 개별소비세법, 조세조약 등이 이에 속한다.

(2) 조세절차법

조세를 부과 및 징수하는 절차를 규정하는 법체계이다. 국세기본법의 일부규정, 국세징수법, 개별 세법 내 절차에 관한 조항이 이에 해당한다.

(3) 조세쟁송법

납세자가 부과된 조세의 부담으로부터 벗어나기 위하여 부과권자나 징수권자와 쟁송을 하는 데 적용되는 법체계이다. 국세기본법의 일부규정, 행정심판법, 행정소송법, 헌법재판소법 중 일부규정 등이 이에 해당한다.

(4) 조세형법

조세에 관한 범죄의 유형, 각 범죄행위의 구성요건 등과 그 처벌 그리고 그 처벌의 절차에 관한 특별 규정을 말한다. 현행법으로는 조세범처벌법과 조세범처벌절차법이 있다.

2. 세법은 어떤 형태로 존재하고 있는가

세법의 존재형식은 성문법과 불문법으로 분류할 수 있다. 성문법은 최고규범인 헌법, 법률과 명령 그리고 지방자치단체의 조례·규칙의 형식으로 존재하며, 그 외에 예규·훈령·고시 등의 행정규칙이 있다. 불문법은 관습법, 판례, 조리 등이 있다.

이하에서는 성문법으로 중심으로 살펴본다.

1) 헌법

헌법 중 납세의무에 관한 제38조와 조세법률주의에 관한 제59조는 직접적으로 세법의 내용을 이루는 규범이다. 특히 제59조는 "조세의 종목과 세율은 법률로 정한다."고 규정하여 조세법률주의를 선언하고 있다.

기본개념

❖ 조세법률주의의 이념 및 실질적 의미

조세법률주의의 이념은 과세요건을 법률로 규정하여 국민의 재산권을 보장하고, 과세요건을 명확하게 규정하여 국민생활의 법적 안정성과 예측가능성을 보장하기 위한 것이며, 그 핵심적 내용은 과세요건법정주의와 과세요건명확주의이다.

오늘날의 법치주의는 국민의 권리·의무에 관한 사항을 법률로써 정해야 한다는 형식적 법치주의에 그치는 것이 아니라 그 법률의 목적과 내용 또한 기본권 보장의 헌법이념에 부합되어야 한다는 실질적 적법절차를 요구하는 법치주의를 의미하며, 헌법 제38조, 제59조가 선언하는 조세법률주의도 이러한 실질적 적법절차가 지배하는 법치주의를 뜻하므로, 비록 과세요건이 법률로 명확히 정해진 것일지라도 그것만으로 충분한 것은 아니고 조세법의 목적이나 내용이 기본권보장의 헌법이념과 이를 뒷받침하는 헌법상 요구되는 제 원칙에 합치되어야 한다.

※ 출처 : 헌법재판소, 93헌바9 결정, 1994.6.30. 선고 ; 헌법재판소, 94헌바47 결정, 1995.7.21. 선고

2) 법률

조세에 관한 법률은 국세에 관한 법률과 지방세에 관한 법률로 나누어 볼 수 있다. 국세에 관한 법률은 개별세목마다 단행 법률로 되어 있는데, 모든 국세에 일반적·공통적으로 적용되는 사항을 규정한 법률과 개별세목에 관한 사항을 규정한 법률이 있다. 국세기본법, 국세징수법, 조세범처벌법, 조세범처벌절차법 등은 전자의 예이고, 소득세법, 법인세법, 부가가치세법 등은 후자의 예이다.

지방세는 모든 지방세에 일반적·공통적으로 적용되는 사항을 규정한 법률과 여러 가지 지방세의 종목을 하나로 묶어서 종합하여 규정한 법률이 있다. 지방세기본법이 전자의 예이고, 지방세법이 후자의 예이다.

3) 조약

헌법에 의하여 체결·공포된 조약과 일반적으로 승인된 국제법규는 국내법과 같은 효력을 가진다. 조세조약은 국가의 인적 구성원에 대한 과세권과 물적요소(재산의 소재지나 소득의 원천지)에 대한 과세권의 충돌로 발생하는 동일 소득에 대한 이중과세나 탈세를 막기 위해 양국 간에 체결하는 조약이다.

조약은 법률과 대등한 효력을 갖지만, 그 내용이 법률에 비해 특별한 경우에는 법률에 우선하여 적용된다. 다만, 조약규정의 폐기를 명시적으로 표방(標榜)하는 새로운 법률이 제정된 경우에는 신법우선(新法優先)의 원칙에 따라 새로운 법률이 우선적용된다.

4) 법규명령(시행령·시행규칙)

행정기관이 제정하는 일반적 추상적 규정으로서, 행정주체와 국민에 대하여 구속력을 가지며, 이에 따라 법원의 재판규범이 되는 것을 법규명령이라고 하는바, 그중에 대표적인 것이 대통령령과 각 부 장관의 부령이다. 각 세법별로 대통령령인 시행령, 부령인 시행규칙이 있다.

조세법률관계는 복잡하므로 법률로 구체적인 사항을 모두 규정하지 못하고 법규명령으로 위임하는 경우가 많다. 그러나 시행령 혹은 시행규칙에의 위임은 개별적이고 명확하여야 하며 백지(포괄)위임을 하여서는 안 된다.

기본개념

❖ 포괄위임금지의 원칙

포괄위임금지의 원칙은 법률이 위임하는 사항과 범위를 구체적으로 한정하지 않고, 특정 행정기관에 입법권을 일반적・포괄적으로 위임하는 것은 금지된다는 원칙을 말한다. 이는 법률에 하위법령(대통령령, 총리령・부령, 대법원규칙, 헌법재판소규칙, 중앙선거관리위원회 규칙 등)으로 규정될 내용・범위의 기본적인 사항들을 가능하면 구체적이고 명확하게 규정하여, 누구라도 그 법률로부터 하위법령에 규정될 내용의 대강을 예측할 수 있어야 한다는 것을 의미한다.

포괄위임금지의 원칙은 '법률의 명확성 원칙'이 행정입법에 관하여 구체화된 원칙인데, 법률의 수권(授權)은 그 내용, 목적, 범위에 있어서 충분히 확정되고 제한되어 있어서, 국민이 상위법령만으로 행정의 행위를 어느 정도 예측할 수 있어야 한다는 것을 의미한다.

입법권은 국회에 속하지만, 합의제 대의기관(代議機關)으로서 국회가 갖는 전문성의 취약점 등의 제약요인에 따라 그 입법 기능에는 일정한 한계가 있다. 따라서 오늘날에는 국회의 입법 기능을 보완하기 위해 행정입법이 양적・질적으로 증대되고 있는데, 이와 같은 행정입법을 어떻게 통제하느냐와 관련된 것이 포괄위임금지의 원칙이다.

※ 출처 : 정부입법지원센터, https://www.lawmaking.go.kr/lmKnlg/jdgStd/info?astSeq=2205&astClsCd=#, 2017.3.26〉

5) 행정규칙

행정규칙은 일반적이고 추상적인 규정 형식을 취하고 있지만 행정조직 내부의 조직활동을 규율하는 점에서 법규명령과 구별된다.

세법에 관한 행정규칙은 그 형식에 따라 행정기관이 일정한 사항을 불특정 다수의 국민에게 알리는 고시・공고, 상급행정기관이 소관 사무에 관한 지휘・감독권에 기하여 하급행정기관 또는 소속 공무원에게 일정한 사항을 지시하는 훈령 및 예규 등으로 나뉜다.

훈령은 상당한 기간 지속될 것이 예상되는 일반적・기본적 사항에 관한 명령이고, 예규는 국세청의 법령사무처리규정에 따르면 '국세청장 또는 관계부처・청의 장이 한 유권해석 질의회신문 집행실례 중 법령적용의 기준이 되는 것'을 말한다.

예규는 행정부 내 유권해석기관이 세법해석에 관한 자신의 견해를 미리 국민들에게 널리 알린 것을 말하는데, 단순한 질의회신과는 달리 예규가 되기 위해서는 국세청 법령심사협의회의 심의를 거쳐야 한다. 국민에 대해서는 구속력을 갖지 않는 것으로 법규성이 없다.

또한 예규 중 보다 중요성이 높은 것을 법문형식으로 만들어 '기본통칙'이라는 이름으로 국세청에서 공표하고 있다. 기본통칙의 제정을 위해서 국세청 법령심사협의회의 심의를 거치고 기획재정부 장관의 승인을 받아야 한다.

6) 조례 · 규칙

지방자치단체는 법령의 범위 안에서 자치에 관한 규정을 제정할 수 있다. 이에 따라 지방세기본법 제5조 제1항은 "지방자치단체는 지방세의 세목, 과세대상, 과세표준, 세율 그밖에 부과징수에 관하여 필요한 사항을 정할 때에는 이 법 또는 지방세관계법이 정하는 범위에서 조례로써 정하여야 한다."고 규정하고, 동조 제2항은 "지방자치단체의 장은 제1항의 조례의 시행에 따르는 절차 그 밖에 그 시행에 필요한 사항을 규칙으로 정할 수 있다."고 규정하고 있다.

3. 세법의 규정내용

각 개별세법에서 일반적으로 무엇에 대해 납세해야 하는가(과세물건), 누가 납세해야 하는가(납세의무자), 얼마나 납세해야 하는가(세액), 언제 납세해야 하는가(납세시기), 납세 안 하면 어떤 규제를 받아야 하는가(벌칙), 과세관청이 어떤 절차에 따라 징수해야 하는가 등등의 내용을 규정한다.

이하 조세채무의 성립에 필요한 법률상의 요건(과세요건이라 함) 구성 요소인 과세물건, 납세의무자, 과세표준, 세율 등 4가지를 설명하고자 한다.

1) 과세물건

과세물건이라 함은 조세법률관계의 성립에 필요한 물적 요소로 법률에서 과세의 목적물로 정한 일정한 물건 · 행위 또는 사실 등을 말한다.

예를 들어, 소득세법이나 법인세법에서의 소득, 부가가치세법에서의 재화나 용역의 공급, 상속세 및 증여세법에서의 재산의 상속이나 수증 등이 그 것이다. 특정의 과세물건을 과세대상에서 제외하는 경우가 많다.

예를 들면, 소득세법에서 1세대 1주택의 양도소득에 대해 과세를 하지 않는 경우이다. 이처럼 원천적으로 특정의 요건을 충족하는 과세물건을 과세에서 제외하는 것을 일반적으로 '비과세'라고 부른다.

2) 납세의무자

세금을 납부해야 하는 사람은 '납세의무자'라 한다. 세금의 종류에 따라 납세의무자도 다르다. 소득세의 납세의무자는 소득을 얻은 개인이고 법인세의 납세의무자는 법인이다. 그리고 부가가치세의 납세의무자는 사업목적이 영리이든 비영리이든 관계없이 사업상 독립적으로 재화 또는 용역을 공급하거나 재화를 수입하는 개인, 법인, 기타 단체를 포함한다.

3) 세액의 계산

연간 4,000만원을 버는 나북악은 소득세를 얼마나 내야 하는가? 나북악이 최종적으로 내야 할 금액을 계산하려면 여기서 몇 가지 용어를 미리 알아야 한다.

(1) 과세표준

과세표준이란 세액을 산정하기 위한 기초로서의 과세물건의 크기를 의미한다. 그 단위는 금액·가격·수량 등으로 표시된다. 소득세의 소득금액, 개별소비세의 물품가격, 인지세의 책수(冊數) 등이 그 예이다. 과세물건의 크기가 그대로 과세표준이 되는 경우가 있지만 많은 경우에는 과세물건의 크기에서 여러 가지 항목을 공제하여 과세표준에 이르는 경우가 많다. 예를 들면, 나북악이 납부해야 할 소득세의 과세물건인 소득은 4,000만원인데 이 4,000만원에서 인적공제, 특별공제, 근로소득공제 등등 다양한 공제를 하여 나머지 금액은 소득세의 과세표준이 된다.

(2) 세율

세율이라 함은 세액산출을 위하여 과세표준에 곱하여야 할 율을 말한다. 과세표준이 금액으로 표시되는 경우는 백분율·천분율로, 과세표준이 수량으로 표시되는 경우에는 단위에 대한 금액으로 표시된다.

① 비례세율과 누진세율

세율은 과세표준의 크기에 따라 변하는 방식을 기준으로 비례세율과 누진세율로 나누어진다. 전자는 과세표준의 크기에 관계없이 일정 비율인 세율을 말한다. 소득의 재분배와 직접적으로 관계없는 간접세제에서는 일반적으로 비례세율을 택하고 있다.

누진세율은 과세표준이 증가함에 따라 적용되는 세율이 함께 커지는 체계를 말한다. 누진세율은 일반적으로 소득의 재분배 기능을 달성하는 데 적합한 것으로 받아들여지고 있어 납세의무자의 담세력을 기준으로 부과되는 조세에서 통상 적용된다. 즉 돈을 더 많이 버는 사람이 세금을 더 많이 내야 한다.

② 단순 누진세율과 초과 누진세율

누진세율은 다시 과세표준이 커짐에 따라 그 전체 가액에 대하여 높은 세율을 적용하는 단순 누진세율과 과세표준을 다수의 단계로 구분하여 상위단계로 나아감에 따라 순차로 높은 세율을 적용하는 초과 누진세율이 있다.

우리나라의 소득세, 법인세, 상속세 및 증여세, 종합부동산세는 초과 누진세율 체계를 택하고 있다. 초과 누진세율 체계에서 과세표준 구간의 각 단계를 과세단계라고 하고, 각 과세단계에 적용되는 세율을 단계세율이라고 한다.

예를 들면, 연간 1,200만원만 버는 나북악에게는 6%의 세율을 적용하는 데 비해, 연간 4,000만원을 버는 김부자에 있어서는 1,200만원 이하의 부분에 나북악과 같이 6%의 세율을 적용하는데, 초과된 부분(4,000만원－1,200만원＝2,800만원)에 대해서는 15%의 세율을 적용한다.

(3) 산출세액 및 결정세액

과세표준에 세율을 곱하여 산출한 금액은 산출세액이라고 한다. 산출세액은 납세의무자가 최종적으로 납부할 세액이 아니다. 산출세액에서 또 일정한의 금액을 공제하거나(공제감면세액 등) 더한 후(가산세액 등) 산출된 금액이 최종적으로 납부할 결정세액이다.

학습평가

1. 소득세, 부가가치세, 증여 및 상속세의 과세물건과 납세의무자를 설명하라.
2. 왜 부자가 가난한 사람보다 세금을 더 많이 내야 하는가?
3. 포괄위임입법금지원칙에 관한 설명 중 옳은 것은?(2016년 사법시험)
   ① 현대국가의 사회기능 증대와 사회현상의 복잡화에 비추어 볼 때 형벌법규를 입법부에서 제정한 법률만으로 정할 수는 없으므로, 이를 행정부에 위임하는 것도 허용된다.
   ② 법률이 정관에 자치법적 사항을 위임한 경우에도 정관의 제정주체가 사실상 행정부에 해당한다면 포괄위임입법금지원칙이 적용되어야 한다.
   ③ 법률에서 위임받은 사항에 관하여 대강을 정하고 그 중의 특정 사항을

범위를 정하여 하위 법령에 다시 위임하는 경우에만 재위임이 허용된다.

④ 입법자는 법률에서 구체적으로 범위를 정하기만 한다면, 대통령령뿐 아니라 부령에도 입법사항을 위임할 수 있다.

⑤ 포괄위임입법금지의 원칙에 대한 판단기준인 예측가능성 유무는 당해 특정조항을 기준으로 판단하여야 하고, 당해 조항이 아닌 다른 조항까지 함께 고려하여 판단하게 되면 예측가능성의 인정범위가 지나치게 넓어지므로 허용될 수 없다.

[정답] : ⑤

제 3 강 근로소득과 세금

학습목표

1. 근로소득자의 경우 급여 계약액과 실제수령액이 다른 경우 그 차이가 무엇인지 이해한다.
2. 근로소득의 계산구조 및 매월 납부하는 방법을 이해하고 연말정산의 역할을 이해한다.

1. 근로소득의 의의

연습사례

Q1. 컴퓨터 게임을 너무 좋아하여 거의 모든 게임을 다 해보고, 이제는 게임의 시나리오 등을 만드는 데 유능하다고 소문이 나있는 나북악이라는 사람이 있다. 나북악은 게임을 제작하여 전 세계로 공급하는 (주)국민에 20××년 1월 1일 입사하여 게임의 시나리오를 작성하는 일을 하고 있다. 나북악은 게임 시나리오를 작성하지만 시나리오의 내용, 시나리오 진행상황 등을 회사 책임자에게 보고한다. 이러한 일을 한 대가로 매월 25일에 고정금액 500만원을 받기로 계약하였고, 제작한 게임으로부터의 매출액이 500억원을 초과할 경우 일정한 금액의 상여금을 받기로 하였다. 첫 근무를 시작한 후 1월 25일에 급여가 통장으로 입금되었다. 통장을 확인하여 보니 500만원에 한참 모자라는 금액이었다. 인사부서에서 보내 준 급여명세서 내용을 확인하니 다음과 같았다.

지급내역	지 급 액	공제내역	공 제 액
기본급	4,900,000	국민연금	195,300
식 대	100,000	건강보험료	149,940
		장기요양보험료	9,820
		고용보험료	31,850
		소득세	339,880
		지방소득세	33,980
		공제액 합계②	760,770
지급액 합계①	5,000,000	차인지급액(①－②)	4,239,230

급여명세서 공제내역 중 '소득세'는 무엇을 의미하는가?

1) 근로소득의 의의

학교를 졸업하지 않은 상태에서 또는 졸업하자마자 자기의 사업을 하는 사람을 제외하고, 대부분의 사람들은 회사나 단체 또는 개인사업자(이하 '회사 등')에 입사하여 일을 하는 것으로 사회생활을 시작한다. 회사 등에 입사하여 경험한 일을 바탕으로 스스로 사업을 하기도 하고, 또는 하던 일과 상관없이 개인적으로 관심 있는 분야의 사업을 하기도 한다.

회사 등에 입사하여 일반적으로 독립적이지 않은 지위에서 노동력을 제공하고 받는 대가를 근로소득이라고 한다.[1] 근로소득은 받은 총금액(총급여)에서 일정한 비용(근로소득공제)을 차감한 금액으로 계산된다. Q1사례에서 나북악이 (주)국민으로부터 매월 받는 500만원은 총급여액이고, 여기에서 총급여를 받기 위하여 들어간 비용을 차감하여야 근로소득이 된다.

이러한 비용에는 일하기 위해서 먹고, 자고, 옷을 사 입는 비용뿐만이 아니라 자신이 성장하는 데 들어간 비용(학업 및 일하는 능력 및 기술을 익히기 위해 들어간 비용 포함)도 필요경비로서 고려하는 것이 마땅할 것 같으나, 현행 소득세법에서는 개인별로 편차가 큰 의식주비용 및 성장비용을 개별적으로 고려하지 않고 총급여의 일정한 비율의 금액만을 비용으로 인정하여 '근로소득공제'라는 이름으로 공제하고 있다. 근로소득의 필요경비는 가계비 지출과 뚜렷하게 구분하는 것이 어렵고, 또 그 내용을 정형화하기 어렵다는 징세기술상의 문제가 있기 때문인 것으로 짐작된다.

동일한 노동력을 제공하고 반대급부로 대가를 받더라도 독립적인 지위에서 제공하면 근로소득이 아닌 사업소득으로 분류된다. 만일 나북악이 20XX년 여름에 휴가를 내고 지리산에서 쉬고 있다 지나가던 심마니(산삼을 캐는 것을 업으로 사는 사람)로부터 100만원을 주고 방금 캔 산삼을 하나 구입하였다고 하자.

그런데, 나북악은 놀기에 바쁜 나머지 그 산삼을 먹지 못하고 있다가 이 소식을 듣고 온 동네 노인이 그 산삼을 팔라고 하여 300만원을 주고 팔았다고 한다면 나북악의 소득은 사업소득[2]에 해당한다. 이때 나북악의 사업소득은 받은 금액(300만원)에서 이를 벌어들이기 위하여 들어간 비용, 즉 필요경비(100만원)를 차감한 금액으로 계산하므로 200만원이 된다.

---

1) 근로소득은 봉급, 급료, 보수, 세비, 수당, 상여금 등을 포함하며 명칭과 형식에 구애받지 않는다.
2) 이러한 소득이 반복적으로 발생하는 경우에는 사업소득으로 분류하고 반복적이지 않고 일회성에 그치는 경우에는 기타소득으로 분류된다. 여기서는 설명의 편의상 사업소득으로 가정한다.

2) 원천징수

고정된 금액을 매월 받기로 한 급여가 500만원이라고 가정할 경우, 급여를 지급하는 회사는 500만원 전부를 지급하지 않는다.[3] 급여를 받는 소득자가 내야 할 소득세 및 지방소득세 등(국민연금, 건강보험료, 장기요양보험료, 고용보험료 등 개인부담분)에 해당하는 금액을 떼고 나머지 금액만을 지급한다.

이렇게 급여를 지급하는 자가 총급여액에서 소득세 등에 해당하는 금액을 미리 떼어 놓는 것을 '원천징수'라고 한다. 이는 급여를 지급하는 회사 또는 사업주에게 급여 등을 지급하는 날에 소득세 등을 떼에 놓았다가 지급하는 날이 속하는 달의 다음 달 10일까지 세무서에 납부하도록 하는 의무를 소득세법 및 법인세법에 규정하고 있기 때문이다. 소득을 지급하는 회사는 이러한 의무를 이행하지 않을 경우 가산세의 불이익을 받는다.

기본개념

원천징수는 예납적 원천징수와 완납적 원천징수로 구분할 수 있다.

예납적 원천징수란 일단 원천징수하되 추후에 납세의무를 확정할 때 정산하는 방식으로서 급여를 지급할 때 간이세액표에 따라 원천징수하여 신고·납부하고 다음 연도 2월분 급여를 지급할 때 연말정산을 실시하여 납세의무를 확정하는 방식을 말한다.

완납적 원천징수란 원천징수로써 과세를 종결하고 따로 정산하지 않는 방식을 말한다. 일용근로자의 근로소득은 종합소득과세표준에 합산하지 않고 원천징수로써 과세를 종결하므로 완납적 원천징수에 해당한다.

소득을 받는 근로자의 입장에서는 근로자가 내야 할 소득세 등의 금액을 지급하는 회사 등이 미리 떼어 놓았다가 지급하므로 소득세 등을 직접 내는 수고를 덜 수 있다.

개인사업자의 경우 소득세를 1년에 2회 납부하지만, 근로소득자는 매월 지급받는 날에 납부하는 결과가 된다. 급여를 지급하는 시점에서는 연간 받을 금액은 예상할 수 있지만, 기타 공제 등의 금액이 얼마인지는 알기가 어렵다.

이러한 어려움 때문에 매월 급여를 지급하는 경우에 적용할 수 있는 소득세 및 지방소득세의 금액을 보여주는 표(근로소득 간이세액표, <표 3-1> 참조)에 의하여 소득세 등을 떼도록 하고 있다. 이 근로소득세 간이세액표는 지급하는 금액 및 부양가족의 수에 따라 떼어야 하는 소득세 및 지방소득세의 금액을 보여 주고 있다.

---

3) 회사와 급여 계약시에 세금 등을 차감 후 순수하게 받을 금액이 500만원이라고 계약하는 경우에는 500만원을 지급할 것이다.

A : Q1의 급여명세서 공제내역 중 소득세와 지방소득세는 이러한 간이세액조견표에 의하여 급여를 지급할 때 떼어놓은 금액을 의미하는데, 이를 “원천징수세액”이라고 한다. 이러한 원천징수세액은 지급한 달의 다음 달 10일까지 신고 · 납부하여야 한다(실무적으로 이를 “원천세” 신고 · 납부라고 한다).

예를 들어, 급여가 490만원이고 부양가족이 없는 경우에는 공제대상 가족의 수가 1인(급여대상자 본인) 이므로 339,880원을 근로소득세로서 원천징수하여 다음 달 10일까지 관할 세무서에 납부한다(<그림 3－1> 참조).

<표 3－1> 근로소득 간이세액표 예시

월급여액(천원) [비과세및학자금제외]		공제대상 가족의 수										
이상	미만	1	2	3	4	5	6	7	8	9	10	11
4,900	4,920	**339,880**	311,200	243,400	224,650	205,900	187,150	168,400	149,650	130,900	112,150	93,400
4,920	4,940	342,690	313,990	245,980	227,230	208,480	189,730	170,980	152,230	133,480	114,730	95,980
4,940	4,960	345,490	316,780	248,560	229,810	211,060	192,310	173,560	154,810	136,060	117,310	98,560
4,960	4,980	348,300	319,570	251,140	232,390	213,640	194,890	176,140	157,390	138,640	119,890	101,140
4,980	5,000	351,100	322,360	253,720	234,970	216,220	197,470	178,720	159,970	141,220	122,470	103,720
5,000	5,020	353,910	325,150	256,300	237,550	218,800	200,050	181,300	162,550	143,800	125,050	106,300

<그림 3－1> 원천징수세액의 신고 · 납부

(단위 : 원)

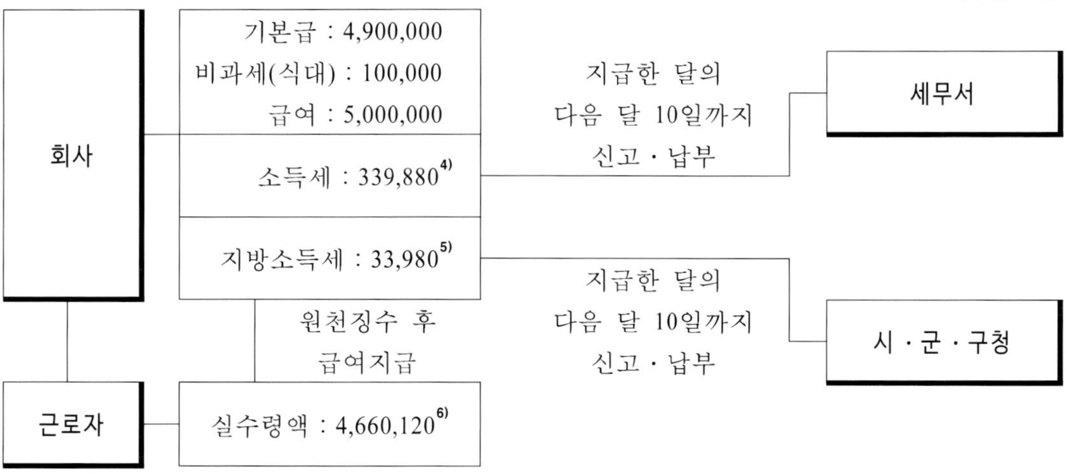

---

4) 비과세 소득은 세금이 부과되지 않기 때문에 급여 500만원에서 비과세소득(식대) 10만원을 제외한 490만원에 대해서만 원천징수한다.

5) 원천징수한 339,880원의 10%인 33,980원은 지방소득세로 지방자치단체에 신고 · 납부한다.

6) 4대보험인 국민연금, 건강보험, 고용보험, 산재보험을 공제하면 실 수령액은 더 작아질 수 있는데, 그림에서는 4대 보험으로 공제한 것은 없고 원천징수한 세액만 있는 것으로 가정한다.

2. 근로소득의 구분

근로소득을 근로관계의 계속성 여하에 따라 일반급여와 일용근로자의 급여로 나눈다. 일용근로자란 근로를 제공한 날의 수 또는 일한 시간에 따라 근로대가를 계산하여 지급받는 사람으로서 일정한 고용주에게 3월 이상 계속하여 고용되어 있지 않는 사람을 말한다.

일반급여의 경우 총급여에서 비용에 해당하는 근로소득공제를 차감한 금액이 근로소득에 해당한다. 일용근로자의 경우에는 근로소득공제 금액을 하루에 **15만원**으로 인정한다. 따라서 일용근로자의 경우 근로소득은 하루에 **15만원**을 초과하는 금액이 근로소득에 해당한다.

연습사례

Q2. 나북악은 여름방학에 광고를 보고 아르바이트 일을 하러 갔다. 하루에 15만원을 준다고 하여 3일 동안 열심히 땀을 흘려 일을 하고 45만원을 받았다. 소득이 있으면 소득세를 내야 한다는 굳은 신념이 있는 나북악은 소득세를 내고자 한다. 얼마를 내야 하는 것인가?

A : Q2사례에서 나북악의 총급여는 45만원이지만 비용의 형식으로 공제하는 근로소득공제는 45만원이다. 차감하면 0원으로 근로소득금액은 0원이다. 소득금액이 0원이므로 내야 할 소득세는 0원이다. 일용근로자가 받는 급여를 지급하는 때에 일 급여가 15만원을 초과하는 경우에는 초과하는 금액의 6%를 세액으로 산출한 후, 산출세액에서 세액의 45%를 근로소득 세액공제 한 금액을 제외하고 지급한다. 일용근로자에게 지급하는 금액은 다음에 설명하는 연말정산 절차가 적용되지 않는데 원천징수로 과세가 종결되기 때문이다.

3. 근로소득세액의 계산

1) 연말정산

개인이 납부하여야 하는 소득세는 1년(1월 1일부터 12월 31일까지)을 기준으로 하여 과세표준 및 납부할 세액을 계산하도록 하고 있다.[7)]

---

7) 소득세법 5조에 의하면 과세기간은 1월 1일부터 12월 31일까지의 1년으로 한다.

봉급생활자의 경우 1월부터 12월까지 급여를 받으면서 급여를 지급하는 회사 등이 근로소득 간이세액표에 나타난 금액을 매월 떼어서 세무서에 납부한다. 그러나 이렇게 매월 원천징수한 금액이 소득세법상 정확한 납부세액이 될 가능성은 거의 없다. 1월부터 12월까지 받은 총급여, 근로소득공제, 각종 공제 등을 반영한 후의 정확한 과세표준에 맞는 세율을 적용하여 정확한 세액을 산출하여야 한다.

이를 위하여 1년간 총급여에 추가하여야 할 소득이 있거나 다른 회사에서 받은 급여가 있으면 이러한 총급여 항목을 추가하여야 한다. 또한, 각종공제를 위하여 부양가족의 수, 보험료, 의료비, 교육비, 기부금, 연금저축, 신용카드사용액 등의 공제항목에 해당하는 금액을 기록한 '소득 · 세액 공제신고서'[8]를 작성한다.

이와 같이 총급여에 추가할 사항 및 공제항목으로 공제할 사항을 확정하여 납부하여야 할 세액을 계산하고, 12개월 동안 떼었던 세금과 비교하여 많이 떼었으면 근로자 개인에게 돌려주고, 적게 떼었으면 더 떼는 절차를 '연말정산'이라고 한다.

연말정산이라고 하면 사전적(辭典的)인 의미로는 '연말'에 소득세의 금액을 정산한다는 것으로 보이지만, 실제로는 연말에 이루어지지 않고 그 다음 해 2월 급여를 지급하는 때에 차액을 정리한다. 2월에 정리하기 위하여 개인들은 12월 31일까지 발생한 공제항목을 다음 해 1월에 회사에 소득공제신고서를 작성하여 제출하여야 한다.

연말정산 절차에 의하여 총급여가 확정되고, 소득공제신고서에 의하여 공제할 항목이 확정되어 납부할 소득세액이 확정되면 급여를 받는 근로자는 급여 이외의 소득이 없을 경우에는 소득세 신고 및 납부의무가 완료되어 더 이상 신고할 것이 없다. 소득을 지급하는 회사가 봉급생활자인 개인들을 대신하여 소득세액을 계산하여 신고하고 납부하기 때문이다. 그러나 근로소득 이외에 다른 종류의 소득(예를 들면, 사업소득, 2,000만원이 넘는 금융소득 등)이 있을 경우에는 근로소득과 다른 소득을 합산하여 5월에 종합소득세 신고를 하여야 한다.

2) 근로소득세액의 계산구조

봉급생활자가 봉급 이외에 소득이 없다고 가정하는 경우에, 근로소득세액을 계산하는 구조는 다음과 같다.

---

8) 이러한 소득공제신고서는 급여를 받는 개인이 공제할 사항의 자세한 사항을 항목별로 기록하고 공제항목으로 총급여에서 차감하여 세액을 계산하라고 요구하는 서식이다.

① 총급여액 − 비과세소득 − 근로소득공제 = 근로소득금액 ② 근로소득금액 − 각종 소득공제 = 과세표준 ③ 과세표준 × 세율 = 산출세액 ④ 산출세액 − 세액공제 − 기납부세액 = 납부할 세금

총급여에서 비과세소득을 일단 제외한 다음, 근로소득공제를 차감하여 근로소득금액을 계산한다. 여기에서 다시 일정한 항목의 소득공제를 하여 종합소득과세표준을 산출하고, 과세표준에 세율을 곱하여 산출세액을 계산한다. 이러한 산출세액에서 세액공제 등을 하고, 미리 납부한 세액을 차감하여 납부할 세액을 계산한다.

3) 비과세소득

근로소득에 해당하지만 일정한 유형의 소득에 대하여는 세금을 부과하지 않는 소득의 항목을 '비과세소득'이라 한다. 그 가운데 중요성을 갖는 것은 실비변상적 급여이다.

실비변상적 급여란 회사의 직무를 수행하기 위해 필요한 비용을 자신의 돈으로 지출하였을 때 이를 보상하여 주는 것으로, 이는 소득세계산을 할 때 소득으로 취급하지 않는다. 실비변상적 급여로 취급되는 주요 항목을 살펴보면 다음과 같다.

① 식사 기타 음식물을 제공받지 아니하는 근로자가 받는 월 10만원 이하의 식사대 ② 일직료, 숙직료 또는 여비로서 실비변상 정도의 금액 ③ 자가운전보조금 중 월 20만원 이내의 금액 ④ 근로자 또는 배우자의 출산, 6세 이하의 자녀의 보육 관련하여 사용자로부터 지급받는 월 10만원 이내의 금액

4) 근로소득공제

근로소득공제의 의미에 대하여는 앞서 언급한 바와 같다. 근로소득공제금액은 다음과 같다.

<표 3－2> 근로소득공제

총 급 여 액	근로소득공제금액
500만원 이하	총급여액의 100분의 70
500만원～1,500만원	350만원＋ 500만원 초과금액의 100분의 40
1,500만원～4,500만원	750만원＋1,500만원 초과금액의 100분의 15
4,500만원～1억원	1,200만원＋4,500만원 초과금액의 100분의 5
1억원 초과	1,475만원＋1억원 초과금액의 100분의 2

5) 각종 소득공제

근로소득금액은 이미 소득을 얻기 위해 필요한 비용이라고 인정되는 금액을 차감한 금액이다. 그러나 근로소득세액을 계산하기 위하여, 여기에서 다시 일정한 항목을 다시 차감하는데, 이를 소득공제라 한다.

근로소득공제와 함께 아래의 항목을 차감함으로써 과세표준을 낮추어 일정한 소득 이하의 근로자는 소득세가 부과되지 않게 된다.

자세한 소득공제 내용은 제8강 「사업자와 세금」에 자세히 설명되어 있다.

<표 3－3> 각종 소득공제

공제항목	내 용
기 본 공 제	본인, 배우자 및 부양가족의 수 × 150만원
추 가 공 제	부양가족 중 장애인, 경로자 등에 대하여 각 100만원
연금보험료공제	공적연금 관련법에 따른 기여금 또는 개인 부담금 전액
특 별 공 제	건강, 고용, 노인장기요양보험료, 주택임차차입금원리금상환액, 기부금 등
기 타 공 제	장기펀드 소득공제, 신용카드 사용액 등

6) 과세표준, 세율

세액의 계산을 위하여 세율을 곱하기 위한 대상을 과세표준이라고 하고, 거주자의 종합소득에 대한 소득세는 해당 연도의 종합소득과세표준에 세율을 적용하여 계산한 금액을 세액으로 한다. 종합소득세율은 <표 3－4>와 같다.

예를 들어, 근로소득에 대한 과세표준이 9,000만원이라면 산출세액은 1,660만원[(9,000만원×35%)－1,490만원]이다.

<표 3-4> 종합소득세율

종합소득과세표준	세 율	누진공제액
1,200만원 이하	6%	0
1,200만원 초과 4,600만원 이하	15%	108만원
4,600만원 초과 8,800만원 이하	24%	522만원
8,800만원 초과 1억5천만원 이하	35%	1,490만원
1억5,000만원 초과 3억원 이하	38%	1,940만원
3억원 초과 5억원 이하	40%	2,540만원
5억원 초과	42%	3,540만원

7) 세액공제

과세표준에 세율을 곱하여 산정한 세액을 산출세액이라 한다. 세액공제란 산출세액에서 일정액을 공제하는 것으로 내야 할 세금을 빼주는 것을 말한다. 세액공제 항목은 다음과 같다.

<표 3-5> 세액공제

세액공제 항목	내 용
근로소득 세액공제	① 근로소득 산출세액이 50만원 이하 : 55% ② 근로소득 산출세액이 50만원 초과 : 27만5천원+50만원 초과금액의 30%. 다만, 총급여액 구간별 한도를 초과하지 못함[9]
자녀 세액공제	기본공제대상 자녀수가 1명인 경우에는 15만원, 2명 이상인 경우에는 30만원, 3명 이상인 경우에는 30만원+20만원×(자녀수-2명)
연금 계좌세액공제	세액공제대상 연금계좌 납입액의 12%
보장성 보험료 세액공제	세액공제대상 보장성보험료(100만원 한도)의 12%
의료비 세액공제	급여의 3%를 초과하여 지출한 의료비의 15%
교육비 세액공제	교육비(대학생은 1인당 900만원 한도, 초·중·고 및 취학 전 아동은 1인당 300만원 한도)의 15%

9) ① 총급여액 5,500만원 이하는 66만원, ② 5,500만원 초과 7,000만원 이하는 66만원-(5,500만원을 초과한 급여액의 50%)와 63만원 중 큰 금액, ③ 7,000만원을 초과하는 경우에는 63만원-(7,000만원을 초과한 급여액의 50%)와 50만원 중 큰 금액.

연습사례

Q3. (1) 나북악은 신문을 보다가 소득세 계산을 위해 적용되는 세율이 6%~40%라는 사실을 알게 되었다. 그런데 자신이 내는 소득세가 대략 월급총액의 24% 정도에 해당할 것이라고 생각하고 급여명세서를 다시 보았다. 그런데 급여명세서에 표시된 소득세는 339,880원이어서 6.79%(=339,880/5,000,000)에 불과하였다. 가장 낮은 소득세율이 6%인데 왜 나북악의 경우 6.79%만 원천징수하는가?

(2) 나북악은 소득세를 계산하기 위해서는 근로소득공제를 하고, 또한 소득공제 및 세액공제를 하여 연말정산을 한다는 사실을 알았다. 나북악은 본인의 대학등록금으로 500만원을 지출하였는데, 연말정산하면 얼마를 더 내야하는가? 또는 얼마를 돌려받을 수 있는가?

A : (1) Q3 (1)사례에서 비과세소득을 제외한 1년간의 총급여금액은 5,880만원(=490만원×12개월)이고, 여기에 해당하는 근로소득공제금액은 1,269만원(=1,200만원+4,500만원 초과금액의 100분의 5)이다. 따라서 근로소득금액은 4,611만원에 해당한다. 여기에 다시 소득공제에 해당하는 기본소득공제(150만원), 부담한 국민연금 등의 금액인 4,642,920원(=386,910원×12개월)을 차감한 39,967,080원이 과세표준이다. 이 과세표준에 해당하는 세율은 종합소득세율표(<표 3-4>)의 두 번째 구간이다. 나북악에게 적용되는 한계세율이 15%임에도 불구하고, 실제 나북악이 급여 받을 때 원천징수하는 '소득세/총급여'의 비율은 6.79%(=339,880/5,000,000)에 불과하다. 이와 같이 차이가 발생하는 것은 i) 총급여에서 우선 식대 10만원이 비과세되고, ii) 과세대상 급여 중 12백만원까지는 종합소득세율 6%가 적용되고, iii) 각각 근로자의 소득공제와 세액공제의 금액을 확실히 알 수 없으므로 근로소득 간이세액표를 표준적인 소득공제와 세액공제를 적용할 것으로 가정하고 작성하였기 때문이다.

(2) Q3 (2)사례에서 나북악의 근로소득에 대한 결정세액은 3,505,062원이었으나, 급여를 지급받으면서 원천징수로 4,078,560원을 이미 납부하였으므로 연말정산 결과 소득세 573,498원 및 지방소득세를 환급받게 된다.(<표 3-6> 참조)

<표 3-6> 나북악의 납부세액 계산식

	과세대상급여	(5,000,000원 - 식대 100,000원)×12=58,880,000
-	근로소득공제	12,000,000원+[(58,880,000원-45,000,000원)×5%]=12,690,000원
=	근로소득금액	46,110,000원
-	소 득 공 제	① 기본공제(본인) : 1,500,000원 ② 연금보험료 등 공제 : 386,910원×12개월=4,642,920원 ③ 합계(①+②) : 6,142,920원
=	과 세 표 준	39,967,080원
×	세 율	72만원+1,200만원 초과금액의 100분의 15
=	산 출 세 액	4,915,062원
-	세 액 공 제	① 근로소득 세액공제 : 660,000원 ② 교육비 세액공제 : 5,000,000원×15%=750,000원 ③ 합계(①+②) : 1,410,000원
=	결 정 세 액	3,505,062원
-	기납부세액	339,880원×12개월=4,078,560원
=	납 부 세 액 (환급세액)	(573,498원)

4. 연말정산시 미처 공제받지 못한 금액을 공제받는 방법

앞서 설명한 것처럼 연말정산이 부담해야 할 정확한 소득세액을 계산하여 이미 납부한 세액과 비교하여 돌려주거나 돌려받는 절차이고, (다른 소득이 없는 경우를 가정하면) 연말정산에 의하여 개인의 소득세 신고절차가 완료된다.

그러나 적용받을 수 있는 소득공제 또는 세액공제를 적용받지 못하여 내야 할 세금보다 더 많이 냈다면 원천납세의무자인 근로자가 원천징수의무자인 회사를 상대로 과다하게 원천징수한 세금을 돌려달라고 요청할 수 있다(부당이득반환청구). 이 경우 원천징수의무자인 회사는 경정청구절차를 통하여 국가를 상대로 과다하게 납부한 세금을 돌려달라고 요청할 수 있다(원천징수의무자의 경정청구 : 국세기본법 제45조의2 제4항 참조).

회사가 요청하지 않거나 또는 회사를 퇴사한 경우에는, 근로자가 종합소득세 확정신고기간(5월 1일부터 5월 31일까지)에 추가로 소득공제 또는 세액공제를 적용하여 종합소득세 확정신고를 하여 미처 공제하지 못한 금액을 공제하여 달라고 요청하거나(반대로 소득공제 등을 이중으로 공제받은 경우 종합소득세 확정신고를 통해 과다하게 공제한 금액을 돌려줄 수 있다), 5년 이내에 경정청구절차를 통하여 국가를 상대로 과다하게 원천징수한 세금을 돌려달라고 요청할 수 있다(원천납세의무자의 경정청구 : 국세기본법 제45조의2 제4항 참조).

연습사례

Q4. 나북악은 연말정산 안내문을 다시 살펴보다가 적용 가능한 세액공제 항목 중에 보험료 100만원과 기부금 120만원이 있었는데 연말정산을 위한 소득공제신고서 작성할 때 반영하지 않은 것을 알았다. 회사의 회계팀에 가서 설명하였더니, 만약 이 두 항목이 적용된다면 보험료 세액공제 12만원과 기부금 세액공제 18만원이 적용되어 30만원(지방소득세 포함 33만원)이 추가로 환급될 수 있었다고 했다. 그러나 기한이 지나서 할 수 있는 것이 없다고 했다. 나북악은 돌려받아야 할 소득세를 돌려받지 못한 것이 몹시 화가 났다. 나북악이 할 수 있는 것이 무엇인가?

A : 나북악은 5월 1일부터 5월 31일까지 종합소득세신고를 추가로 소득공제 또는 세액공제를 적용하여 소득세신고를 하여 미처 공제받지 못한 30만원(지방소득세 포함시 33만원)을 돌려달라고 요청하거나, 5년 이내에 경정청구절차를 통하여 국가를 상대로 동 금액을 돌려달라고 요청할 수 있다.

학습평가

1. 계약한 월급의 급액과 실제로 받는 금액에 차이가 있는 경우 그 차이는 무엇인가?
2. 근로소득자의 경우 매월 세금을 어떻게 납부하는가?
3. 비과세소득, 근로소득공제, 각종소득공제, 세액공제는 무엇을 의미하는가?
4. 연말정산이 필요한 이유는 무엇인가? 연말정산시 미처 공제받지 못한 금액을 공제받으려면 어떻게 해야 하는가?
5. 「소득세법」상 근로소득에 대한 설명으로 옳지 않은 것은?(2015년 세무직 공무원 9급)

   ① 판공비 명목으로 받는 것으로서 업무를 위하여 사용된 것이 분명하지

아니한 급여는 근로소득으로 과세한다.

② 주주인 임원이 법령으로 정하는 사택을 제공받음으로써 얻는 이익이지만 근로소득으로 과세하지 않는 경우도 있다.

③ 근로자가 사내급식의 방법으로 제공받는 식사는 월 10만원 한도로 근로소득에서 비과세한다.

④ 법령으로 정하는 일용근로자의 근로소득은 원천징수는 하지만 종합소득과세표준을 계산할 때 합산하지는 않는다.

[정답] : ③

※ 해설 : 회사의 구내식당에서 제공하는 식사는 금액에 관계없이 근로소득에서 비과세되지만, 회사에서 식사를 제공하지 않고 식사비용으로 지급하는 금액에 대해서는 10만원을 한도로 근로소득에서 비과세한다.

제 4 강 부동산 및 자동차 취득과 세금

학습목표

1. 부동산 거래 및 보유시 발생하는 세금에 대해 이해한다.
2. 자동차 거래 및 보유시 발생하는 세금에 대해 이해한다.

1. 부동산 취득과 세금

1) 부동산에 관련된 세금 개요

지방세법과 소득세법에서는 부동산[1]의 취득, 보유 및 양도시에 담세력이 있는 과세물건이 존재하는 것으로 보아 각 단계마다 세금을 부과하고 있다.

우선, 취득 단계에서는 부동산의 취득 행위 자체에 담세력이 존재하는 것으로 보아 부동산을 매매에 의하여 취득하는 사람(매수자 혹은 양수자)과 소유권보존에 의해 취득하는 사람(원시 취득자)은 취득세(지방세)의 납세의무가 있고, 증여에 의하여 취득하는 사람(수증자)은 증여세와 취득세의 납세의무가 있으며, 상속에 의하여 취득하는 사람(상속인)은 상속세와 취득세의 납세의무가 있다.

보유 단계에는 소득의 유무와 관계없이 소유 그 자체에 담세력을 인정하여 재산세(지방세)를 부과하며, 그 중 일정 가액 이상의 부동산을 보유하는 경우에는 그 자체에 담세력을 인정하여 종합부동산세(국세)를 부과하고 있다.

양도 단계에서는 양도시에 발생하는 소득에 대하여 양도소득세(국세)를 과세하고 있다. 그리고 각 세금은 특정한 기간 혹은 기한 이내에 세무신고 혹은 세금납부를 하지 않는 경우 과세관청에서 가산세 부과라는 제재를 가하므로 유의하여야 한다.

각 단계별로 부과되는 세금의 주요 내용은 <표 4-1>과 같다.

1) 민법(제99조)에서는 토지와 그 정착물(건물)을 부동산이라 한다.

<표 4-1> 부동산 취득, 보유 및 양도에 따르는 세금

구 분	거래원인	부담하는 세금(납세의무자)	세 율	신고 · 납부기한
취득시	모든 취득	취득세(취득자)	취득가액의 1.3%~ 4.6%(취득원인, 물건별로 다름)	등기 신청시 신고납부
	증여	증여세(수증자)	수증가액(시가)의 10%~50%(5단계)	수증월의 말일부터 3개월 이내 신고납부
	상속	상속세(상속인)	상속과세표준의 10%~50%(5단계)	상속월의 말일부터 6개월 이내 신고납부
보유시	–	재산세(보유자)	시가표준액의 0.1%~0.4%	7월 및 9월 고지납부
		종합부동산세(보유자)	공시가격의 0.5%~2%	12월 고지납부
양도시	매매	양도소득세(양도자)	양도로 인한 소득의 6%~38%(5단계) 및 40%, 50%, 70%	양도월의 말일부터 2개월 이내 신고납부

부동산 취득시 유의할 점

- 부동산 취득절차

  부동산을 매매에 의하여 취득하기 위해서는 일반적으로 다음 절차에 의한다.

① 조달할 수 있는 자금을 고려하여 매수하고자 하는 물건(부동산)을 결정

② 매매대금의 협의가 완료되면 부동산 매매계약서 작성하며 계약금(통상적으로 매매대금의 10% 정도이나 협의할 수 있음)을 지급

③ 약정된 기간 이내에 매매대금의 중도금 혹은 잔금을 지급(매수하는 부동산을 담보로 하는 경우 잔금은 금융권 대출로 갈음 할 수 있음)

④ 취득한 부동산의 소유권 등 적법한 권리를 인정받기 위해서는 60일 이내에 등기 신청[2)]

⑤ 부동산 등기 신청[3)]과 동시에 취득세를 신고 · 납부

⑥ 소유권이 이전된 등기권리증 수령

- 부동산 중개 의뢰

  부동산 중개를 의뢰한 자는 중개전문가에게 중개보수를 지급하여야 하는데, 예를 들어 주택 거래금액이 2억원 이상 6억원 미만인 경우 중개보수는 1천분의 4에 해당하는 금액이다.[4)]

2) 정당한 사유없이 기한 내 등기신청을 의무를 위배한 때에는 과태료가 부과된다(부동산등기특별조치법 제2조 제1항 및 동법 제11조 제1항).

3) 등기권리자는 등기를 함으로써 등기부상 어떤 권리를 얻거나 그 권리가 증대되는 사람(매수인, 저당권자 등)이며, 반면 등기의무자는 권리의 상실 기타 불이익을 받는 자(매도인, 저당권설정자 등)이다.

4) 서울특별시 주택 중개보수 등에 관한 조례 제2조(거래금액이 5,000만원 미만인 주택임대차의 중개보수는 거래금액의 1,000분의 5이나 그 한도금액은 20만원이다).

- 부동산 취득 시 계약서상 매수자 및 등기 명의자 결정

  부동산을 취득하게 되면 그 부동산은 실제 권리자의 명의로 계약 및 소유권 등기를 이행하여야 한다. 만약, 명의신탁 약정에 따라 타인 명의로 등기하는 경우에는 부동산가액의 10% 내지 30%가 과징금으로 부과된다.

  그리고 과세관청이 등기 명의자의 직업 · 연령 · 소득 및 재산상태 등으로 보아 당해 부동산을 자신의 능력으로 취득하였다고 인정하기 어렵다고 보는 경우에는, 취득자금의 출처를 요구하게 되는데, 이때 그 취득자금의 출처를 제시하지 못한 부분에 대해서는 증여세의 과세대상이 될 수도 있다.

  또한 부모 소유의 주택을 매매 형식으로 자녀 명의로 소유권 이전등기를 하는 경우에는 증여로 추정되어 증여세 과세대상이 된다.

- 부동산 등기 신청

  부동산 등기 신청은 대한민국 법원 홈페이지(www.scourt.go.kr)의 인터넷 등기소를 통하여 직접 할 수도 있고, 등기전문가 등에 의뢰하여 등기 서류의 작성 및 신청을 하게 되면 편리하긴 하나 비용을 부담하여야 한다.

  소유권이전 등기 신청시에는 국민주택채권을 매입하여야 하고,[5] 취득세 등을 납부하여야 한다. 부동산 등기 신청시에 지급한 수수료에 대한 현금영수증(혹은 신용카드 매출전표)을 발급받아 보관하면, 해당 부동산 양도소득세 계산시 필요경비로 공제받을 수 있어 절세에 도움이 된다.

- 임대용 혹은 사업용 부동산 취득과 사업자등록

  임대용 혹은 사업용으로 부동산을 취득하는 경우에는 부가가치세법 혹은 소득세법상 사업자등록증을 관할 세무서에 신청하여 교부받아야 한다.

2) 부동산 취득과 세금

(1) 부동산 취득세 개요

취득세의 과세표준은 취득 당시의 가액이며 지방세법상 시가표준액[6]을 그 하한선으로 하고 있으나, 법인으로부터 아파트 등을 분양 · 매매로 취득하는 경우 혹은 부동산매매

5) 주택의 소유권 이전은 시가표준액의 1,000분의 13에서 1,000분의 31에 해당하는 금액을 매입하여야 하나(주택도시기금법 제8조 및 동법 시행령 제8조), 금융기관을 통하여 즉시 매도하는 경우 할인액(2013년 7월 기준 할인율은 약 6%임), 매도수수료 등을 부담하여야 한다.

6) 토지 및 주택에 대한 시가표준액은 「부동산 가격공시 및 감정평가에 관한 법률」에 따라 공시된 가액(토지는 개별공시지가, 주택은 개별주택가격 또는 공동주택가격을 말함)으로 한다. 건축물 등에 대한 시가표준액은 거래가격, 수입가격, 신축 · 건조 · 제조가격 등을 고려하여 정한 기준가격에 종류, 구조, 용도, 경과연수 등 과세대상별 특성을 고려하여 지방자치단체의 장이 결정한 가액으로 한다.

계약시 관할 시·구·군청에 부동산거래신고를 하는 등의 취득[7]은 사실상의 취득가격을 과세표준으로 한다.

취득세의 세율은 취득 원인 및 취득 물건별로 1.3%부터 4.6%(농어촌특별세 및 지방교육세 포함)까지의 해당 세율을 취득세 과세표준에 곱하여 산정한 금액이다.[8] 부동산 취득시의 취득세율을 요약하면 다음 <표 4–2>와 같다.

<표 4–2> 취득세율 요약

구 분		세 율			
		합계	취득세	지방교육세	농어촌특별세
매매취득	일반	4.6%	4%	0.4%	0.2%
	농지	3.4%	3%	0.2%	
	주택(6억원 이하)	1.3%	1%	0.1%	
	주택(6억원~9억원)	2.4%	2%	0.2%	
	주택(9억원 초과)	3.5%	3%	0.3%	
증여취득	–	4%	3.5%	0.3%	0.2%
상속취득	일반	3.16%	2.8%	0.16%	0.2%
	농지	2.56%	2.3%	0.06%	
소유권보존	–	3.16%	2.8%	0.16%	0.2%

* 농어촌특별세와 지방교육세의 세율은 취득세 과세표준을 기준으로 환산한 비율임.
* 주거전용면적 85㎡ 이하의 국민주택규모 주택을 취득하는 경우 농어촌특별세는 비과세됨.

부동산, 차량, 골프회원권 등을 취득한 자는 취득세의 납세의무가 있으며, 취득일로부터 60일 이내에 신고·납부하여야 하나, 등기·등록을 하는 경우에는 등기 등을 하기 전까지 취득세를 신고·납부하여야 한다.

(2) 상속으로 인한 부동산 취득

상속인이 사망 등의 원인으로 피상속인의 재산을 상속받는 경우, 그 상속재산의 가액에 대하여 상속인에게 상속세가 부과된다. 상속세는 피상속인의 유산총액을 기준으로

7) ① 국가, 지방자치단체 또는 지방자치단체조합으로부터의 취득, ② 외국으로부터의 수입에 의한 취득, ③ 판결문·법인장부 중 민사소송 및 행정소송에 의하여 확정된 판결문 및 금융회사의 금융거래 내역 또는 「부동산 가격공시 및 감정평가에 관한 법률」 제32조에 따른 감정평가서 등 객관적 증거서류에 의하여 법인이 작성한 원장·보조장·출납전표·결산서로 취득가격이 증명되는 취득, ④ 공매방법에 의한 취득, ⑤ 「부동산 거래신고에 관한 법률」 제3조에 따른 신고서를 제출하여 같은 법 제6조에 따라 검증이 이루어진 취득에 대해서는 사실상의 취득가격을 과세표준으로 한다.

8) 취득세의 과세대상인 취득을 원인으로 이루어지는 등기·등록에 대한 종전의 등록세는 취득세율에 포함되는 것으로 개정되었다(지방세법 제23조).

과세하고 있으며, 각 상속인은 각자가 받았거나 받을 재산을 한도로 하여 연대하여 상속세를 납부의무가 있다. 상속세는 '제12강 상속 및 증여와 세금'에서 상세히 설명한다.

(3) 증여로 인한 부동산 취득

타인(증여자)으로부터 재산을 증여받아 무상으로 취득하는 경우, 취득자(수증자)에게 무상으로 받은 재산가액에 대하여 증여세가 부과된다. 증여세는 재산을 무상으로 취득한 경우뿐만 아니라 직계존비속 또는 배우자 간에 재산을 양도하거나 제3자 명의로 등기를 하는 경우에는 이를 세법상 증여로 보아 과세대상으로 삼고 있다. 증여세는 '제12강 상속 및 증여와 세금'에서 상세히 설명한다.

연습사례

Q1. 나북악은 대학을 졸업한 후 중소기업인 (주)국민에 입사하여 매월 80만원을 저축하는 등의 노력으로 38세에 1억5,000만원에 해당하는 예금자산을 보유하게 되어, 생애 처음으로 자신명의의 주택을 구입하려고 한다. 아래 표와 같이 자금을 조달하여 전용면적 85㎡의 아파트를 3억5,000만원에 분양받는 경우, 나북악은 어떤 명목으로 어느 정도의 금액을 더 준비하여야 아파트를 자신의 명의로 등기할 수 있는가?

구 분	금 액	비 고
나북악의 본인 예금	1억5,000만원	
이쁜이(배우자)의 예금	3,000만원	
나북악의 아버지로부터 현금 증여	7,000만원	
금융권 대출	1억원	
소 계	3억5,000만원	
취득세 등	?	
소요자금 합계	?	

A : Q1. 사례에서 1주택자가 되는 나북악은 분양대금 3억5천만원 이외에도 매매에 의하여 6억원 이하의 주택의 취득에 해당되어 취득세 350만원(3억5천만원의 1%)과 지방교육세 35만원(3억5천만원의 0.1%)을 아파트(주거전용 면적 85㎡ 이하의 국민주택규모이므로 농어촌특별세는 비과세됨)를 자신의 명의로 등기시에 납부하여야 하고, 아버지로부터의 현금을 받은 것에 대한 증여세, 법무사수수료, 국민주택채권매입비, 부동산 중개수수료 등을 추가로 준비하여야 한다.

3) 부동산 보유와 세금(재산세와 종합부동산세)

(1) 재산세

재산세(지방세)는 과세기준일(매년 6월 1일) 현재 재산을 사실상 소유하고 있는 자에게 부과되며, 재산세의 고지서는 관할 시·군·구청장이 일괄 발부하게 되는데, 납세의무자는 이때 발부받은 고지서로 세금을 납부하면 된다.

<표 4－3> 재산세 및 종합토지세의 납부기한

구 분	납 부 기 한		
	7월(16일～30일)	9월(16일～30일)	12월(1일～15일)
재산세(주택)	고지서로 납부	고지서로 납부	－
재산세(토지)	－	고지서로 납부	－
재산세(건축물)	고지서로 납부	－	－
종합부동산세	－	－	고지서로 납부

부동산에 대한 재산세의 과세표준은 시가표준액을 기준으로 산정한다. 토지(주택부속 토지는 제외)는 시가표준액의 70%, 건축물(주택 제외)은 시가표준액의 70%, 주택은 주택공시가격의 60%를 재산세의 과세표준으로 한다.

기본개념

❖ 시가표준액의 개념

시가표준액이란 취득세, 재산세 등의 과세표준을 정하기 위하여, 시가 그 자체는 아니지만 과세관청이 과세를 위한 최저한의 표준가격으로서 결정·고시한 가액을 말한다. 토지 및 주택의 시가표준액은 「부동산 가격공시에 관한 법률」에 따라 공시된 개별공시지가 및 개별주택가격·공동주택가격으로 하고, 건축물 및 기타 물건의 시가표준액은 행정안전부장관이 정한 기준에 따라 지방자치단체의 장이 결정·고시한 가액을 한다.

시장·군수·구청장은 행정안전부장관이 정한 조정기준에 따라 건축물 시가표준액을 산정, 시·도지사의 승인을 받아 매년 1월 1일 결정·고시한다. 시장·군수·구청장은 조정기준에서 정하고 있는 구조·용도·위치 지수 등에 대하여 불합리하다고 판단되는 경우 해당 지수의 30% 범위 내에서 가감 조정하여 결정할 수 있으나 그 범위를 초과하는 경우에는 행정안전부장관의 승인을 얻어 시·도지사가 변경 결정·고시하여 적용할 수 있다.

※ 출처 : 행정안전부, "2018년도 건축물 시가표준액 조정기준", 2018., pp.5～7

건축물(주택 제외)에 대한 재산세율은 과세표준액의 0.25%이고 토지 및 주택에 대한 재산세율은 각각 <표 4-4>, <표 4-5>와 같다.

<표 4-4> 토지분에 대한 재산세율

<table>
<tr><th colspan="2">구 분</th><th>과세표준</th><th>세율</th><th>누진공제</th></tr>
<tr><td colspan="2" rowspan="3">종합합산과세대상</td><td>5,000만원 이하</td><td>0.2%</td><td>-</td></tr>
<tr><td>5,000만원 초과 1억원 이하</td><td>0.3%</td><td>5만원</td></tr>
<tr><td>1억원 초과</td><td>0.5%</td><td>25만원</td></tr>
<tr><td colspan="2" rowspan="3">별도합산과세대상</td><td>2억원 이하</td><td>0.2%</td><td>-</td></tr>
<tr><td>2억원 초과 10억원 이하</td><td>0.3%</td><td>20만원</td></tr>
<tr><td>10억원 초과</td><td>0.4%</td><td>120만원</td></tr>
<tr><td rowspan="3">분리과세
대상</td><td>농지, 목장용지,
임야</td><td rowspan="3">단일세율</td><td>0.07%</td><td>-</td></tr>
<tr><td>공장용지 등</td><td>0.2%</td><td>-</td></tr>
<tr><td>골프장,
고급오락자용</td><td>4%</td><td>-</td></tr>
</table>

<표 4-5> 주택분에 대한 재산세율

과세표준	세율	누진공제
6천만원 이하	0.1%	-
6천만원 초과 1억5천만원 이하	0.15%	3만원
1억5천만원 초과 3억원 이하	0.25%	18만원
3억원 초과	0.4%	63만원

토지에 대한 재산세 과세대상은 분리과세대상, 별도합산과세대상, 종합합산과세대상으로 분류한다. **분리과세대상**은 과세기준일 현재 납세의무자가 소유하고 있는 농지[9], 목장용지[10], 임야[11]를 의미한다.

별도합산과세대상은 과세기준일 현재 납세의무자가 소유하고 있는 일정한 건축물의 부속 토지 중 기준 면적[12] 이내의 토지를 말한다.

종합합산과세대상은 과세기준일 현재 납세의무자가 소유하고 있는 토지 중 별도합산과

9) 전·답·과수원으로서 과세기준일 현재 실제 영농에 사용되고 있는 개인이 소유하고 있는 것 등 일정한 농지를 말한다.

10) 개인이나 법인이 축산용으로 사용하는 목장용지로서 기준면적의 범위에서 소유하는 토지를 말한다.

11) 산림의 보호육성을 위하여 필요한 임야 및 종중소유 임야로서 일정한 임야를 말한다.

12) 기준면적은 건축물의 바닥면적에 용도지역별 적용배율(3배~7배)을 곱한 면적을 말한다.

세대상 또는 분리과세대상이 되는 토지를 제외한 토지를 말한다. 분리과세대상 토지는 각각의 토지에 대해 재산세를 부과·징수하고, 종합합산과세대상 및 별도합산과세대상 토지는 과세대상이 되는 토지를 합산하여 재산세를 부과·징수한다.

(2) 종합부동산세

종합부동산세(국세)는 재산세 과세기준일(매년 6월 1일) 현재 일정한 가액 이상인 과세대상 주택과 토지를 유형별로 구분하여 개인과 법인 각각 인별로 합산하여 과세한다. 종합부동산세는 주소지 관할 세무서장이 일괄 발부하게 되는데, 납세의무자는 이때 발부받은 고지서로 세금을 납부하면 된다.

주택 및 토지에 대한 공시가격 합계액이 <표 4-6>의 공제금액을 초과하는 경우에 그 초과분에 대하여 과세한다. 1차로 부동산 소재지 관할 시·군·구에서 관내 부동산을 과세 유형별로 구분하여 재산세를 부과하고, 2차로 주택 및 토지에 대한 공시가격 합계액에서 <표 4-6>의 공제금액을 차감하여 주소지(법인은 본점 소재지) 관할 세무서에서 종합부동산세를 부과하게 된다.

<표 4-6> 주택 및 토지의 공시가격 합계액에서 공제되는 금액

과세대상	공 제 액
주택(주택 부속 토지 포함)	주택공시가격 6억원 (1세대 1주택자[13]는 9억원)
종합합산 토지(재산세 과세대상과 동일)	토지공시가격 5억원
별도합산 토지(재산세 과세대상과 동일)	토지공시가격 80억원

종합부동산세 세액은 <표 4-6>의 공제금액을 초과한 금액에 공정시장가액비율(2019년 : 85%, 2020년 : 90%, 2021년 : 95%, 2022년 : 100%)을 곱하여 산정(종합부동산세 과세표준)한 후, <표 4-7> 또는 <표 4-8>의 종합부동산세율을 곱하여 산정한다.

종합부동산세 세액에서 재산세로 부과된 세액 중 종합부동산세 과세표준금액에 부과된 재산세 상당액과 세액공제[14]를 차감하면 종합부동산세로 납부할 세액이 산정된다.

13) 1세대 1주택자란 거주자로서 세대원 중 1명만이 재산세 과세대상인 1주택을 단독으로 소유한 경우를 말한다.

14) 1세대 1주택자는 장기보유 공제와 연령별 공제가 가능하며, 중복공제가 가능하다. 장기보유 공제는 보유기간이 5년 이상 10년 미만이면 20%, 10년 이상이면 40%가 세액공제된다. 연령별 공제는 60세 이상 65세 미만이면 10%, 65세 이상 70세 미만이면 20%, 70세 이상이면 30%가 세액공제된다.

<표 4－7> 종합부동산세 세율

구 분		과세표준	세율	누진공제
주택		3억원 이하	0.5%	－
		3억원 초과 6억원 이하	0.7%	60만원
		6억원 초과 12억원 이하	1%	240만원
		12억원 초과 50억원 이하	1.4%	720만원
		50억원 초과 94억원 이하	2%	3,720만원
		94억원 초과	2.7%	1억 300만원
토지	종합합산	15억원 이하	1%	－
		15억원 초과 45억원 이하	2%	1,500만원
		45억원 초과	3%	6,000만원
	별도합산	200억원 이하	0.5%	－
		200억원 초과 400억원 이하	0.6%	2,000만원
		400억원 초과	0.7%	6,000만원

<표 4－8> 3주택 이상 또는 조정대상지역[15] 내 2주택을 보유한 경우 종합부동산세 세율

구 분	과세표준	세율	누진공제
주택	3억원 이하	0.6%	－
	3억원 초과 6억원 이하	0.9%	90만원
	6억원 초과 12억원 이하	1.3%	330만원
	12억원 초과 50억원 이하	1.8%	930만원
	50억원 초과 94억원 이하	2.5%	4,430만원
	94억원 초과	3.2%	1억 1,010만원

4) 부동산 처분과 세금(양도소득세와 지방소득세)

부동산을 취득금액보다 높은 금액으로 양도하여 차익이 발생하면 원칙적으로 양도소득세 부과대상이 되나, 일정한 경우에는 정책적으로 비과세하거나 면제하는 경우가 있다. 그리고 양도소득세액의 10%는 지방소득세로 부과되는데, 이는 양도소득세와 동시에 납부하여야 한다. 양도소득세는 제6강(부동산 양도와 세금)에서 상세히 설명한다.

15) 서울시, 경기도(과천시, 성남시, 하남시, 고양시, 남양주시, 동탄2, 광명시, 구리시, 안양시 동안구, 광교지구, 수원시 팔달구, 용인시 수지구 · 기흥구), 부산시(해운대구 동래구, 수영구), 세종시

2. 자동차 취득과 세금

1) 자동차 취득과 세금

자동차를 취득한 경우에는 취득세(지방세)의 과세대상이 되고, 그 과세표준은 신차의 경우 판매가액에서 부가가치세를 제외한 금액이나, 중고차의 경우 매매가액과 시가표준액 중 높은 가액이 되고 법인장부에 의해 사실상의 취득가액이 입증되면 이를 과세표준으로 한다.

뉴스 속의 세금

✤ 6억원대 자동차 취득세 탈루 차량등록 대행업자 덜미

법인장부가액으로 자동차 취득세를 저가로 신고할 수 있다는 규정을 악용, 유령법인을 통해 2억원 상당 람보르기니 외제자동차를 250만원에 구입한 것처럼 법인 장부원장을 위조해 취득세 35만원(정상 취득세 1,400만원 상당)만 납부하는 등 외제차량 328대를 저가 구입한 것처럼 등록하는 수법으로 자동차 취득세 6억원을 탈루한 등록대행업자 윤 某(51세, 남)씨 등 10명이 경찰에 검거됐다. 법인 장부원장 등 서류를 위조해 차량을 등록한 대행업자 윤 某(51세, 남)씨는 사문서위조 혐의로 구속영장이 신청됐으며, 윤씨와 공모한 중고차 딜러와 중간대행업자 9명은 불구속 입건됐다.

이번에 적발된 H업체 대표 윤 某(51세, 남) 씨 등 10명은, 자동차 등록업자 및 중고차판매상들로, 자동차 취득세는 개인 간 거래시는 취득가액과 시가표준액(정부고시) 중 높은 금액을 과세표준액으로 신고 납부하고, 법인의 경우는 법인장부를 신뢰해 법인장부상 취득가(신고가액)를 과세표준액으로 정하는 것을 이용해 고가 외제차량을 개인 간 거래했음에도 법인을 중간거래자로 끼워 넣는 식으로 이전등록신청서, 양도증명서, 법인장부, 세금계산서 등의 서류를 위조한 다음 차량을 등록했다.

범인들은 실거래가 2억 상당 람보르기니 차량을 유령법인을 통해 250만원에 허위 매입한 후 같은 날 실매수인에게 250만원에 재매도하는 방법으로 신고[2억원 구매시 과세액 1,400만원, 250만원 구매시 과세액 35만원(개인→법인→개인, 2회 매수 취득세 납부)]해 1,365만원을 탈세하는 등 이들은 지난 2010년 9월부터 2012년 12월까지 유령법인 31개를 이용해 외제 고가 승용차 328대를 구매 후 차량등록하면서 약 6억 상당의 자동차 취득세를 탈루한 것으로 확인됐다.

중고자동차 딜러 서 某(49세, 남)씨 등 6명은, 윤 某씨가 허위 유령법인을 중간매개체로 불법으로 자동차 등록하여 세금을 탈루한다는 것을 알면서도 불법수익금에 대해 5 : 5로 나눠먹는 조건으로 개인소비자에게는 개인 간 거래로 위장하여 취득세를 받아 편취했다.

한편, 중고 매매상을 통해 자동차를 구매한 소비자들은, 이러한 사실도 모른 채 유령법인의 허위 장부가액으로 신고돼 시가표준액으로 취득세를 재 추징하겠다는 해당 지방자치단체의 통보를 받고, 이중으로 납부해야 하는 피해 사례도 발생한 것으로 드러났다. (2013년 10월 17일 뉴스타워)

☞ 법인이 신차를 매수하는 경우에는 취득가액이 명백히 드러나기 때문에 별다른 문제가 발생하지 않지만, 중고차량은 정확한 취득가액을 파악하기 어려운 문제 등으로 인해 취득세를 탈루 하는 문제가 종종 발생하였다. 그러나 2016년에 법인장부의 기재사항 중 중고자동차 취득가액이 시가표준액보다 낮은 경우에는 그 취득 가액 부분(중고자동차가 천재지변, 화재, 교통사고 등으로 그 가액이 시가표준액보다 하락한 것으로 시장 · 군수 · 구청장이 인정한 경우는 제외한다)은 객관적 증거서류에 의하여 취득가액이 증명되는 법인장부에서 제외하는 것으로 지방세법이 개정[16]되어 중고차량의 취득가액을 낮추어 취득세를 탈루하는 것은 어렵게 되었다.

자동차 취득세율은 <표 4－9>와 같고, 경형 승용자동차는 배기량 1,000cc미만으로서 길이, 너비, 높이가 일정기준 이하여야 하고, 모닝(기아), 스파크(쉐보레) 등이 있다.

<표 4－9> 자동차 취득세율

구 분	취득세율	비 고
비영업용 승용자동차[17]	7%	
비영업용 승합 · 화물자동차	5%	
비영업용 경자동차(경차)	4%	2018년까지 취득세 면제
영업용 자동차	4%	
이륜자동차 및 기타 차량	2%	

취득세의 신고 · 납부는 자동차를 자동차등록원부에 등록할 때이며, 임시운행허가기간(10일) 경과 후 신규 등록하게 되면 자동차관리법상 최고 100만원의 과태료가 부과된다.

한편, 비사업용 승용자동차(승차정원 6인 이하)의 신규 등록 시에는 배기량에 따라 취득세 과세표준액의 100분의 9(혹은 12 또는 20)에 해당하는 도시철도채권을 매입하여야 한다.

2) 자동차 보유와 세금

과세기준일 현재 자동차 소유주(<표 4－9> 참조)에게 자동차 소재지를 관할하는 지방자치단체에서 납세고지서로 부과징수하며, 과세기간 중에 매매 · 증여 등으로 인하여 자동

16) 지방세법 시행령 제18조 제3항 제2호(2016.12.30. 개정).

17) 승용자동차는 10인 이하를 운송하기에 적합하게 제작된 자동차이며, 11인 이상 운송용은 승합자동차로 구분한다(자동차관리법 제3조).

차를 승계취득한 자가 자동차 소유권 이전 등록을 하는 경우에는 그 소유기간에 따라 자동차세를 일할 계산하여 양도인과 양수인에게 각각 부과·징수한다.

자동차세는 1대당 연 세액을 2분의 1의 금액으로 분할한 세액을 <표 4-10>의 납기 기간에 자동차 소재지를 관할하는 지방자치단체에서 부과·징수한다.

<표 4-10> 자동차세 과세기간 및 납기

기 분	과 세 기 간	과세기준일	납 기
제1기분	1월~6월	6월 1일 현재 소유자	6월 16일~6월 30일
제2기분	7월~12월	12월 1일 현재 소유자	12월 16일~12월 30일

다만, 납세의무자가 연 세액을 한꺼번에 납부하고자 하는 경우에는 연 세액으로 신고·납부할 수 있는데, 연 세액으로 신고·납부하는 경우에는 다음의 세액을 공제해 준다.

① 1월 1일부터 1월 31일까지 신고·납부 : 연 세액의 10%

② 3월 1일부터 3월 31일까지 신고·납부 : 연 세액의 7.5%

③ 6월 1일부터 6월 30일까지 신고·납부 : 연 세액의 5%

④ 9월 1일부터 9월 30일까지 신고·납부 : 연 세액의 2.5%

승용자동차의 자동차세는 배기량에 <표 4-11>의 cc당 세액을 곱하여 산정한 세액을 연간 세액으로 한다. 예를 들어, 배기량이 2,000cc인 비영업용 승용자동차의 연간 자동차세는 400,000원(2,000cc×200원)이다. 연간 자동차세 400,000원을 6월(1/2)과 12월(1/2)에 각각 200,000원씩 부과·징수한다.

<표 4-11> 승용자동차 세율

영 업 용		비 영 업 용	
배기량	cc당 세액	배기량	cc당 세액
1,000cc 이하	18원	1,000cc 이하	80원
1,600cc 이하	18원	1,600cc 이하	140원
2,000cc 이하	19원	1,600cc 초과	200원
2,500cc 이하	19원		
2,500cc 초과	24원		

뉴스 속의 세금

❖ 배기량 2천cc 이하 수입차 60%…자동차세 형평성 논란

현행 지방세법에 따르면 비영업용 차량을 기준으로 자동차세는 1000cc, 1600cc 이하 및 1600cc 초과로 나눈 뒤 cc당 각각 80원, 140원, 200원을 매기도록 규정하고 있다. 여기에 교육세 명목으로 1.3을 곱한 뒤 연차 경감률을 반영하면 차주가 납부해야 하는 최종 자동차세가 나온다. 실제 BMW 520d와 현대차 쏘나타를 비교할 경우 가격은 3배 가량 차이가 나지만 둘 다 배기량이 1999cc이기 때문에 똑같은 자동차세를 내고 있다. 특히 BMW 520d와 현대차 그랜저(2400cc)와 비교할 경우 가격은 그랜저가 BMW 520d보다 절반 가량 싸지만 더 많은 자동차세를 내고 있다. 이런 현상이 나타나는 이유는 현재 과세표준이 1960년대 제정된 것으로 현실과 동떨어진 오래된 법 때문이다.

정치권도 이런 불합리한 문제에 대해 공감하고 있지만 진척이 없는 상태다. 심재철 자유한국당 의원은 지난 2016년 배기량 대신 차량 가액 기준으로 과세 기준을 변경하는 '지방세법 개정안'을 발의했지만 여전히 통과는 미지수다. 19대 국회에서도 같은 법안을 냈지만 상임위원회를 통과하지 못하고 폐기된 바 있다. 김현미 국토교통부 장관도 후보자 시절 '배기량 기준으로 부과하는 자동차세를 취득세처럼 차량가액 기준으로 변경하는 것이 합리적'이라는 박맹우 자유한국당 의원의 서면질의에 "자동차세 변경 필요성에 대해 행정자치부와 협의토록 하겠다."고 밝힌 바 있다.

전문가들은 차량 가격은 물론 환경적인 요소까지 포함해 자동차세 부과 기준을 처음부터 다시 새롭게 점검할 필요가 있다고 지적하고 있다. 김필수 대림대 자동차학과 교수는 "배기량 기준의 자동차세는 현실과 맞지 않기 때문에 바뀌어야 된다. 수십년 쓰던 배기량 기준 자동차세 부과는 시대에 뒤떨어진 것"이라며 "이제는 가격은 물론 배출가스 등 친환경적 부분이 합쳐진 하이브리드 모델 등도 감안해 자동차세 부과 기준을 바꾸어야 한다."고 지적했다.

※ 출처 : 뉴스토마토, http://www.newstomato.com/readNews.aspx?no=794514(2017.12.14.)]

연습사례

Q2. 나북악은 취업 후 2년만에 배기량이 1,591cc 인 H사의 승용자동차(신차)를 1,365만원(부가가치세 124만원 포함)에 구입하려고 한다. 부담해야 할 취득세와 매년 부과되는 자동차세는 얼마일까?

A : Q2. 사례에서 배기량 1,591cc인 승용자동차는 경차에 해당하지 아니하므로 나북악은 취득시에 과세표준 1,241만원(부가가치세가 제외된 금액)에 7%의 세율을 적용하면 868,700원의 취득세(취득단계에서는 지방교육세의 과세대상은 아님)를 부담하여야 하고, 보유시에는 배기량 1,591cc인 비영업용 승용자동차의 cc당 자동차세의 세율이 140원이므로 연간 222,740원의 자동차세와 66,820원(222,740원×30%)의 지방교육세를 부담하여야 한다.

학습평가

1. 부동산 거래시(취득, 양도)에 부담하는 세금은 어떤 것이 있는가?
2. 부동산 보유시 부담하는 세금은 어떤 것이 있는가?
3. 자동차를 취득하거나 보유하는 경우 부담하는 세금은 어떤 것이 있는가?
4. 지방세법상 취득세에 대한 설명으로 옳지 않은 것은?(2016년 지방직 9급)
   ① 권리의 이전이나 행사에 등기 또는 등록이 필요한 부동산 등을 직계존비속 간에 서로 교환하여 취득한 경우에는 유상으로 취득한 것으로 본다.
   ② 토지의 지목을 사실상 변경함으로써 그 가액이 증가한 경우에는 취득한 것으로 본다.
   ③ 법인설립 시에 발생하는 주식 또는 지분을 취득함으로써 "지방세기본법" 제47조(출자자의 제2차 납세의무) 제2호에 따른 과점주주가 되었을 때에는 그 과점주주가 해당 법인의 부동산 등을 취득한 것으로 보지 아니한다.
   ④ 상속으로 인하여 재산을 취득하는 경우에는 상속인 전부가 상속받은 재산을 공동으로 취득한 것으로 본다.

[정답] : ④

5. 지방세법상 재산세에 대한 설명으로 옳은 것은?
   ① 항공기, 선박 및 자동차는 재산세의 과세대상이다.
   ② 재산세 납세의무자는 과세기준일 현재 재산의 등기부 또는 등록부상 소유자로 한다.
   ③ 재산세는 신고납부의 방법으로 징수한다.
   ④ 지방자치단체의 장은 재산세의 납부세액이 1천만원을 초과하는 경우에는 납세의무자의 신청을 받아 해당 지방자치단체의 관할구역에 있는 부동산에 대하여만 대통령령으로 정하는 바에 따라 물납을 허가 할 수 있다.

[정답] : ④

제 5 강 금융소득과 세금

학습목표

1. 은행 예금에 관련된 세금을 알 수 있다.
2. 보험 가입에 관련된 세금을 알 수 있다.
3. 주식, 채권, 펀드 투자와 관련된 세금을 알 수 있다.

1. 금융상품과 금융소득

금융시장에서 금융기관이 취급하는 상품을 금융상품이라 한다. 금융기관은 은행업·보험업 및 금융투자업으로 구분되는데, 금융기관의 금융상품 취급에 따라 은행업은 수신상품, 보험업은 보험상품, 금융투자업은 금융투자상품으로 구분된다.

수신상품은 원본의 지급을 약정하는 금융상품이고, 보험상품은 장래 위험발생에 따른 보상을 약정한 금융상품이며, 금융투자상품은 원본 또는 원본을 초과하는 손실가능성을 부담하는 금융상품이다.

이를 정리하면 <표 5－1>과 같다.

<표 5－1> 금융상품·금융기관의 분류

구 분	은 행 업	보 험 업	금융투자업
금융상품	수신상품이라 함	보험상품이라 함	금융투자상품이라 함
정 의	원본의 지급을 약정하는 금융상품	장래 위험발생에 따른 보상을 약정하는 금융상품	원본(또는 원본을 초과하는) 손실가능성을 부담하는 금융상품

금융상품을 취득, 보유, 처분하는 과정에서 발생하는 소득을 금융소득이라 한다. 수신상품이나 보험상품은 일단 구입하면 만기까지 보유하는 것이 일반적이다. 그러나 금융투자상품은 채권, 주식 등 유가증권의 형태를 취하고 있어서 만기 전에 이를 중도에 매각할 수 있다. 그 과정에서 당초 취득가액을 초과한 가액으로 처분할 수도 있는데, 이 경우 양도차익이 발생하게 된다.

이처럼 금융소득은 만기까지 보유함에 따라 발생하는 이자나 배당소득과 금융상품을 중도에 매각함에 따라 발생하는 양도차익으로 구분할 수 있다. 소득세법은 금융상품을 보유하는 과정에서 발생하는 이자나 배당에 대해서 이자소득 또는 배당소득으로 과세하고, 금융상품을 처분하는 과정에서 발생하는 양도차익에 대해서는 대체로 비과세하되, 비상장주식 · 상장주식 중 대주주 양도분 · 코스피200 선물옵션(이하 '비상장주식 등'이라 한다) 등의 양도차익에 한하여 양도소득으로 과세하고 있다.

<표 5－2> 금융소득의 분류 및 소득세법상 취급

구 분	금융소득의 분류(강학상)	소득세법상 취급
금융상품의 보유로 인한 소득	이자소득, 배당소득	금융소득으로 과세
금융상품의 처분으로 인한 소득	양도차익	대부분 비과세. 단, 비상장주식 등에 한해 양도소득세 과세

2. 금융소득 종합과세

금융소득 종합과세란 이자소득과 배당소득의 합계액이 연간 2,000만원을 초과하는 경우 그 소득을 종합소득에 포함하여 과세하는 것을 말한다. 이자소득과 배당소득의 합계액이 연간 2,000만원 이하인 경우에는 지급시점의 원천징수로써 과세가 종결된다. 원천징수로써 납세의무가 종결되는 것을 분리과세라 한다.

종합소득에 포함된 금융소득은, 이들이 모두 종합소득세 기본세율로 과세될 경우 2,000만원을 분기점으로 세액이 급격히 증가하는 점을 고려하여, 2,000만원까지는 분리과세되는 경우와 동일하게 14%의 세율을 적용하고 2,000만원 초과분에 대해서만 기본세율을 적용한다.

비상장주식 등의 양도로 인한 양도소득에 대해서는 분류과세한다. 분류과세는 퇴직소득, 양도소득에 적용되는데 이들 소득은 장기간에 걸쳐 또는 비경상적으로 발행하는 점을 감안하여 종합과세하지 아니하고 개별적으로 구분하여 과세한다. 비상장주식 등의 양도소득에 대해서는 일반적으로 단일세율로 과세하고 있다.

뉴스 속의 세금

✤ '금융소득 과세 강화' 탄력받나

31일 기획재정부와 국회 등에 따르면, 올 하반기 세제 개편에선 금융소득 과세 강화가 쟁점으로 떠오를 것으로 보인다. 정치권이 먼저 움직임을 보이고 있다. 국회 기획재정위원회 박원석 의원(정의당)은 지난 28일 금융소득 과세를 강화하는 내용이 담긴 소득세법 개정안을 발의했다. 이 개정안은 본격적인 세법 심의가 진행되는 오는 9월 정기국회에서 중요 심사 안건으로 다뤄질 것으로 보인다.

이 개정안은 크게 두 줄기로 나뉜다. 먼저 이자와 배당소득을 올리는 금융소득자에게 다른 근로·사업소득 등과 합산해 누진세율로 과세하는 금융소득종합과세 적용 소득 기준을 종전 '2,000만원 초과'에서 '1,000만원 초과'로 낮췄다. 이렇게 되면 1,000만원 이하 금융소득에 대해선 단일세율(14%)이, 1,000만원 초과 금융소득자에겐 다른 소득과 합산해 누진세율(6~38%)이 적용된다. 과세 범위가 확대되는 셈이다. 1996년 도입 당시 과세 기준은 금융소득 4000만원 초과(부부합산)였으나 2003년부터 인별합산 4,000만원으로 바뀌고 2013년에 다시 기준소득이 2,000만원으로 낮춰진 바 있다.

금융소득종합과세 변천사

1996년	금융소득종합과세 시행(1994년 12월 법 개정) • 금융실명제로 과세기반 확보 • 부부합산 금융소득(이자 및 배당소득) 4,000만원 초과자 대상
1998년~2000년	귀속 소득분에 대해 과세 유보 • 외환위기 여파 고려
2001년	과세 재개
2003년	과세기준을 부부합산에서 인별합산으로, 기준소득은 4,000만원으로 조정 • 2002년 헌법재판소 부부합산 과세 위헌 판결
현 행	2013년 기준 소득 2,000만원으로 조정

주식 양도차익 과세를 강화하는 내용도 이 개정안에 담겼다. 현재 상장주식의 경우 매매거래에서 발생한 이익에 대해선 과세하지 않고 있으나, 시가총액 50억원 이상 및 특수관계인 합산 지분 2% 이상(유가증권시장 기준)을 보유한 대주주에게는 주식 매매차익에 과세하고 있다. 개정안은 두 기준 중 보유 주식 금액 기준을 시가총액 10억원으로 대폭 낮췄다. (2015년 5월 31일, 한겨레신문)

☞ 2017년에 정부와 여당이 금융소득의 분리과세 기준을 현행 2,000만원에서 1,000만원으로 낮추는 방안을 확정하였으나, 조세저항 등을 우려하여 2017년 세법개정안에는 포함하지 않았다. 그러다가 2018년 7월 재정개혁특별위원회에서 상반기 정책권고안으로 "금융소득 종합과세 기준금액을 현행 2천만원에서 1천만원으로 인하"하라는 제시를 한 바 있다. 금융소득 종합과세 기준금액을 1,000만원으로 내리면 대상자가 11만 3,000명에서 45만 6,000명으로 증가하면서 세수증가 효과가 연간 3,000억 정도 발생한다.

3. 은행예금과 세금

1) 은행업과 과세문제

은행은 자금공급자로부터 받은 자금을 자금수요자에게 공급하는 자금중개기관이다. 은행은 예금에 대한 대가로 자금공급자에게 이자를 지급하고, 자금수요자로부터는 대출의 대가로 대출이자를 수령하게 되며, 이처럼 수입한 대출이자와 지급한 예금이자의 차이(이하 '예대마진'이라 함)를 은행수익의 원천으로 한다.

<그림 5－1> 은행 예금 및 대출 거래 흐름도

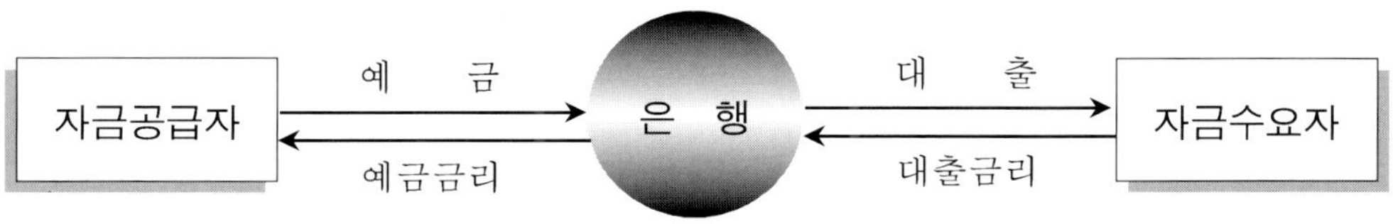

위 <그림 5－1>과 같이 은행거래에 있어서 세금문제는 거래의 당사자인 은행, 자금공급자, 자금수요자 모두에게 발생한다. 은행의 경우 예대마진에 대한 법인세가 과세될 것이고, 자금수요자의 경우 은행에게 지급한 대출이자가 자신의 법인세 및 사업소득세를 계산함에 있어서 비용으로 공제될 것이다. 자금공급자의 경우 은행으로부터 수령한 이자에 대한 소득세 등이 문제가 된다.

2) 예금이자와 이자소득세

금융기관에 저축을 하면 이자 등 금융소득이 발생하게 되는데, 이와 같은 금융소득에는 다른 소득과 마찬가지로 각종 세금이 부과된다. 우선 소득세법은 거주자가 다음의 예금 등으로부터 이익을 수령하는 경우 이를 금전사용에 따른 대가로 보아 이자소득으로 과세하고 있다.

참고조문

❖ 소득세법 제16조 【이자소득】

① 국내에서 받는 예금(적금・부금・예탁금과 우편대체를 포함)의 이자

② 「상호저축은행법」에 의한 신용계 또는 신용부금으로 인한 이익

> ③ 국외에서 받는 예금의 이자
> ⋮
> ⑫ 제1호부터 제11호까지의 소득과 유사한 소득으로서 금전 사용에 따른 대가로서의 성격이 있는 것
> ⑬ 제1호부터 제12호까지의 규정 중 어느 하나에 해당하는 소득을 발생시키는 거래 또는 행위와 「자본시장과 금융투자업에 관한 법률」 제5조에 따른 파생상품(이하 "파생상품"이라 한다)이 대통령령으로 정하는 바에 따라 결합된 경우 해당 파생상품의 거래 또는 행위로부터의 이익

은행은 보다 높은 수익을 예금자에게 제공하기 위하여 예금과 파생상품을 결합한 새로운 형태의 금융상품을 출시하기도 한다. 예컨대 예금과 옵션이 결합된 '주가연계정기예금(ELD, Equity Linked Deposit)'이나 예금과 선도환계약이 결합된 '외화예금' 등이 그러하다. 파생금융상품에서 발생한 이익은 비과세하는 것이 원칙이나, 파생상품이 내재된 예금에 대해서는 이를 통합된 하나의 예금으로 보아 그 이익에 대해 이자소득으로 과세한다.[18)]

소득세법상 이자소득 이외에 금융소득에 부과되는 세금으로는 「지방세법」에 의한 지방소득세, 그리고 소득세가 감면되는 경우 「농어촌특별세법」에 따라 동 감면세액을 기준으로 부과되는 농어촌특별세가 있으며 이들 세금은 모두 금융기관이 고객에게 저축의 원리금이나 이자 등을 지급할 때 원천징수하고 있다. 한편, 이들 세금에 대한 감면 등의 특례는 대부분 「조세특례제한법」에 규정되어 있다.

3) 차명예금과 증여추정

차명예금이란 예금계약 등의 당사자로 표기된 자(명의자)와 실제 자금을 출연한 자(출연자)가 다르고, 전자의 명의를 사용하는 것에 대해 명의자와 출연자가 합의한 금융거래를 말한다. 차명예금은 예금분산을 통한 조세회피의 수단으로 활용될 여지가 많다. 금융자산을 차명으로 분산예치하고 이를 통해 금융소득 종합과세를 회피할 수 있기 때문이다.

이와 관련하여 세법은 아래와 같은 '차명예금에 대한 증여추정규정'을 두어 차명예금을 통한 조세회피 행위를 방지하고 있다.

18) 소득세법 제16조 제1항 제13호.

관련법

❖ 상속세 및 증여세법 제45조 【재산 취득자금 등의 증여 추정】

① 직업, 연령, 소득 및 재산 상태 등으로 볼 때 재산을 자력(자력)으로 취득하였다고 인정하기 어려운 경우로서 대통령령으로 정하는 경우에는 그 재산을 취득한 때에 그 재산의 취득자금을 그 재산의 취득자가 증여받은 것으로 추정하여 이를 그 재산취득자의 증여재산가액으로 한다.

②~③ (생략)

④ 「금융실명거래 및 비밀보장에 관한 법률」 제3조에 따라 실명이 확인된 계좌 또는 외국의 관계 법령에 따라 이와 유사한 방법으로 실명이 확인된 계좌에 보유하고 있는 재산은 명의자가 그 재산을 취득한 것으로 추정하여 제1항을 적용한다.

위 규정은 증여추정규정이므로 차명예금임을 명의자가 입증하는 경우에는 증여세를 부담하지 아니 할 수 있다. 과세청은 명의자가 차명계좌임을 입증한 자료에 근거하여 차명계좌에서 발생한 금융소득을 출연자에게 귀속시켜 소득세를 과세할 수 있을 것이다.

Column

❖ 차명예금에 대한 증여세 과세

차명예금에 대한 증여세 과세는 실명확인이 된 차명계좌에 재산이 취득되면 그 예금의 명의자가 증여받은 것으로 추정하여 부과하게 된다. 또한 국세기본법에서 납세자가 부정행위로 상속세·증여세를 포탈하는 경우로서 수증자의 명의로 되어 있는 증여자의 금융자산(50억원 초과)을 수증자가 보유하고 있거나 사용·수익한 경우에는 해당 재산의 상속 또는 증여가 있음을 안 날부터 1년 이내에 상속세 및 증여세를 부과할 수 있도록 하여 고액의 금융자산을 통하여 무상이전되는 경우에는 사실상 제척기간이 없다고 할 수 있다.

이와 같이 금융자산을 통하여 상속세 및 증여세를 회피하는 것을 방지하기 위하여 과세당국에서는 다양한 분야에서 보완하고 있는데, 차명예금의 경우에도 차명계좌의 사용이 확인되어 증여세를 과세하겠다고 하면, 그것은 증여받은 것이 아니고 편의상 명의를 차명했다고 주장하여 증여세 과세를 회피하는 취약점이 있었던 것을 개선하기 위하여 증여추정을 적용하고자 하는 것이다. 그동안에는 차명예금에 대한 증여세의 납세의무 성립시기를 자녀 등의 명의자가 실제로 그 예금을 사용하는 시점을 증여시기로 보아 과세하여 왔으며, 이를 개선하기 위하여 명의자의 금융계좌에 자산이 입금되는 시점에 증여세를 과세하도록 하는 차명예금에 대한 증여추정을 적용하는 것으로 개정하게 되었다.

이와 같은 개정은 차명예금에 대해 "과세당국에 의하여 증여자로 인정된 자 명의의 예금이 인출되어 납세자 명의의 정기예금으로 예치되거나 기명식수익증권의 매입에 사용된 사실이 밝혀지면 그 예금은 납세자(명의자)에게 증여된 것으로 추정되므로, 그와 같은 예금의 인출과 납세자 명의로의 예금 등이 증여가 아닌 다른 목적으로 행하여진 것이라는 등 특별한 사정이 있다면 이에 대한 입증은 납세자에게 있다."고 하는 대법원 판례(대법원 1997.2.11. 선고, 96누3272 판결)의 입장을 적용한 것이다.

……

납세자가 차명예금에 대해 증여추정의 적용을 받지 않기 위해서는 계좌개설신고서나 사용인감 등에서 명의자가 개설하지 않고 예금의 실소유자가로 개설하거나 명의자에게 부득이 하게 위탁하여 관리하고 있다는 사실, 명의자가 금치산자 등의 의사표시가 불가능하다는 사실, 예금의 입금이나 출금 등에서 그 예금을 명의자가 아닌 실소유자가 실질적으로 지배·관리하고 있다는 사실 등의 방법에 따라 실질소유자의 귀속임을 입증하여야 할 것이다([김완일의 절세가인] 차명계좌 '증여오해' 피하기, 세정일보, 2016.11.14.).

4. 보험상품과 세금

1) 보험이란 무엇인가

보험이란 공동위험에 놓여 있는 다수의 경제주체가 대수의 법칙에 의한 공동비축금을 마련하여 우연한 사고에 대비하는 기술적인 제도로서, 위험에 처한 당사자가 장래 발생할 수 있는 손실위험을 일정한 대가를 지불하고 제3자 또는 보험회사에 전가하는 계약이다. 보험은 상법과 보험업법의 규제를 받는다.

상법은 보험을 손해보험과 인보험으로 분류하고 인보험을 다시 생명보험과 상해보험으로 분류한다. 보험업법은 이와 달리 손해보험, 생명보험, 제3보험으로 분류한다. 상법상 상해보험은 보험업법상 제3보험에 포함된다. 그러나 소득세법은 보험상품에 대한 상법 및 보험업법의 분류와 달리 보험을 만기보험금과 납입보험료의 크기를 기준으로 보장성보험과 저축성보험으로 분류하고 있다.

2) 보장성보험과 비과세

보장성보험이란 만기(또는 중도해지)보험금이 납입보험료를 초과하지 않는 보험계약을 말한다. 보장성보험의 보험계약자가 실제 보험사고로 수령하는 보험금이 보험료를 초과하더라도 그 보험차익에 대해 소득세를 과세하지 않는다. 또, 근로자가 자신 또는 부양가족을 위하여 보험료를 불입한 경우 근로소득세를 계산함에 있어서 100만원을 한도로 납입보험료를 12% 세액공제를 받을 수 있다.

연습사례

Q1. 나북악은 외국으로 출장을 가게 되었다. 해외출장 전 의외의 사고에 대처하기 위해 보험료가 10만원인 여행자보험에 가입하였다. 나북악은 해외출장 중에 교통사고를 당하여 200만원의 의료비를 지불하였다. 귀국 후 나북악은 보험회사로부터 200만원의 보험금을 수령하였다. 나북악은 해당 보험금에 대해 세금을 내야 하는가?

A : Q1사례의 경우 나북악이 불입한 납입보험료 10만원은 반환조건이 붙은 보험료가 아니다. 여행자보험이 보장성보험에 해당하므로 나북악이 여행 도중에 보험사고가 발생하여 보험회사로부터 수령한 보험금 200만원에 대해서는 세금을 납부하지 않아도 된다. 또, 납입보험료 10만원은 나북악이 근로소득세를 계산함에 있어서 12% 세액공제 받을 수 있다.

4) 저축성보험과 과세

저축성보험이란 보장성보험이외의 보험으로서 만기환급금이 납입보험료를 초과하는 보험을 말한다. 저축성보험의 보험차익은 이자소득으로 과세된다. 불입보험료에 대한 세액공제도 받을 수 없다.

즉 이자소득으로 과세되는 보험차익은 보험금 수령시점에 14%로 원천징수되며 다른 금융소득과 합산하여 2,000만원을 초과하는 경우에는 그 초과분은 다른 소득과 합산하여 누진세율로 과세될 수 있다. 이처럼 저축성보험을 보장성보험과 달리 취급하여 과세하는 것은 저축성보험의 경제적 실질이 은행의 예금과 사실상 같다고 보기 때문이다.

저축성보험이라 하더라도 보험금이 피보험자의 사망·질병·부상 기타 신체의 상해로 인하여 받거나 자산의 멸실 또는 손괴로 인하여 받는 보험금인 경우에는 과세하지 아니한다. 계약기간 만료로 수령하는 보험금이 아니라 사망 등 보험사고로 수령하는 보험금은 예금의 이자와 경제적으로 다른 것이므로 과세하지 않는 것이다. 또, 보험업을 지원하기 위한 정책적 고려에서 보험계약일로부터 계약유지기간이 10년 이상인 경우에도 과세하지 않는다.

연습사례

Q2. 나북악은 자기 노후의 생활을 보장하기 위해 연금보험에 가입하였다. 보험에 가입한 해부터 20년 내에 매년 100만원의 보험료를 내고 60살 되면 매월 100만원의 보험금을 받을 뿐만 아니라 가입 이후 매년에 누적된 보험료의 일정비율의 배당금도 받을 수 있다. 이 경우 세금은 어떻게 계산되는가?

A : Q2사례의 경우 나북악은 20년간 불입한 이후 60세가 되는 시점부터 연금형태로 매월 100만원씩 받게 된다. 이 경우 보험차익의 과세시기는 100만원을 지급받는 각각의 시점이며, 보험차익의 계산은 수령한 연금액 100만원에서 이에 대응하는 보험료를 차감하여 계산한다. 그러나 나북악은 연금보험의 보험유지기간이 10년 이상이므로 보험차익의 발생 여부와 관계없이 비과세된다. 또한, 그가 보험유지기간 중에 수령한 배당금은 보험료의 반환으로 처리되므로 이 또한 과세되지 않는다.

5. 주식 · 채권 투자와 세금

1) 주식, 채권 투자 절차

주식, 채권 투자활동에는 여러 거래주체가 참여한다. 투자자는 금융중개기관인 증권회사에 자기 명의의 계좌를 개설하고 주식, 채권의 매매를 지시하면 증권회사는 투자자를 위하여 증권거래소에 상장된 주식, 채권 등을 매매하게 된다.

증권회사가 투자자를 위하여 취득한 주식, 채권은 투자자 명의의 계좌에 그 종류와 수량을 기재하고 실물인 주식, 채권은 한국예탁결제원에 예탁된다. 거래의 안전을 위해 매매대금의 결제도 예탁결제원에서 이루어진다.

<그림 5－2> 상장주식, 채권 투자 흐름도

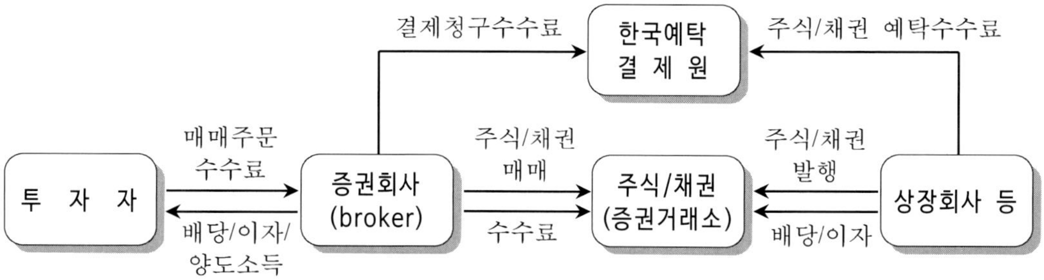

주식, 채권의 투자활동에서 각 참여주체에 관한 세금은 다음과 같이 정리된다. 먼저 증권회사, 한국예탁결제원 및 증권거래소는 투자자에게 금융중개, 증권보관, 대금결제 등의 서비스를 제공하고 투자자로부터 수수료를 받는데, 이들 수수료는 모두 이들 금융기관의 법인소득에 포함되어 법인세가 과세된다.

투자자의 경우, 투자활동으로 취득한 주식이나 채권에서 발생하는 배당, 이자소득은 투자자가 개인인 경우 소득세, 법인인 경우 법인세가 과세된다. 또 매매되는 것이 주식인 경우에는 증권거래세도 과세된다.

2) 주식 · 채권 투자자와 세금

투자자가 법인인 경우 주식이나 채권 투자를 통해 발생한 소득은 모두 법인세 과세대상이 되므로 설명이 단순하다. 반면, 투자자가 개인인 경우에는 소득구분 등이 문제되므로 이하에서는 개인의 경우를 중심으로 살펴본다.

(1) 소득세

① 이자소득세

채권에 투자하는 경우, 채권의 이자와 할인액은 이자소득으로 과세된다. 여기서 이자란 채권권면에 표시되어 있는 권면이자를 뜻하며, 할인액이란 채권발행시점에 확정된 발행 할인액을 뜻한다.

기본개념

❖ 채권 할인액

액면가액 1,000,000원, 권면이율 10%이며 액면이자의 지급일을 매년 말로 하는 3년 만기의 채권을 시장이자율 12%로 발행할 경우, i) 채권의 발행가액은 951,563원[=100,000/(1.12) +100,000/(1.12)2 + 100,000/(1.12)3 + 1,000,000/(1.12)3]이고, ii) 채권의 총이자소득은 348,437원(=1,300,000 − 951,563)이 되며, iii) 이 중 소득세법상 '이자'는 300,000원이고 '할인액'은 48,437원이 된다.

또, 채권을 중도에 매매하는 경우, 채권매도자의 채권보유기간에 해당하는 이자상당액이 채권매도자에게 귀속되었다고 보고 이자소득세를 과세한다(이를 '채권보유기간과세제도'라 한다).

예컨대, 만기 3년인 할인채의 발행 할인액이 300만원이고 최초 투자자가 이를 1년간 보유한 후 처분한 경우, 소득세법은 투자자의 매수·매도가격과 상관없이 전체 할인액 300만원 중 1년분에 해당하는 100만원을 양도한 투자자의 이자소득으로 보아 과세한다.

② 배당소득세

주식에 투자하는 경우, 주식발행법인이 이사회 등을 거처 현금배당 및 주식배당을 결의하고 투자자에게 지급하는 배당금은 배당소득으로 과세된다. 주식배당의 경우 배당소득의 평가는 배당받은 주식의 시가가 아니라 액면가액에 의한다.

③ 양도소득세

채권을 중도에 매도하는 경우, 중도매매시점의 시장이자율이 발행시점 또는 취득시점의 시장이자율보다 하락한 경우에는 채권가격이 상승하여 채권매매차익이 발생한다. 소득세법은 채권매매차익에 대하여 비과세한다.

주식을 중도에 매도하는 경우, 소득세법은 다음의 경우를 제외하고는 주식양도차익에 대해 과세하지 아니한다.

① 상장주식을 그 발행법인의 대주주[19]가 양도하는 경우 ② 상장주식을 장외에서 양도하는 경우 ③ 비상장주식을 양도하는 경우

위의 주식에 해당하여 과세되는 경우 적용세율은, 중소기업 주식의 양도(대주주가 아닌 자가 양도하는 경우에 한함)인 경우에는 양도소득에 10% 세율, 중소기업 이외의 주식으로써 보유기간이 1년 미만인 주식의 양도인 경우에는 양도소득에 30% 세율, 그 외의 경우에는 양도소득에 20% 세율을 적용한다.

19) '대주주'란 지분율이 1% 이상 주주 또는 시가총액 25억 이상의 주식을 보유한 주주를 말한다(소득세법 시행령 제157조 제4항 제1호 및 제2호 참조).

<표 5-3> 주식 양도소득세 과세 여부 및 적용세율

<table>
<tr><th colspan="2" rowspan="2">구 분</th><th colspan="2">과세 여부</th><th rowspan="2">적용세율</th></tr>
<tr><th>○</th><th>×</th></tr>
<tr><td rowspan="2">주권상장 법인주식</td><td>유가증권시장 거래주식</td><td>대주주</td><td>소액주주</td><td rowspan="3">• 중소기업(대주주가 아닌 자가 양도하는 경우에 한함)의 주식 : 10%
• 중소기업 외의 주식으로써 1년 미만 보유한 것 : 30%
• 그 이외의 주식 : 20%</td></tr>
<tr><td>장외거래주식</td><td>모든 주주</td><td>-</td></tr>
<tr><td colspan="2">비상장법인 주식</td><td>모든 주주</td><td>-</td></tr>
</table>

(2) 증권거래세

증권거래세는 주식의 유상양도에 대하여 부과하는 세목으로 간접세에 해당한다. 주식의 유상양도를 과세대상으로 하므로 채권을 양도하는 경우에는 과세되지 않는다. 상속이나 증여 등 무상양도로 소유권이 이전된 경우에도 과세되지 않는다. 양도가액을 과세대상금액으로 하므로 양도손실이 발생하더라도 증권거래세는 부담하여야 한다. 양도가액의 0.5%(비상장주식인 경우), 0.15%(상장주식인 경우), 0.3%(코스닥시장인 경우) 등의 세율로 과세된다.

Column

❖ 증권거래세 폐지에 대한 찬반론

증권거래세가 과세된 것은 지난 1963년부터다. 당시 증권거래세 도입의 주된 목적은 투기적 거래를 규제하기 위한 것이었다. 1971년에는 자본시장 육성정책의 일환으로 폐지됐다가 1979년 세수를 증대하고 자본시장에서의 단기적 투기행태를 방지하기 위해 다시 도입됐다. 이와 같은 증권거래세를 자본시장에 도입해 자본시장의 안정화를 도모하자는 주장은 당초 경제학자 존 메이너드 케인스(1936)에 의해 최초로 제시됐던 것으로 알려지고 있다. 케인스는 투기적 거래가 자본시장의 변동성을 증가시키고 장기적으로 시장의 거품을 만들어낼 수 있으므로 거래세를 부과해 투기적 거래의 비중을 줄이는 방안을 제시한 것이다.

……

최근 국내 증시가 급락하자 증권거래세를 폐지 또는 인하해야 한다는 청원이 급증하고 있다. 증권거래세가 거래가액에 일정비율을 적용한 세금이 되다 보니 손실이 확정돼 담세력(조세부담능력)이 없는 투자자에게도 증권거래세를 과세하는 문제점이 있다는 것이다.

이에 관해 정부의 입장은 주식의 양도차익은 대부분 비과세되고 있고 증권거래세를 폐지하는 경우 농어촌특별세를 포함해 연간 6조원 가량의 세수가 감소할 수 있다는 점을 들어 증권거래세는 유지하고, 양도소득세는 대주주의 범위를 확대함으로써 비과세의 범위를 점차 줄여 나간다는 입장이다.

스웨덴이 1991년 증권거래세를 폐지한 주된 이유는 증권거래세의 세수가 만족스럽지 못했기 때문인데 한국은 이와 달리 최근 5년간 증권거래세(농특세 포함)는 4조~6조원을 유지하고 있고 주식거래대금도 1,400조~2,200조원에 이르고 있다. 법정거래세율을 0.1%로 인하하게 되면 증권거래세의 세수 감소는 연평균 3조원 이상 감소할 것으로 예상된다.

대안으로 상장주식에 대한 양도소득세의 전면과세를 생각할 수 있으나 선행연구에 의하면 증권거래세에 비해 세수 안정성 측면에서는 실익이 없는 것으로 나타났다. 정부가 대승적 차원에서 세수감소를 용인하더라도 '저축에서 투자로'라는 금융시장의 구조개혁 목표를 달성하겠다는 강력한 의지가 없다면 증권거래세의 인하 내지 폐지는 쉽지 않다. 그렇다 하더라도 개인투자자의 증권거래세 부담비율이 유가증권시장 50%, 코스닥시장 90%에 근접하는 비정상적인 상황은 개선할 필요가 있다.

※ 출처 : https://www.sedaily.com/NewsView/1S7763580J/GG03(2018-11-15)].

연습사례

Q3. 나북악은 개미투자자이다. 나북악은 작년에 증권회사에 계좌를 개설하고 증권회사를 통해 한국거래소에 상장된 S사의 주식과 L사의 채권에 투자하였다. 주식과 채권을 보유하는 동안 S사에서 배당을 받고 L사에서 이자를 받았으나, 결과적으로 투자손실만 보았다. 증권을 거래할 때마다 증권회사에게 거래수수료를 지불하였고 증권거래세도 부담하였기에 나북악은 기분이 매우 나빴다. '돈 번 것도 없는데 왜 세금을 내야 하는가?'라며 불만을 나타내고 있다. 왜 이와 같은 현상이 일어나는가?

A : Q3사례의 나북악은 채권과 주식에 투자하여 투자손실(즉 양도손실)을 보았지만, 이자소득세와 배당소득세를 계산함에 있어서 투자손실이 비용으로 공제되지 않는다. 현행 세법이 이자소득이나 배당소득과 양도손실(또는 양도차익)을 서로 합산하여 과세하지 않기 때문이다. 그러므로 투자결과 전체적으로 손해를 보았음에도 이자와 배당에 대해서만 과세한다는 불만이 있을 수 있다.

6. 펀드투자와 세금

1) 펀드란 무엇인가

우리가 평소 말하는 펀드란 투자펀드를 의미한다. 투자펀드란 다수의 투자자로부터 모은 자금을 하나의 펀드로 만들어 이를 자산운용회사가 대신 운용하고 그 수익을 투자자에게 배분하는 집단적・간접적 투자제도이다. 투자펀드는 '자본시장법'에 의해 규제되며, 동 법률은 투자펀드를 '집합투자기구'로, 투자펀드를 운용하는 자, 즉 자산운용회사를 '집합투자업자'로 표현하고 있다.

집합투자기구는 투자자의 자금과 자산운용자의 자금을 구분하고 자금수요자와 자금공급자를 중개하기 위한 매개수단으로 기능을 하며, 자본시장법은 집합투자기구로서 신탁형, 회사형, 조합형 투자기구를 아래와 같이 두고 있다. 실무상 투자신탁이 투자펀드로 주로 사용된다.

<그림 5－3> 자본시장법상 투자펀드의 종류

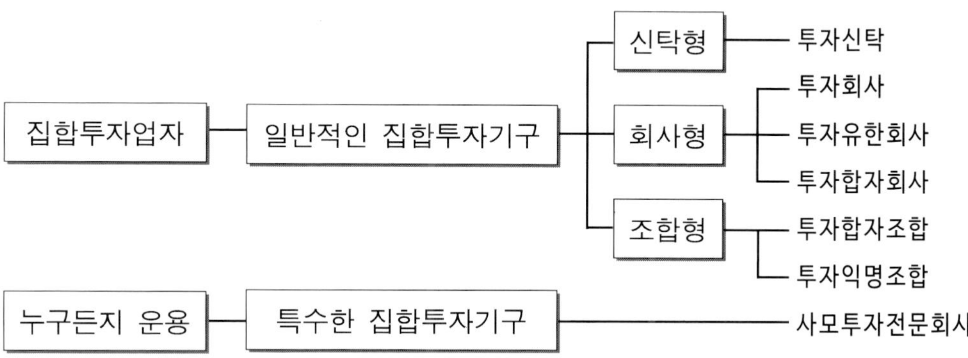

2) 펀드투자 절차

투자자가 펀드투자를 통하여 간접투자하는 과정에는 직접 주식 또는 채권에 투자하는 경우와 동일하게 여러 참여주체가 관여한다. 투자자가 직접 증권회사에 계좌를 개설한다는 점에서는 두 가지 투자절차 사이에 큰 차이는 없다. 투자자가 직접투자하는 절차의 중간에 투자펀드를 삽입시켜 투자한다는 것이 다를 뿐이다.

먼저 자산운용회사가 펀드를 설정하여 그 판매를 증권회사(이를 '판매회사'라 한다)에 위탁한다. 판매를 위탁받은 증권회사는 이를 투자자에게 판매하고, 투자자는 투자의 대가로 펀드가 발행한 수익증권을 취득한다. 투자자가 취득한 수익증권은 증권회사에 개설된 계좌에 그 종류와 수량이 기재되면 수익증권 자체는 한국예탁결제원에 예탁된다.

투자자의 투자자금은 판매회사와 자산운용회사를 거쳐 신탁회사의 펀드계좌로 송금된다. 자본시장법은 이처럼 투자자의 자금을 신탁회사에 보관하도록 강제하고 있는데, 이는 자산운용회사의 고유재산과 분리함으로써 투자자의 재산을 보호하기 위함이다. 자산운용회사의 펀드매니저는 펀드계좌에 모인 펀드자금을 투자자를 대신하여 주식 및 채권 등에 투자하며, 그 결과 주식으로부터는 배당금과 주식의 양도차익을, 채권으로부터는 이자와 채권의 양도차익을 획득하게 된다. 이들 소득은 모두 펀드계좌에 유보된다. 운용과정에서 발생하는 각종 비용 및 수수료, 증권거래세 등은 펀드자금에서 지급된다.

투자자는 수익증권을 판매회사에게 환매청구하여 투자를 철회할 수 있다. 환매청구를 받은 판매회사는 자산운용회사에게 이를 알리고 자산운용회사는 다시 신탁회사에 환매청구에 상응한 환매대금의 지급을 지시한다. 신탁회사는 그 지시에 따라 환매대금을 판매회사를 통하여 펀드투자자에게 지급하게 된다.

펀드의 투자절차를 그림으로 표시하면 <그림 5－4>와 같다.

<그림 5－4> 개인의 펀드투자 절차

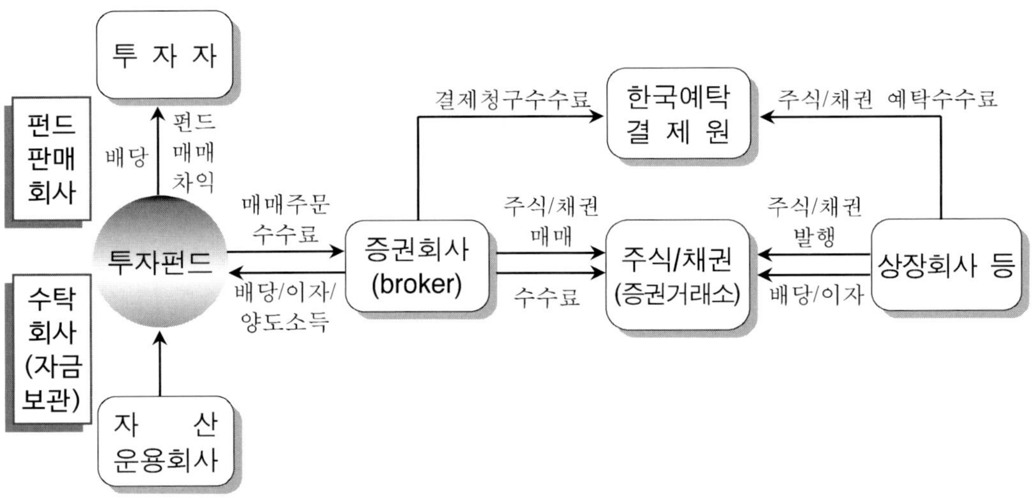

펀드투자에 관여한 참여주체들의 세금문제를 정리하면 다음과 같다. 먼저 증권회사, 한국예탁결제원 및 증권거래소는 투자자에게 금융중개, 증권보관, 대금결제 등의 서비스를 제공하고 펀드 또는 펀드투자자로부터 수수료를 받게 되는데, 이들 수수료는 모두 이들 금융기관의 법인소득에 포함되어 법인세가 과세된다.

투자자의 경우, 펀드에 귀속된 소득은 펀드가 그 소득을 투자자에게 분배하는 시점에 배당소득으로 과세된다. 펀드가 회사형인 경우에는 펀드에 귀속된 소득에 대해 법인세가 과세될 수 있지만 세법은 일정한 요건을 충족하는 경우에는 이를 면제하고 있고, 또 펀드가 신탁형이나 조합형인 경우에는 펀드에 귀속된 소득에 대해 법인세를 처음부터 과세하지 않는다. 사실상 펀드의 법적 형태와 관계없이 펀드단계에서는 과세하지 아니하고 투자자단계에서만 배당소득으로 과세된다.

3) 펀드투자자와 세금

펀드투자자가 환매청구로 수령하여 펀드투자이익은 배당소득으로 과세된다. 또, 펀드는 매년 1회 이상 결산하여 이익이 있으면 투자자에게 이익금을 분배하도록 되어 있는데, 이처럼 펀드결산으로 펀드로부터 수령하는 이익금도 배당소득으로 과세된다. 펀드결산일에 분배되는 이익금은 대체로 다시 펀드에 재투자되는 것이 일반적인데, 재투자하더라도 일단 투자자에게 귀속된 것으로 보아 그 시점에 배당소득으로 과세된다. 수익증권을 증권시장에서 양도하는 경우에도 발생하는 양도차익은 배당소득으로 과세된다.

배당소득을 계산함에 있어서 소득세법은 소득의 원천 중 상장주식의 매매평가손익[20) 등 비과세대상 손익이 포함되어 있는 경우에는 이를 제외하고 배당소득을 계산하여야 한다. 주식형 펀드의 경우에는 투자이익의 대부분이 상장주식의 양도차익이므로 이들 이익이 과세 제외되어 사실상 비과세 상품과 같이 취급된다.

이처럼 비과세대상 소득을 제외하고 배당소득을 계산하는 이유는, 투자자가 펀드를 통해 간접투자한 경우에도 투자자가 상장주식에 직접투자한 것과 동일한 과세효과가 발생하도록 하여 직접투자와 간접투자 간의 과세형평을 유지하기 위함이다.

4) 투자펀드와 세금

투자펀드는 크게 회사형, 신탁형 및 조합형으로 구분된다. 신탁형이나 조합형은 투자펀드 자체에 법인격이 없으므로 투자펀드에 귀속된 소득에 대하여 법인세를 납부할 의무는 없으나, 투자회사는 상법상 주식회사에 해당하므로 펀드에 귀속된 소득에 대해 법인세를 부담하여야 한다.

이들 투자펀드는 법적 형태와 상관없이 자산운용회사의 고유재산과 투자자의 투자재

20) 즉 '1. 증권시장에 상장된 상장주식 및 벤처기업주식의 매매평가손익, 2. 증권시장에 상장된 상장주식을 대상으로 하는 장내파생상품의 매매평가손익' 등을 말한다.

산을 분리시키기 위한 수단이라는 점에서 모두 동일하다. 세법도 가급적이면 이들 여러 종류의 투자펀드에 대해 과세형평을 유지할 필요가 있다.

법인세법은 투자회사의 투자자가 2인 이상으로서, 매년 1회 이상 결산하여 그 분배금을 전액 투자자에게 분배하는 경우에는 법인세를 부담하지 않도록 하여 투자신탁(투자조합을 포함한다)과 과세형평이 유지되도록 하고 있다.

한편, 투자신탁의 경우 신탁재산에 귀속된 소득은 이를 투자자에게 분배하기 전까지 과세가 이연된다. 소득세법은 과세이연을 이용한 조세회피를 방지하기 위하여 투자신탁에 대해서도 투자회사와 동일하게 매년 1회 이상 결산하여 분배하도록 요구하고 있다.

학습평가

1. 금융소득 종합과세에 대해 약술하라.
2. 소득세법상 이자소득에 해당하지 않는 것은?(2014년, 세무직 9급)
   ① 내국법인이 발행한 채권 또는 증권의 이자와 할인액
   ② 대금업을 영위하는 자가 영리를 목적으로 금전을 대여하고 받은 이자
   ③ 국가나 지방자치단체가 발행한 채권 또는 증권의 이자와 할인액
   ④ 비영업대금의 이익

[정답] : ②

☞ 금전대여에 따른 이자소득 창출을 사업적으로 하는 것을 대금업이라고 한다. 대금업을 통해 창출된 이자는 사업소득에 해당하고, 대금업을 영위하지 않는 자가 금전을 대여하고 받는 이자(이를 "비영업대금의 이익"이라 한다)는 이자소득에 해당한다.

3. 은행의 예금과 파생상품이 결합된 경우 파생상품에서 발생한 이익은 비과세대상인지? 아니면 이자소득 또는 배당소득에 해당하는지?
4. 저축성보험과 보장성보험을 정의하고, 이들의 보험금과 보험료에 대한 과세상 취급을 약술하라.
5. 소액투자자인 나북악은 A상장주식을 100만원에 취득하여 거래소를 통해 103만원에 매각하였다. A주식 양도와 관련하여 나북악이 부담하여야 하는 세금은?
6. 투자신탁에서 발생한 이익은 무슨 소득으로 과세되는가?

제 6 강 부동산 양도와 세금

학습목표

1. 부동산 양도 시 과세되는 양도소득세에 대해 이해한다.
2. 양도소득세 비과세대상인 1세대 1주택 등에 대해 이해한다.

1. 양도소득세

1) 양도소득세 개요

(1) 양도소득세의 의의

양도소득세는 부동산 등 과세대상 자산의 양도 시와 취득 시의 가치상승에 따른 가액의 차액에 해당하는 양도소득(자본이득 capital gain)을 과세대상으로 한다. 그러나 고율의 양도소득세가 부과되면 부동산을 매도하지 않고 부동산 거래가 동결되는 동결효과(lock-in effect)를 초래할 수 있다. 우리나라는 부동산 경기조절을 위하여 양도소득세제 중 1세대 1주택 비과세 등의 제도를 정책적으로 활용하고 있다.

소득세법에서는 양도소득을 매년 발생하는 다른 소득과는 합산하지 아니하고 분리하여 별도로 과세(분류과세소득)하는 제도를 택하고 있다.

(2) 양도의 개념

자산의 양도란 자산에 대한 등기 또는 등록에 관계없이 매도, 교환, 법인에 대한 현물출자 등으로 인하여 그 자산이 유상(有償)으로 사실상 이전되는 것을 말한다. 부담부증여[1]의 경우에도 증여자의 채무(전세보증금 반환채무)를 수증자가 인수하는 부분은 그 자산이 사실상 유상으로 이전되는 것으로 보아 양도소득세 과세대상으로 보며 나머지 부분은 증여세 과세대상이 된다.

1) 상대부담 있는 증여이다(민법 제561조). 부담부증여란 배우자 및 자녀에게 부동산을 증여할 때 전세보증금이나 주택담보대출 등 부채를 포함하여 증여하는 것을 말한다. 증여세를 산정할 때 전세보증금 등 부채를 차감하여 계산하기 때문에 절세 수단의 하나로 활용되어 왔다. 증여자는 증여하는 부동산 중 전세보증금 등 부채가 차지하는 부분을 양도하고, 양도대가로 부채 상환의무를 면제받기 때문에 양도소득세가 과세된다. 즉, 증여하는 부동산 중 전세보증금 등 부채 부분에 대해서는 유상양도로 보아 양도소득세가 과세된다.

연습사례

Q1. 나북악은 자녀가 결혼함에 따라 자신이 보유한 시가 8억원 상당의 아파트를 증여하였다. 나북악은 해당 아파트를 4억원에 취득하였는데, 취득자금은 본인 자금 2억원과 은행 차입금 2억원이었다. 나북악이 자녀에게 증여한 시가 8억원 상당의 아파트에 대해서 어떠한 세금을 부담하는가?

A : Q1사례의 경우 나북악이 시가 8억원 상당의 아파트를 자녀에게 증여하였는데 나북악이 해당 아파트를 취득하면서 부담한 은행 차입금 2억원은 자녀가 승계하므로 부담부 증여에 해당한다. 8억원에서 2억원(은행 차입금)을 차감한 6억원에 대해서는 나북악의 자녀가 증여세를 부담하고, 은행 차입금 2억원에 대해서는 나북악이 양도소득세를 부담한다. 다만, 나북악이 증여한 아파트가 1세대 1주택에 해당한다면 양도소득세가 비과세되므로 나북악은 양도소득세를 부담하지 않아도 된다. 이를 그림으로 표시하여 보면 아래 <그림 6－1>과 같다.

〈그림 6－1〉 부담부 증여에 따른 세금효과

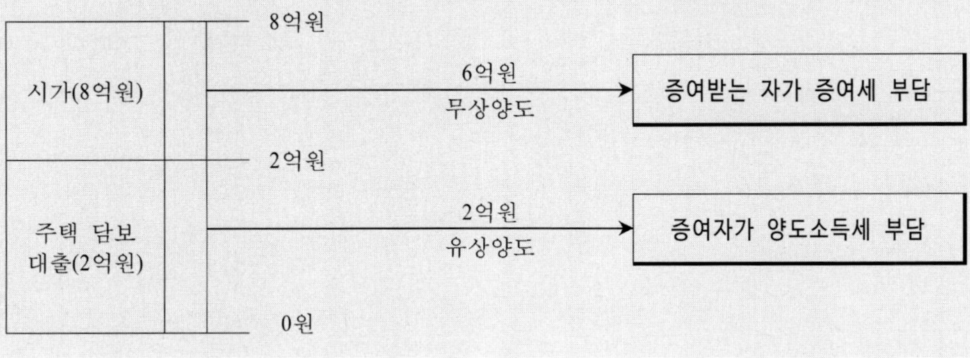

뉴스 속의 세금

✤ 지난해 부동산 증여 건수 사상 최대치 기록

17일 국토교통부와 한국감정원의 부동산 거래량 통계를 보면, 지난해 전국에서 부동산 증여로 인해 거래가 신고된 건수는 26만9472건으로 집계됐다. 이는 국토부가 2006년 부동산 실거래 신고제도를 도입한 이후 가장 많은 것이다. 부동산 과열기였던 2006년의 증여 건수가 19만2361건이었던 점에 견줘볼 때 10년 만에 40%(7만7111건)나 늘어났다. 또 2012년(19만8403건) 이후 4년 연속 증가세가 이어지고 있다.

지난해 증여 건수가 가장 많은 부동산 유형은 토지로, 전년(16만4774건) 대비 4.9% 증가한 17만2904건을 기록했다. 전년 대비 증가폭이 가장 높은 것은 상가·업무용 건물(1만5611

건)로 전년(1만3400건) 대비 16.5% 증가했다. 주택 증여도 전년 대비 10.7% 증가한 8만957건이 집계돼 비교적 높은 증가세를 보였다.

……

자녀에게 집을 사줄 때 세금을 줄이기 위해 '부담부 증여' 방식을 활용하는 추세도 영향을 미쳤을 수 있다. 부담부 증여는 대출이나 전세를 끼고 부동산을 증여하는 것으로, 증여를 받는 사람은 일단 전세금이나 대출금을 뺀 나머지 가액에 대해서만 납부하면 돼 세금부담이 적다. 지난해 주택 증여가 늘어난 것은 가격 상승 기대에 더해 이런 절세 기대감이 영향을 끼친 것으로 보인다. 일반적으로 자녀에게 집을 사줄 때 수천만원 정도의 증여는 문제가 없지만 서울 강남권 등의 고가주택을 증여하려면 부담부 증여가 절세방법으로 효과적이란 평을 얻고 있다. 지난해 서울에선 송파구(1311건), 강남구(1164건), 마포구(1136건) 차례로 주택 증여 건수가 많았다.(2017년 1월 17일 한겨레신문)

(3) 양도소득세 과세대상 자산

양도소득세는 토지 또는 건물의 양도로 인하여 발생하는 소득, 부동산에 관한 권리(부동산을 취득할 수 있는 권리 · 지상권 · 전세권과 등기된 부동산임차권 등)의 양도로 인하여 발생하는 소득, 일정한 주식(ⅰ. 주권상장법인 또는 코스닥 등록법인의 대주주가 양도하는 주식, ⅱ. 장외거래분 주식, ⅲ. 비상장주식) 또는 출자지분의 양도로 인하여 발생하는 소득, 기타 일정한 자산의 양도로 인하여 발생하는 소득, 파생상품 등(코스피200선물, 코스피200옵션)의 거래 또는 행위로 발생하는 소득 등을 과세대상으로 삼고 있다.

그리고 과세대상 자산의 양도일까지 계속 5년 이상 국내에 주소 또는 거소를 둔 거주자는 국외에 있는 자산을 양도한 경우에도 양도소득세 납세의무가 있다.

(4) 양도소득세 과세표준 예정신고 · 확정신고

부동산 등의 양도시기(양도일)는 대금청산일(잔금을 치른 날) 또는 소유권이전등기 접수일 중 빠른 날이다. 부동산 등을 양도한 거주자는 그 양도일이 속하는 달의 말일부터 2개월 이내에 주소지 관할 세무서장에게 양도소득세 과세표준을 신고하고 세금을 납부하여야 하며, 이를 **양도소득세 과세표준 예정신고**라고 한다.[2)]

양도소득세 과세표준 예정신고를 이행한 경우에는 다음 연도 5월 1일부터 5월 31일까지 양도소득세 과세표준 확정신고를 아니할 수 있다. 그러나 1월 1일부터 12월 31일까지

---

2) 기한 내에 양도소득세 과세표준 예정신고 혹은 확정신고를 이행하지 아니한 경우는 무신고가산세(산출세액의 20%)를, 과세표준을 과소신고한 경우에는 과소신고가산세(과소신고세액의 10%)를, 양도소득세를 납부하지 아니한 경우에는 납부불성실가산세(연간 10.95%)에 상당하는 금액을 추가로 부담하여야 한다.

한 해에 부동산을 2회 이상 양도한 경우에는 예정신고를 하였더라도 예정신고한 각각의 양도소득을 합산하여 **양도소득세 과세표준 확정신고**를 하여야 한다.

2회 이상 양도한 경우 양도소득 기본공제의 중복공제 여부에 따라 과세표준이 달라질 수 있고, 과세표준이 증가됨에 따라 높은 양도소득세율이 적용되어 양도소득세를 추가 납부하여야 하는 경우도 발생하기 때문이다.

2) 양도소득세의 계산

양도소득세는 다음과 같은 단계로 계산된다.

<표 6-1> 양도소득세 계산구조

항 목	내 용
양 도 차 익 (=)	양도가액 - 취득가액 - 기타 필요경비
양 도 소 득 (=)	양도차익 - 장기보유특별공제
양도소득 과세표준 (=)	양도소득 - 양도소득기본공제(연 250만원)
산 출 세 액 (=)	양도소득 과세표준×세율
납부할양도소득세액 (=)	산출세액 - 감면세액 등

(1) 양도가액

양도소득세 계산시 자산의 양도가액은 원칙적으로 실지거래가액에 의한다. 주택, 토지 또는 건축물을 매매계약하여 소유권이전 등기를 하는 경우에는 거래 당사자는 해당 부동산의 소재지를 관할하는 시장·군수 또는 구청장에게 실제 거래가격을 신고(15일 혹은 60일 이내)하여야 하며 그 신고된 금액이 등기부에 기재된다.

한편, 등기부 기재가액과 실지거래가액이 차이가 있음을 과세관청이 확인하지 못한 경우에는 등기부 기재가액을 실지거래가액으로 추정한다.

(2) 취득가액

취득가액은 취득 당시의 실지거래가액에 의하는 것을 원칙으로 하며, 양도차익 계산시 양도가액에서 필요경비로서 공제된다.

취득가액에는 ① 해당 부동산의 매입가액, ② 취득시의 취득세 및 등록세 등 납부액, ③ 법무사 및 공인중개사에 지급한 수수료 등이 포함되며 이들 지급액은 증빙서류가 구비되어야 필요경비로서 공제 가능하다.

(3) 기타 필요경비

기타 필요경비로서 공제되는 비용은 ① 양도자산의 용도변경, 개량, 이용편의를 위해 지출한 비용, 장애물철거비용 등의 설비비와 개량비, ② 당해 자산의 내용연수를 연장시키거나 그 가치를 현실적으로 증가시키는 수선비, 쟁송에 따른 지출 등의 자본적 지출, ③ 부동산 중개 수수료 등의 양도비용이며, 이들 지급액에 대해서도 증빙서류가 구비되어야 필요경비로서 공제 가능하다.

기본개념

❖ 자본적 지출과 수익적 지출

부동산에 대한 수선비 및 내부 인테리어 공사비용이 자본적 지출 또는 수익적 지출에 해당하는지에 따라 양도차익에서의 공제 여부가 달라진다.

자본적 지출에 해당하면 공제되지만, 수익적 지출에 해당되면 공제되지 않는다. 자본적 지출이란 부동산의 내용연수를 연장시키거나 당해 고정자산의 가치를 현실적으로 증가시키는 수선비를 의미하며, 수익적 지출이란 부동산의 원상을 회복하거나 능률유지를 위하여 지출한 수선비를 말한다.

과세관청의 해석에 따르면 주택의 이용편의를 위한 베란다 샷시 설치, 방 및 발코니 확장, 보일러 설치 및 교체 비용은 자본적 지출에 해당되어 양도차익에서 공제할 수 있다(국심 2001서1140, 2001.10.18. ; 국심 2000광34, 2000.7.10). 그러나 아파트의 화장실 공사비, 도배공사비, 마루공사비, 주방가구비용 및 도장공사비, 주방 씽크대 교체 비용은 수익적 지출에 해당되어 양도차익에서 공제받을 수 없다(재일 46014-783, 1994.3.22.). 다만, 건물을 증축하는 과정에서 지출한 싱크대·붙박이장·조명공사비 등에 대해서는 자본적 지출로 보아 양도차익에서 공제받을 수 있다(심사양도 2008-0097, 2008.6.30.).

(4) 장기보유특별공제

장기보유특별공제는 부동산 투기를 방지하여 부동산에 대한 건전한 투자 내지 소유를 유도하고, 장기보유에 따른 물가상승분을 공제하기 위함이다. 부동산 양도차익에 대하여 보유기간에 상관없이 일률적으로 과세표준을 설정하여 세액을 산출하게 되면 장기보유에 따른 물가상승 등으로 취득시점의 실질가액과 양도시의 명목가액 간에 상당한 편차가 발생한다.

이는 실질과세원칙에 반할 뿐만 아니라 부동산의 장기보유를 저해하는 결과를 초래하게 된다. 부동산의 보유기간이 3년 이상인 경우에는 양도차익에서 장기보유특별공제[보유기간에 따라 높아지는 공제율(<표 6-2> 참조)을 곱하여 계산한 금액]를 공제함으로써 부동산의 단기 투기를 억제하고 양도소득에 대한 실질과세원칙을 실현하고 있다.[3]

장기보유특별공제액 = (양도가액 − 취득가액 − 기타필요경비) × 공제율

<표 6-2> 자산별 장기보유특별공제율

보유기간	1세대 1주택[4]	기타 부동산	
		2018.12.31.까지	2019.1.1. 이후
3년 이상 4년 미만	24%	10%	6%
4년 이상 5년 미만	32%	12%	8%
5년 이상 6년 미만	40%	15%	10%
6년 이상 7년 미만	48%	18%	12%
7년 이상 8년 미만	56%	21%	14%
8년 이상 9년 미만	64%	24%	16%
9년 이상 10년 미만	72%	27%	18%
10년 이상 11년 미만	80%	30%	20%
11년 이상 12년 미만			22%
12년 이상 13년 미만			24%
13년 이상 14년 미만			26%
14년 이상 15년 미만			28%
15년 이상			30%

2017년 세법개정으로 인해 2019.1.1 이후부터는 장기보유특별공제 30%를 적용받기 위해서는 15년 이상을 보유한 후에 양도하여야 한다. 또한, 3년 이상 보유한 경우에 적용되는 연간 장기보유특별공제율도 하향 조정된다.

1세대 1주택자가 2년 이상 거주한 후에 양도하는 경우에는 장기보유특별공제율이 현행과 동일하게 10년 이상 보유하면 80%를 적용받을 수 있다. 그러나 거주기간이 2년 미

3) 헌법재판소 2009헌가22 결정, 2011.3.31. 선고

4) 1세대가 1주택을 양도하는 경우에는 양도소득세가 비과세된다. 그러나 1세대가 1주택을 양도하더라도 양도주택의 실지거래가액이 9억원을 초과하는 고가주택에 대해서는 양도소득세가 과세된다. 1세대가 고가주택을 양도하는 경우에도 양도차익 전체에 대해서 양도소득세가 과세되는 것이 아니라 9억원 초과부분의 양도차익에 대해서만 양도소득세가 과세된다. 마찬가지로 장기보유특별공제도 9억원 초과부분에 대해서만 적용된다(소득세법 제95조 제3항).
고가주택의 양도소득 = (양도차익 × 장기보유특별공제율) × (양도가액 − 9억원) / 양도가액)

만인 경우에는 일반적인 장기보유특별공제(15년, 최대 30%)를 적용받는다.[5)]

(5) 양도소득세율

양도된 자산의 세율이 중 다음 <표 6－3>, <표 6－4>의 양도소득세율 중 둘 이상의 세율에 해당할 때에는 그 중 가장 높은 것을 적용한다.

<표 6－3> 부동산 양도소득 기본세율(2년 이상 보유분)

양도소득 과세표준	세 율	누진공제
1,200만원 이하	6%	0원
1,200만원 초과 4,600만원 이하	15%	1,080,000원
4,600만원 초과 8,800만원 이하	24%	5,220,000원
8,800만원 초과 1억5,000만원 이하	35%	14,900,000원
1억5,000만원 초과 3억원 이하	38%	19,400,000원
3억원 초과 5억원 이하	40%	25,400,000원
5억원 초과	42%	35,400,000원

* 비사업용 토지[6)]는 기본세율에 10%를 가산한 세율 적용함.

<표 6－4> 부동산의 양도소득세율(단일세율 적용분)

구 분	보유기간	세 율
주택 및 조합원 입주권	1년 미만	40%
	1년 이상 2년 미만	기본세율
토지ㆍ건물 등	1년 미만	50%
	1년 이상 2년 미만	40%
미등기 양도자산	－	70%

* 2014년 양도분부터 적용함.

5) 2020.1.1. 이후에 양도하는 분부터 적용한다. 2019.12.31.까지 양도하는 경우에는 거주기간과 관계없이 보유기간이 10년 이상이면 80%의 장기보유특별공제를 적용받을 수 있다.

6) 비사업용 토지란 토지 소유자가 직접 현지에 거주하며 경작하지 않는 농지(예를 들면, 본인은 도시에 살면서 소유만 하고 있는 시골 농지)나 임야, 그리고 재산세 종합합산 과세대상 토지로 건축물이 없는 나대지 등을 가리킨다.

연습사례

Q2. 나북악은 2010년 12월에 취득한 아파트(취득가액 3억5,000만원)를 2016년 11월에 양도(매매 예상가격 4억3,000만원)할 예정이다. 양도시점에 나북악은 배우자 명의로 다른 아파트 1채를 보유하고 있어 1세대1주택 비과세대상은 아니다. 한편, 나북악이 아파트의 취득, 보유, 양도시에 다음 표와 같은 비용을 지출한 경우에 부담해야 할 양도소득세는?

구 분	금 액
아파트 취득시 부담한 취득세 등	1,610만원
아파트 취득등기시 지급한 등기대행 수수료 등	20만원
아파트 양도시 지급한 중개 수수료	170만원
아파트 보유기간 동안의 취득에 소요된 대출이자	2,400만원
합 계	4,200만원

A : Q2. 사례에서 나북악이 부담해야 할 양도소득세는 아래와 같이 계산되며, 나북악이 아파트 취득시의 대출금에 대한 아파트 보유기간 중 부담한 대출이자는 양도소득세 계산시 필요경비로 공제되지 아니한다.

<그림 6－2> 나북악이 부담해야 할 양도소득세 산식

	양도가액	4억 3,000만원(양도가액)
－	취득가액	3억 5,000만원(매입가액)＋1,610만원(취득세 등)＋20만원(등기 수수료)＝3억6,630만원
－	기타필요경비	기타 필요경비 : 170만원(양도시 중개수수료)
＝	양도차익	6,200만원(＝4억 3,00만원－3억6,630만원－170만원)
－	장기보유특별공제	930만원(＝6,200만원×15%)
＝	양도소득금액	5,270만원(＝6,200만원－930만원)
－	양도소득공제	250만원
＝	양도소득 과세표준	5,020만원(＝5,270만원－250만원)
×	세율	24%－522만원
＝	양도소득 산출세액	682만8천원[＝(5,020만원×24%)－522만원]
－	감면세액 등	0원
＝	납부할 양도소득세	682만8천원

2. 1세대 1주택 양도소득세 비과세

1) 1세대 1주택

(1) 비과세의 개념

일반적으로 비과세란 과세대상에 해당하지만 특정한 요건을 충족하는 물건·행위 등을 과세대상에서 제외하는 것으로, 처음부터 납세의무가 성립하지 않게 된다. 반면, 면제 혹은 감면은 일단은 과세대상에 해당하여 납세의무가 발생하였으나 성립한 납세의무의 일부분을 사후에 해제시키는 것이다.

반면, 8년 이상 자경한 농지의 양도소득세는 100% 세액감면을 적용받기 때문에 납부할 세액이 없다는 점에서는 비과세와 동일하지만, 면제 혹은 감면의 경우는 면제 혹은 감면신청을 하여야 하고, 면제 혹은 감면세액에 해당하는 부분에 대해 농어촌특별세가 과세되기도 한다.

(2) 1세대 1주택 비과세 개요

거주자 및 그 배우자가 그들과 동일한 주소 또는 거소에서 생계를 같이하는 가족과 함께 구성하는 1세대가 양도일 현재 국내에 1주택[7]을 보유하고 있는 경우로서 해당 주택의 보유기간이 2년 이상인 것을 양도함으로 인한 양도소득에 대한 양도소득세는 과세되지 않는다.

이의 취지는 주택이 국민 주거생활의 기초가 되는 것이므로 1세대가 국내에 소유하는 1개의 주택을 양도하는 것이 양도소득을 얻거나 투기할 목적으로 소유하다가 양도하는 것이 아니라고 볼 수 있는 일정한 경우에는 그 양도소득에 대하여 양도소득세를 부과하지 아니함으로써 국민 주거생활의 안정 및 거주이전의 자유를 세법이 보장하여 주려는 데 있다.

(3) 1세대

1세대라 함은 동일한 주소 또는 거소에서 생계를 같이하는 거주자와 그 배우자[8] 및

---

7) 양도가액이 9억원을 초과하는 주택은 1세대 1주택이라도 9억원을 초과하는 부분에 대해서는 양도소득세를 부과한다.

8) 법률상 이혼을 하였으나 생계를 같이하는 등 사실상 이혼한 것으로 보기 어려운 경우에는 1세대를 구성하는 배우자로 본다. 이는 사실혼 관계를 유지하고 있는 배우자도 동일세대의 구성원으로 보아 조세회피를 방지하기 위함이다.

가족[9]을 말한다. 즉, 1세대는 배우자의 존재를 원칙으로 하나, ① 거주자의 연령이 30세 이상이거나, ② 배우자가 사망 또는 이혼한 경우, ③ 국민기초생활보장법상 최저생계비[10] 이상의 소득이 있으면서 독립적인 생계를 유지하는 경우에는 배우자가 없어도 1세대로 본다.

1세대 여부의 판정은 주민등록표에 의하되, 실제 거주사실과 주민등록이 다른 경우에는 실제 상황에 따라 판정한다.

판결 속의 세금

❖ '위장이혼'에 대한 실질과세원칙의 적용

조세회피를 목적으로 한 '위장이혼'에 대하여 실질과세원칙을 적용하여 이를 부인할 수 있는지에 대하여 두 가지 견해가 가능하다. 하나는 이혼은 기존 혼인관계의 해소를 위한 개인의 신분법적 행위이므로, 위장이혼이라도 실질과세원칙을 적용할 수 없다는 견해(적용 부정설)가 가능하고, 다른 하나는 신분법상의 행위지만, 위장이혼의 경우에는 실질과세원칙을 적용할 수 있다는 견해(적용 긍정설)가 가능하다. 판례는 아래에서 보는 것처럼 원칙적으로 조세회피를 목적으로 한 위장이혼이라 하더라도 그 효력을 부인하지 않지만, 위장이혼에 따른 재산분할이 증여라고 평가할 만한 특별한 사정이 있는 경우에는 재산분할이 아니라 증여세 과세대상으로 본다(대법원 2017. 9. 12, 2016두58901 판결 참조).

[대법원 2017. 9. 7, 2016두35083 판결]

- 사실관계 : 원고(男)는 1997. 9. 배우자와 혼인하여 10여 년간 법률상 부부관계를 유지하여 오다, 2008. 1. 이혼하였다. 그러나 그 이후에도 사실혼 관계를 계속 유지하였고, 결국 2009. 1. 다시 혼인(재혼)하였다. 원고는 당초 혼인 중이었던 2003. 5. 이 사건 아파트를 취득하였고, 일시적으로 이혼 상태였던 2008. 9. 이를 양도하였다. 그리고 이 사건 아파트의 양도 당시를 기준으로 1세대 1주택 비과세에 해당하는 것으로 보아 양도소득세 신고는 하지 않았다. 피고 세무서장은 피고는 원고와 소외인이 이혼한 후에도 사실상 혼인관계를 유지하고 있고 소외인이 서울 관악구 소재 아파트 이외 7채의 아파트를 소유하고 있으므로 이 사건 아파트의 양도는 '1세대 3주택 이상에 해당하는 주택의 양도'로서 60%의 중과세율이 적용되어야 한다는 이유로 이 사건 양도소득세 부과처분을 하였다.
- 판결요지 : "양도소득세의 비과세요건인 '1세대 1주택'에 해당하는지를 판단할 때 거주자와 함께 1세대를 구성하는 배우자는 법률상 배우자만을 의미한다고 해석되므로, 거주자가 주택의 양도 당시 이미 이혼하여 법률상 배우자가 없다면, 그 이혼을 무효로 볼 수 있는 사정이 없는 한 종전 배우자와는 분리되어 따로 1세대를 구성하는 것으로 보아야 한다."

9) 취학·근무사업상 일시적으로 퇴거한 자를 포함하여 판단한다.
10) 2015년 최저생계비는 1인 가구 617,281원, 4인 가구 1,668,329원이다(보건복지부 고시 제2014－142호 2014.8.29.).

고 하여 이 사건 아파트를 양도소득세 비과세대상인 1세대 1주택에 해당하는 것으로 보았다.

☞ 2005년부터 2008년까지 시행된 다주택자에 대한 양도소득세 60% 중과로 인해 양도소득세를 내지 않기 위해 위장이혼을 한 후 재결합하는 사례가 나타나기 시작했다. 위의 사례는 다주택자에 대한 양도소득세가 중과(2005년부터 1세대 3주택 이상은 60%, 2007년부터 1세대 2주택 50%)되던 시기인 2008.9.8.에 서울시에 주택을 양도하였고, 1세대 3주택 이상에 해당되어 양도소득세가 60% 중과되는 것을 회피할 목적으로 2008.1.11. 협의이혼 신고를 하고 2009.1.2.에 다시 혼인신고를 하였다. 이는 과도한 세금이 경제주체들의 혼인을 해소하려는 의사를 선택함에 있어서 왜곡된 영향을 미친 사례라고 볼 수 있다.

(4) 주택

주택은 건물공부상의 용도구분에 관계없이 사실상 주거에 쓰이는 건물을 의미하고, 주택에 딸린 토지가 도시지역(2003.12.31. 이전에는 도시계획구역) 안에 있으면 건물정착면적의 5배까지, 도시지역 밖에 있으면 10배까지를 주택에 딸린 토지로 본다.[11)]

(5) 보유기간

1세대 1주택 비과세규정을 적용받기 위해서는 2년 이상 보유하여야 한다. 특히 1세대가 1주택 이상을 보유[12)]한 경우에는 다른 주택들을 모두 양도하고 최종적으로 1주택만 보유하게 된 날로부터 2년 이상을 보유하여야 한다.[13)]

다만 ① 임대주택법에 의한 임대주택에 5년 이상 거주한 후 분양받아 팔 때, ② 1년 이상 거주한 주택을 취학, 근무, 요양 등의 부득이한 사유로 양도하는 경우에는 보유기간의 제한을 받지 아니한다.

---

11) 주택의 부수토지가 도시지역에 해당되는지 또는 도시지역 밖에 해당되는지에 대해서는 어떻게 알아 볼 수 있을까? 주택 부수토지에 대한 도시지역 해당 여부는 「토지이용계획 확인원」에서 확인할 수 있다. 토지이용계획 확인원은 토지이용규제정보서비스(www.luris.molit.go.kr)에서 무료로 확인해 볼 수 있다.

12) 일시적 2주택자나 상속·동거봉양 등 부득이한 사유로 인해 1주택 비과세를 받는 주택은 제외한다.

13) 다주택자가 1주택자로 된 후의 기간만 보유기간으로 인정하여 1세대 1주택 양도소득세 비과세제도를 합리화하기 위한 제도이며, 2021.1.1. 이후 양도하는 분부터 적용한다.

2) 양도시 1세대 2주택이라도 1주택의 양도로 간주되는 경우

(1) 개요

이사, 결혼, 상속 등에 의하여 일시적으로 2주택이 되는 경우에는 일정기간 이내에 해당 주택을 양도시에 2주택을 보유하고 있다 하더라도, 해당 주택의 양도에 대하여 1세대 1주택의 양도로 보아 양도소득세를 비과세한다. 해당 주택을 양도한 이후에는 나머지 1주택에 대해서도 양도 시에 1세대 1주택의 요건에 해당하면 당연히 비과세의 혜택을 받을 수 있다.

(2) 유형

① **일시적 2주택** : 국내에 1주택을 보유한 1세대가 종전 주택을 취득한 날부터 1년 이상 지난 후 다른 주택(신규주택)을 취득하고, 그 다른 주택(신규주택)을 취득한 날부터 3년 이내에 종전주택을 양도하는 경우 1세대 1주택의 양도로 본다. 다만, 조정대상 지역 내 종전주택이 있는 상태에서 2018.9.14. 이후에 조정대상 지역 내 신규주택을 취득하는 경우에는 2년 이내에 종전주택을 양도해야 양도소득세가 비과세된다.

② **상속 주택** : 피상속인이 동일세대원이 아닌 상태에서 상속받은 주택(상속주택)[14]과 상속개시 전부터 보유한 주택(일반주택)을 국내에 각각 1개씩 소유하고 있는 1세대가 일반주택을 양도하는 경우에는 1세대 1주택의 양도로 본다.[15]

③ **부모 봉양** : 60세 이상인 직계존속을 동거봉양하기 위하여 세대를 합침으로 인해 2주택이 된 경우, 그 합친 날부터 10년 이내 먼저 양도하는 주택은 1세대 1주택의 양도로 본다.

④ **결혼** : 1 주택자(60세 이상 직계존속을 동거 봉양하는 무주택자 포함)가 1 주택자와 혼인하여 1세대 2주택이 된 경우, 그 혼인한 날로부터 5년 이내 먼저 양도하는 주택은 1세대 1주택의 양도로 본다.

⑤ **농어촌주택** : ㉮ 피상속인이 5년 이상 거주한 상속주택, ㉯ 5년 이상 거주한 이농주택, ㉰ 귀농주택과 일반주택을 각각 소유하고 있는 1세대가 일반주택을 양도하는 경우에는 국내에 1주택을 소유하는 것으로 본다.

---

14) 피상속인 여러 채의 주택을 상속한 경우에는 소유기간, 거주기간 등이 가장 긴 1주택에 대해서 적용한다(소득세법 시행령 제155조 제2항).

15) 2013.2.15. 이후에 취득한 일반주택에 대해서 적용되며, 2013.2.14. 이전에 취득한 일반주택이 있는 경우 ① 상속개시 시점에 일반주택 소유 여부와 상관없이 상속주택은 없는 것으로 보아 해당 일반주택의 비과세 요건 충족 여부를 판단하고, ② 일반주택을 보유한 상태에서 상속주택을 양도하는 경우에는 상속주택은 1세대 2주택으로서 양도소득세 과세대상이 된다.

연습사례

Q3. 나북악은 2010년 12월에 취득한 아파트를 2016년 11월에 매도(매도 예상가격 4억 3,000만원)할 예정이다. 양도시점에 나북악은 주민등록상 배우자 및 장모와 함께 거주하고 있으며, 장모 명의의 다른 아파트 1채를 보유하고 있는 경우 양도소득세 비과세대상인 1세대 1주택에 해당하는가?

A : Q3 사례에서 나북악은 양도시점에 1주택을 보유하고 있는 장모와 함께 주민등록상 1세대로 구성되어 있어 1세대가 2주택을 보유하고 있는 것이 되므로 양도소득세 비과세대상인 1세대가 보유하는 1주택의 양도에는 해당되지 않는다. 한편, 나북악의 장모가 비록 주민등록표상에는 동일한 세대로 등재되어 있지만, 실제로는 다른 장소에서 거주사실이 확인되는 경우에는 1세대 1주택에 해당되어 양도소득세 비과세대상이 된다.

3. 다주택자에 대한 양도소득세 중과세

1) 도입 배경

다주택자에 대한 양도소득세 중과세란 1세대가 2주택 이상을 보유하다가 주택을 처분하는 경우에는 기본세율보다 높은 세율로 양도소득세를 과세하는 것을 말한다. 또한 양도소득 금액 산정시 장기보유특별공제가 가능하지만, 다주택자는 장기보유특별공제가 배제된다.

2004년 및 2006년 소득세법 개정을 통해 다주택자에 대한 양도소득세 중과세 제도를 도입한 취지는 주택가격이 상승[16]함에 따라 주택의 수요를 억제하고 부동산가격을 안정시키기 위함이었다. 이는 주택가격을 상승시킨 주요 원인이 투기적 수요라는 인식 때문

16) 외환위기 이후 경기부양을 위해 부동산 경기 부양책을 지속적으로 추진하게 된 결과 부동산 가격이 상승하였다. 이 당시 부동산 가격은 전년 동월 대비 실질 주택매매 가격지수 증가율이 2001.8.~2004.4. 기간 동안 연평균 전국은 7.7%, 서울은 11.0%, 한강 이남은 15.4% 증가하였다. 특히 2002년은 각각 13.5%, 19.3%, 26.1%로 부동산 가격이 단기간에 급등하게 되자 참여정부에서 2003년 10.29대책(「주택시장안정 종합대책」)을 통해 1세대 3주택 이상에 대하여 60%의 단일 양도세율로 중과세를 하게 되었다. 그 이후에도 부동산 가격이 계속 상승하자(연간 전국 실질 주택가격은 2004년 −3.97%의 하락세를 보인 후 2005년에는 다시 2.64%로 상승하였다. 특히 한강 이남의 경우, 2004년 −3.48%에서 2005년 7.89%로 상승하였다) 2005년 8.31대책(「서민주거안정과 부동산 투기억제를 위한 부동산제도 개혁방안」)을 발표하여 2007년부터 1세대 2주택자는 50%의 단일세율로 중과세하게 되었다(기획재정부 · 고려대학교, “부동산 양도세 중과제도의 합리적 개선방안에 관한 연구”, 2010, 21면).

이었다.[17)]

2) 다주택자 양도소득세 중과세 제도의 변천

양도소득세는 부동산의 양도에 따라 발생된 소득에 대해 과세하는 본래의 기능 이외에 부동산 시장의 동향 및 경기상황 등을 고려하여 양도소득세 과세를 강화하거나 또는 완화하는 조치를 반복적으로 시행하여 왔다.

2003.12.31. 이전에는 기본세율을 인상하거나 또는 인하하는 것으로 양도소득세를 조정해 왔지만, 2004.1.1.[18)]에 주택을 재산증식 수단으로 악용하는 것을 차단하고 주택에 대한 투기적 수요 억제 및 부동산 시장의 안정과 과세형평을 도모하기 위하여 1세대 3주택 이상 보유자의 주택 양도소득에 대해서는 60%의 세율로 양도소득세를 과세하고 장기보유특별공제는 적용하지 않는 것으로 소득세법을 개정하여 2005.1.1. 이후부터 시행하였다. 부동산매매업[19)]을 영위하는 거주자가 3주택 이상을 보유한 주택에서 주택매매차익이 발생한 경우에는 종합소득세와 양도소득세 중 큰 금액으로 과세하였다.[20)]

2017.8.2.에 발표된「실수요 보호와 단기 투기수요 억제를 통한 주택시장 안정화 방안」에 따른 소득세법 개정으로 2018.4.1.부터는 1세대가 2주택을 보유한 경우 및 1세대가 3주택을 보유한 경우로써 조정대상 지역에 소재하는 주택을 매각하는 경우에는 기본세율에 10% 및 20%를 각각 가산하여 양도소득세가 과세된다.

이에 따른 다주택자에 대한 양도소득세 중과세를 정리하면 <표 6－5>와 같다.

---

17) 정부의 부동산대책의 일환으로 시행했던 2주택 이상 보유한 세대에 대한 양도소득세 중과에 대한 2003년 국회 검토보고서에서는 도입 필요성을 첫째, 총세대 중 9.1%에 달하는 다주택보유자와 전체 토지가액의 69%를 점유하는 상위 20% 계층에 의한 부동산 투기행위가 시장교란의 진원지라는 평가가 지배적이므로 이들에 대한 중과세를 통해 투기수요를 차단할 필요가 있으며, 둘째, 주택은 세대별 주거기능을 가지므로 1주택에 대해서는 비과세 특례 등을 통해 주거생활안정을 지원할 필요성이 있지만 2주택의 경우에는 주거기능 이외의 목적일 가능성이 크고 재산증식 목적으로 보유하는 경우가 많기 때문에 도입 필요성을 긍정하였다(최미희 · 이한규, "조세정책세제 입법심의의 문제와 과제 : 양도소득세와 종합부동산세",「조세연구」 제13권 제1집, 2013, 72면). 同旨: 박명호, "양도소득 중과제도 개편 필요성과 향후 과제",「조세 · 재정 BRIEF」, 2009, 2면.

18) 소득세법(시행 2004.1.1.) [법률 제7006호, 2003.12.30., 일부개정] 제 · 개정이유

19) 부동산의 매매 행위를 계속적 · 반복적으로 하는 사업을 부동산매매업이라고 한다.

20) 소득세법(시행 2004.1.1.) [법률 제7006호, 2003.12.30., 일부개정] 제64조 제1항

<표 6－5> 다주택자에게 적용되는 양도소득세 중과세

구 분	2주택자	3주택자 이상
중과대상 지역	조정대상 지역	
세율	기본세율 + 10%[21)]	기본세율 + 20%
장기보유특별공제	배제	
적용시기	2018.4.1. 이후부터	

3) 조정대상 지역

조정대상 지역이란 투기과열지구 지정요건 중 정량요건의 일부를 준용하여 과열이 발생하였거나, 발생할 우려가 있는 지역을 선정한다. 주택가격, 청약경쟁률, 주택보급률 등과 관련하여 다음 요건의 어느 하나에 해당하는 지역 중 청약과열이 발생하였거나, 청약과열 우려가 있는 지역을 말한다.[22)]

① 주택가격상승률이 물가상승률보다 현저히 높은 지역

② 청약경쟁률이 5대 1을 초과하였거나, 국민주택 규모 이하 주택청약경쟁률이 10대 1을 초과한 곳(투기과열지구 준용)

③ 주택의 전매행위 성행 등으로 주택시장 과열 및 주거 불안의 우려가 있는 곳으로서 다음의 어느 하나에 해당하는 곳(투기과열지구 준용)

㉮ 시도별 주택보급률이 전국 평균 이하

㉯ 시도별 자가주택비율이 전국 평균 이하

2019.1. 현재 조정대상 지역지정 현황을 살펴보면 <표 6－6>과 같다.

---

21) 양도소득과세표준 기본세율을 곱하여 양도소득세 산출세액을 산정하는데, 기본세율은 6%～42%이지만, 2주택자가 조정대상 지역에서 주택을 양도하는 경우에는 기본세율에 10%를 가산한 16%에서 52%를 적용한다.

22) 국토교통부, “투기과열지구・투기지역・조정대상 지역 설명자료”, 2017, 2면.

<표 6-6> 조정대상 지역지정 현황(42개)

구 분	8.2대책	8.27대책	12.28대책
서울시	전지역	좌동	좌동
경기도	과천시, 성남시, 하남시, 고양시, 광명시, 남양주시, 동탄2	좌동	좌동
	<신규지정>	구리시, 안양시 동안구, 광교택지개발지구	좌동
	<신규지정>		수원시 팔달구, 용인시 수지구·기흥구
부산시	해운대구, 연제구, 동래구, 남구, 부산진구, 수영구	좌동	해운대구, 동래구, 수영구
	기장군	기장군(일광면)	
세종시	세종특별자치시	좌동	좌동

학습평가

1. 우리 집을 지금 양도하는 경우 1세대 1주택에 해당하는가?
2. 우리 집을 지금 양도하는 경우 양도소득세는 얼마를 부담해야 하는가?
3. 소득세법상 거주자의 양도소득세 과세대상이 아닌 것은?(단, 국내 자산을 가정함)(2015년 공인중개사시험)
   ① 지상권의 양도
   ② 전세권의 양도
   ③ 골프회원권의 양도
   ④ 등기되지 않은 부동산임차권의 양도
   ⑤ 사업용 건물과 함께 양도하는 영업권

[정답] : ④

4. 소득세법상 국외자산의 양도에 대한 양도소득세 과세에 있어서 국내자산의 양도에 대한 양도소득세 규정 중 준용하지 않는 것은?(2016년 공인중개사시험)

① 비과세 양도소득
② 양도소득 과세표준의 계산
③ 기준시가의 산정
④ 양도소득의 부당행위 계산
⑤ 양도 및 취득의 시기

[정답] : ②

제 7 강 사업자의 거래와 부가가치세

학습목표

1. 사업자로서 부담해야 하는 부가가치세의 과세원리를 이해한다.
2. 부가가치세의 과세거래를 이해하고 영세율제도와 면세제도의 원리를 이해한다.
3. 세금계산서의 필요적 기재사항과 부가가치세 신고 · 납부방법을 이해한다.

1. 부가가치세의 기본개념

부가가치(Value Added)란 각 거래단계에서 창출한 '가치의 증가분'을 말한다. 부가가치세(Value Added Tax)는 이와 같이 각 거래단계에서 생성되는 '가치의 증가분(=부가가치)'에 대하여 부과되는 세금이다.

부가가치세는 부가가치에 세율을 곱하여 산정하는데, 부가가치세를 산정하는 방법은 가산법, 전단계거래액공제법, 전단계세액공제법 3가지로 구분할 수 있다.

연습사례

Q1. 나북악은 원재료 100원을 매입하여 상품을 생산한 후 도매상인 나교정에게 200원에 판매하였다. 이후 나교정은 나북악으로부터 매입한 상품을 최종 소비자에게 250원에 판매하였다. 나북악과 나교정이 창출한 부가가치는 얼마인가?

A : 나북악은 원재료 100원을 매입하여 상품을 생산한 후 200원에 판매하였으므로 100원의 부가가치를, 나교정은 200원에 매입한 상품을 250원에 판매하였으므로 50원은 부가가치를 창출하였다.

구 분	부 가 가 치
나북악	200원(판매가액) − 100원(원재료) = 100원(부가가치)
나교정	250원(판매가액) − 200원(매입가액) = 50원(부가가치)
합계	150원(부가가치)

가산법은 부가가치의 구성요소인 임금, 지대, 이자, 이윤을 파악한 후 이를 가산한 금액에 세율을 적용하여 부가가치세를 산정하는 방법이다.

Q1사례에서 나북악은 원재료를 100원에 매입하여 상품을 생산한 후 200원에 판매함으로써 100원의 부가가치를 창출하였다. 나북악이 100원의 부가가치를 창출하기 위하여 임금 20원, 지대 20원, 이자 30원이 투입되었고 이윤을 30원으로 책정하였다면, 가산법에 의한 부가가치세는 임금, 지대, 이자, 이윤을 합산한 100원[= 20원(임금) + 20원(지대) + 30원(이자) + 30원(이윤)]에 세율을 곱하여 산정한다. 이 방법은 개별 재화 또는 용역의 부가가치 및 그에 부담된 부가가치세를 정확하게 파악할 수 없는 난점이 있어 현재 부가가치세를 채택한 국가 중 이 방법을 채택한 국가는 거의 없다.

전단계거래액공제법은 일정기간 동안의 판매가액에서 매입가액을 차감한 금액(전단계거래액)에 세율을 적용하여 부가가치세를 계산한다.

전단계거래액(판매가액 − 매입가액) × 세율 = 부가가치세

Q1사례에서 나북악은 원재료를 100원에 매입하여 200원에 판매하였으므로 전단계거래액공제법에 의한 부가가치세는 전단계거래액 100원[= 200원(판매가액) − 100원(원재료)]에 세율을 곱하여 산정한다. 이 방법은 업종별(도매업, 소매업, 제조업, 건설업 등)로 부가가치세를 면제하거나 영세율을 적용할 수는 있지만 개별재화 또는 용역별로 면제하거나 영세율을 적용할 수 없고 세금계산서의 교부가 요구되지 않아 부가가치세의 전가(forwarding shift) 여부가 명확하지 않다는 문제점이 있다.

전단계매입세액공제법은 판매가액에 세율을 곱한 금액(이를 「부가가치세법」상 "매출세액"이라 한다)에서 매입가액에서 세율을 곱한 금액(이를 「부가가치세법」상 "매입세액"이라 한다)을 차감하여 부가가치세를 산정한다. 즉, 매출세액에서 매입세액을 차감하면 전단계매입세액공제법에 의한 부가가치세가 산정된다.

	매출세액(판매가액 또는 매출액 × 세율)
−	매입세액(매입가액 × 세율)
=	부가가치세

Q1사례에서 나북악은 원재료를 100원에 매입하여 200원에 판매하였으므로 전단계매입세액공제법에 의한 부가가치세는 매출세액[= 200원(판매가액) × 세율]에서 매입세액[= 100원

(원재료) × 세율]을 차감하여 산정한다.

현행 「부가가치세법」상 부가가치세율이 10%인 점을 감안하여 Q1사례에서의 나북악과 나교정의 부가가치세 계산방법을 그림으로 표시하면 다음 <그림 7－1>과 같다.

<그림 7－1> 전단계매입세액공제법에 의한 부가가치세

	나북악	나교정
매출세액	20원 (200원×10%)	25원 (250×10%)
매입세액	10원 (100원×10%)	20원 (200×10%)
부가가치세	10원 (20원－10원)	5원 (25원－20원)

전단계매입세액공제법은 각 거래단계의 사업자가 어떤 재화를 공급할 때 거래징수[1]한 매출세액(Q1사례에서 나북악의 매출세액 20원)에서 어떤 재화를 매입할 때 거래징수당한 매입세액(Q1사례에서 나북악의 매입세액 10원)을 차감하여 부가가치세를 산정하는 것으로서 각 거래단계의 사업자가 창출한 부가가치에 대해 과세하면서 그 부담을 최종소비자에게 전가시키는 다단계 일반소비세이다. 이 방법은 거래단계마다 부가가치세가 계산되어 전가되기 때문에 개별재화나 용역에 부과된 부가가치세를 정확하게 파악하는 장점이 있다.

전단계매입세액공제법은 이론적으로는 매출세액에서 매입세액을 차감하여 부가가치세를 산정하지만, 「부가가치세법」에서는 매입세액을 매입가액에서 세율을 곱하여 산정하는 것이 아니라 매입할 때 발급받은 세금계산서에 의해 거래징수가 확인된 금액을 매입세액으로 공제한다. 이는 세금계산서의 수수(授受)를 강제하기 위함이다. 따라서 매입하면서 발급받은 세금계산서는 매입세액공제를 받기 위한 필수적인 자료라고 할 수 있다.

1) 사업자가 재화나 용역을 공급할 때에는 공급가액에 세율(10%)을 곱하여 계산한 부가가치세를 공급받는 자로부터 징수하여야 하는데, 이를 “거래징수”라고 한다. ‘거래징수’는 부가가치세법상의 용어로 재정학에서는 이를 전가(forwarding shift)라 한다.

2. 사업자등록

부가가치세 납세의무자는 사업자인 까닭에 그 등록이 요구되며, 또한 세액계산에 있어서는 전단계매입세액공제법을 채택하고 있기 때문에 거래마다 이에 대한 세금계산서를 거래당사자들이 수수하여야 매입세액과 매출세액의 근거가 분명해진다. 이러한 사업자등록과 세금계산서의 수수는 부가가치세를 올바르게 정착시킴에 있어 그 관건이 되는데, 불이행에 대해서는 매입세액불공제 · 가산세 등 여러 가지의 불이익이 따른다.

1) 납세의무자

사업자 또는 재화를 수입하는 자는 부가가치세를 납부할 의무가 있다. 사업자란 영리목적의 유무에 불구하고 사업상 독립적으로 재화 또는 용역을 공급하는 자를 말한다. 여기서 사업상 독립하여 재화 또는 용역을 공급하는 자란 부가가치를 창출해 낼 수 있는 정도의 사업형태를 갖추고 계속 · 반복적인 의사로 재화 또는 용역을 공급하는 자를 말한다.

2) 사업자등록

신규로 사업을 개시하는 자는 사업장마다 사업개시일부터 20일 내에 사업장 관할 세무서장에게 등록하고, 등록번호가 부여된 사업자등록증을 교부받아야 한다. 신규사업자는 사업개시일 전이라도 등록할 수 있다. 사업자가 기한 내에 등록을 신청하지 아니한 경우에는 미등록가산세가 부과된다. 사업자가 사업을 개시한 날부터 20일 이내에 사업자등록을 신청하지 아니한 경우에는 사업자 미등록가산세(사업을 개시한 날로부터 사업자등록을 신청한 날의 전날까지의 매출액에 대하여 1%)를 부담하여야 한다(국세청 홈택스를 이용한 사업자등록신청에 관해서는 <그림 7－2> 참조).

<그림 7－2> 국세청 홈택스를 이용한 사업자등록신청

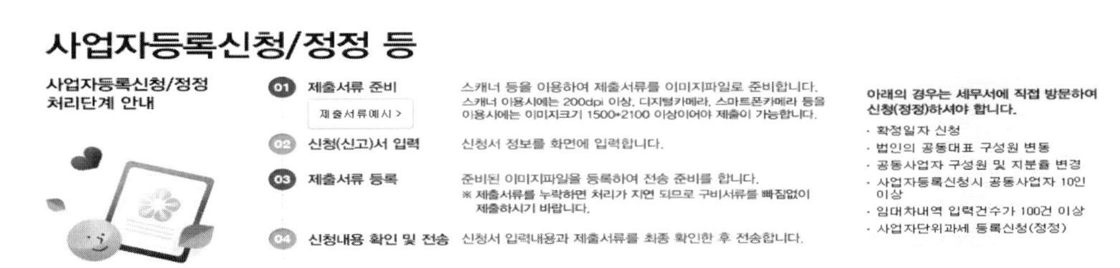

사업을 개시하기 전이라도 인테리어 공사 및 비품 등을 구입하면서 세금계산서를 수취할 수 있는데, 비품 등을 구입한 날이 속하는 과세기간이 끝난 후 20일 이내에 사업자등록을 신청하는 경우에는 신청일로부터 공급시기가 속하는 과세기간의 매입세액은 공제가 가능하나, 20일이 지나서 사업자등록을 신청하는 경우에는 세금계산서를 수령하였더라도 관련 매입세액을 공제받을 수 없다.

등록한 사업자가 휴업 또는 폐업하거나 기타 등록사항에 변동이 발생한 때에는 지체 없이 사업장 관할 세무서장에게 신고하여야 하며, 사업자가 폐업하거나 사업개시 전에 신규로 등록을 하고 사실상 사업을 개시하지 아니하게 된 때에 사업장 관할 세무서장은 지체 없이 등록을 말소하여야 한다.

연습사례

Q2. 나북악은 사업을 하기 위해 4월 1일에 사무실을 임차하여 내부 인테리어 공사를 마치고 5월 1일부터 사업을 개시하였다. 사업 초기라 거래처 확보 등 여러 가지 사정으로 인해 8월 21일에 가서야 사업자등록을 신청하러 세무서를 방문하였다. 사무실을 꾸미기 위한 인테리어 공사 및 비품 등을 구매하는데 1,100만원이 소요되었고 관련 세금계산서도 5월 31일에 수령하였다. 5월 1일부터 6월 30일까지는 사업초기라 매출이 없었지만 7월 1일부터 8월 20일까지는 열심히 거래처를 확보하여 2,000만원의 매출을 달성하였다. 나북악은 사업자등록을 하면서 세무서 담당 직원에게 사무실 인테리어 공사 후 부담한 부가가치세 100만원에 대한 환급절차를 문의하였으나, 담당 직원은 부가가치세 100만원에 대해서는 환급을 받지 못할 뿐만 아니라 가산세도 추가로 부담하여야 한다고 답변하였다. 세무서 담당 직원의 답변이 옳은 것인가? 또한 가산세는 얼마인가?

A : Q2 사례에서 나북악은 8월 21일에 사업자등록을 신청하였다. 이는 사업을 개시한 5월 1일로부터 20일을 경과하였고, 공급시기(5월 31일)가 속하는 과세기간이 끝나는 시점인 6월 30일로부터도 20일을 경과하였기 때문에 세무서 담당 직원의 답변대로 사업자 미등록가산세{20만원 = 2,000만원(사업을 개시한 날부터 사업자등록을 신청한 날의 직전일까지의 매출액)×1%}를 부담하여야 한다. 사무실 인테리어 공사 및 비품 등을 구입하면서 부담한 부가가치세 100만원에 대해서도 매입세액으로 공제받을 수 없기 때문에 환급받을 수 없다.

3. 과세거래

1) 과세거래 일반

이론적인 측면에서 부가가치세의 과세대상은 사업자가 각 거래단계에서 창출한 부가가치이나, 전단계매입세액공제법에서는 각 거래단계에서 실현된 부가가치를 직접 포착하여 과세하는 것이 아니라 재화나 용역의 공급에 대한 매출세액에서 관련 매입세액을 공제하여 납부할 세액을 계산함으로써 간접적으로 각 거래단계에서 창출된 부가가치에 과세하고 있는 구조를 취하고 있다.

그런 까닭에 부가가치 그 자체가 아니라 재화 또는 용역의 공급 거래를 부가가치세 과세대상으로 하는데, 이를 "과세거래"라고 한다. 재화의 수입은 원칙적으로 국외 거래에 해당하므로 부가가치세 과세대상이 될 수 없으나, 소비지국 과세원칙에 따라 수입 재화도 국내에서 생산된 재화와 동일하게 취급하기 위하여 역시 부가가치세 과세대상에 포함시키고 있다. 그러나 용역의 수입은 그 성질상 생산과 사용・소비의 장소를 구분하기 어려워 부가가치세 과세대상에서 제외하고 있다.

2) 재화의 공급

재화란 재산가치가 있는 상품・제품・원료・건물 등에 해당하는 물건과 광업권・특허권・저작권 등의 권리를 말하고, 재화의 공급이란 계약상 또는 법률상의 모든 원인에 따라 재화를 인도하거나 양도하는 것을 말한다. 이는 매매계약・가공계약・교환계약에 따라 재화를 공급하거나, 경매・수용・현물출자와 그 밖에 계약상 또는 법률상의 원인에 따라 재화를 인도하는 것을 말한다.

3) 용역의 공급

용역이란 재화 외에 재산 가치가 있는 모든 역무와 그 밖의 행위를 말하고 용역의 공급이란 계약상 또는 법률상의 모든 원인에 따라 역무를 제공하거나 시설물 및 권리 등 재화를 사용하게 하는 것을 말한다.[2)]

---

2) 용역을 공급하는 사업은 건설업, 운수업, 방송통신 및 정보서비스업, 금융 및 보험업, 부동산업 및 임대업, 교육서비스업 등을 말한다.

4) 재화의 수입

재화의 수입이란 외국으로부터 국내에 도착한 물품으로서 수입신고가 수리되기 전의 것과 수출신고가 수리된 물품을 국내에 반입하는 것을 말한다.

5) 공급의제

부가가치세법은 재화의 공급요건을 충족하지 않아 원칙적으로 재화의 공급에 해당하지 않는 일정한 사건들을 재화의 공급으로 의제하고 있는데, 이를 '재화의 공급의제'라고 한다. 예를 들어, 주유소를 경영하는 사업자는 정유사로부터 기름을 구입할 때에 거래징수당한 매입세액을 정유사로부터 교부받은 세금계산서를 통해 입증함으로써 매입세액공제를 받게 된다. 그런데 주유소를 경영하는 사업자가 정유사로부터 구입한 기름을 자신의 개인적 목적을 위해 사용한다면 부가가치세를 부담함이 없이 기름을 사용・소비하는 결과가 되어 최종적으로 사용・소비하는 자가 부가가치세를 부담한다는 부가가치세의 기본원리에 어긋나게 된다.

부가가치세법에서는 이와 같은 세부담 없는 사용・소비를 방지하기 위해 재화 또는 용역의 공급으로 볼 수 있는 요건을 갖추고 있지 않지만 다음과 같이 법률의 규정에 의해 특별히 재화의 공급으로 보는 것이 있다.

① 사업자가 자기의 과세사업과 관련하여 생산하거나 취득한 재화(자기생산・취득재화)를 자기의 면세사업을 위하여 직접 사용・소비하는 경우
② 사업자가 자기생산・취득재화를 매입세액이 공제되지 아니하는 비영업용 소형승용차로 사용・소비하거나 그 자동차의 유지를 위하여 사용・소비하는 경우
③ 사업장이 둘 이상인 사업자가 자기생산・취득재화를 판매할 목적으로 자기의 다른 사업장에 반출하는 경우
④ 사업자가 자기생산・취득재화를 사업과 직접적인 관계없이 자기의 개인적인 목적이나 그 밖의 다른 목적을 위하여 사용・소비하거나 그 사용인 또는 그 밖의 자가 사용・소비하는 것으로서 그 대가를 받지 아니하거나 시가보다 낮은 대가를 받는 경우
⑤ 사업자가 자기생산・취득재화를 자기의 고객이나 불특정 다수에게 증여하는 경우
⑥ 사업자가 폐업할 때 자기생산・취득재화 중 남아있는 재화

한편 사업자가 자신의 용역을 자기의 사업을 위하여 대가를 받지 아니하고 공급함으로써 '다른 사업자와의 과세공평이 침해되는 경우' 자기에게 용역을 공급받은 것으로 본

다(용역의 '자가공급', 과세기술상 어려움 때문에 실제 과세되는 경우는 많지 않음).

또한 사업자가 대가를 받지 않고 타인에게 용역을 공급하는 것은 용역의 공급으로 보지 않지만, 사업자가 특수관계인에게 사업용 부동산의 임대용역을 공급하는 것은 대가를 받지 않더라도 용역의 공급으로 본다. 특수관계자에게 낮은 가액으로 임대하는 경우 시가를 공급가액으로 과세하도록 하고 있는 것과 형평을 고려한 것이다.

4. 과세표준 및 세율

1) 과세표준

재화 또는 용역의 공급에 대한 부가가치세의 과세표준은 해당 과세기간에 공급한 재화 또는 용역의 '공급가액'을 합한 금액으로 한다. 공급가액이란 금전을 대가로 받는 경우에는 그 대가를 말하고, 금전 외의 대가를 받는 경우에는 자기가 공급한 재화·용역의 시가를 말한다. 공급가액은 대금, 요금, 수수료, 그 밖에 어떤 명목이든 상관없이 재화 또는 용역을 공급받는 자로부터 받는 금전적 가치가 있는 모든 것을 포함한다.

재화의 수입에 대한 부가가치세의 과세표준은 그 재화에 대한 관세의 과세가격과 관세, 개별소비세, 주세, 교육세·농어촌특별세 및 교통·에너지·환경세를 합한 금액으로 한다.

뉴스 속의 세금

✣ 마일리지 포인트는 '에누리액' 부가세 면제…원심 파기환송

신용카드로 물건을 살 때 적립되는 마일리지 포인트는 부가가치세가 면제되는 '에누리액'으로 볼 수 있어 마일리지 포인트에 부가세를 부과하는 것은 위법하다는 대법원 판결이 나왔다.

대법원 전원합의체(주심 김용덕 대법관)는 26일 롯데쇼핑과 롯데역사가 남대문세무서장 등 92곳을 상대로 낸 부가가치세 경정거부처분 취소소송 상고심에서 "원심판결을 파기하고 사건을 서울 고등법원에 환송한다."고 선고했다. 대법원 전원합의체는 판결이유에서 "이 사건의 주된 쟁점은 사업자가 고객에게 재화를 공급하는 1차 거래 후 포인트를 적립해 주고, 나중에 그 고객과 2차 거래를 할 경우 포인트 만큼을 공제해 주는데 2차 거래에서 사용된 포인트를 에누리로 볼 수 있는지 여부"라고 밝혔다. …… 대법원은 "롯데쇼핑 등이 포인트에 따라 2차 거래에서 감액된 가액은 사업자와 고객 사이에 미리 정해진 약정에 따라서 공급가액에서 직접 차감한 에누리에 해당된다."고 판단했다. 또 "포인트 제도를 여러 사업자가 함께 운영하는 경우에도 2차 거래에서 감액된 포인트에 해당하는 경우에는 역시 부가세 과세표준에서 제외되는

에누리에 해당하는 것이라고 볼 수 있다."고 덧붙였다. (2016년 8월 15일 조세일보)

☞ 마일리지 및 포인트로 결제하는 금액은 부가가치세 과세표준에서 제외하여야 한다는 대법원판결에 따라 2017년 2월 부가가치세법 시행령 제61조 제1항이 다음과 같이 개정되었다. 즉, 당초 재화·용역을 공급하고 마일리지를 적립하여 주거나 상품권 등을 교부한 사업자에게 사용한 마일리지 또는 상품권 등으로 결제받은 금액은 공급가액의 범위에서 제외하고, 마일리지 또는 상품권 등으로 결제받은 부분으로서 사업자가 실제 보전(補塡)을 받았거나 보전받을 금액은 원칙적으로 공급가액의 범위에 포함하도록 하였다.

2) 세율

부가가치세의 일반적인 세율은 10%이나 일정한 재화 또는 용역의 공급은 영세율(0%)이다. 영세율은 주로 수출 등과 같이 재화나 용역을 외국에 공급하는 거래에 주로 적용되는 것으로서 국외의 소비자들이 우리나라 부가가치세의 부담을 지지 않도록 함으로써 소비지국 과세원칙을 구현하려는 것이다. 또한 국내거래라 하더라도 수출 등과 관련하여 외화획득을 장려하는 차원에서 영세율을 적용하고 조세특례제한법에서는 수출이나 외화획득과 관계없이 국내에서 재화 또는 용역을 공급하는 일정한 경우에도 영세율을 적용한다.

3) 납부세액 계산

부가가치세 납부세액은 매출세액에서 매입세액을 차감하여 계산한다. 매출세액은 부가가치세 과세표준에 10%를 곱하여 산정한다. 매입세액은 재화 및 용역을 공급받을 때 또는 재화를 수입할 때 징수당한 부가가치세로써 납부세액을 계산할 때 공제된다.

매출세액에서 공제하는 매입세액은 사업자가 자기의 사업을 위하여 사용하였거나 사용할 목적으로 공급받은 재화·용역 또는 재화의 수입에 대한 부가가치세액이어야 한다.

연습사례

Q3. 나북악은 전자제품 제조업을 영위하고 있다. 2016년 1기(1.1~6.30)에 발생된 매출은 2억원(부가가치세 별도)이고, 전자제품을 제조하기 위한 원재료 및 부품 구입액이 1억원(부가가치세 별도)인 경우에 나북악의 2016년 1기 부가가치세 납부세액은 얼마인가?

A: Q3사례에서 나북악의 2016년 1기의 매출액은 2억원이므로 매출세액은 2,000만원(= 2억원×10%)이다. 전자제품을 제조하기 위한 원재료 및 부품 구입액 1억원에 대한 매입세액은 1,000만원(= 1억원×10%)이므로 나북악의 2016년 1기 부가가치세 납부세액은 1,000만원(= 2,000만원 − 1,000만원)이다.

5. 영세율과 면세제도

1) 영세율제도

(1) 영세율 과세원리

영세율제도는 일정한 과세거래에 대하여 '0'%의 세율을 적용함으로써 거래상대방(또는 최종소비자)의 부가가치세 부담을 완전히 면제하는 것을 말한다. 부가가치세법에서는 주로 수출하는 재화 또는 용역에 대하여 영세율이 적용된다. 그 이유를 다음의 사례를 통해 살펴보자.

<그림 7－3> 원산지국 과세원칙에 관한 사례

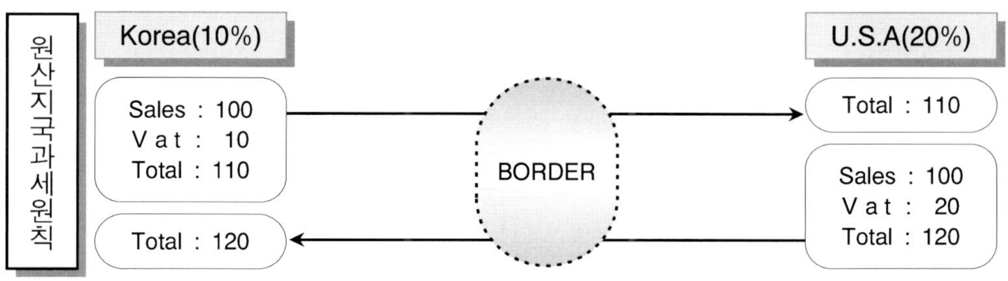

한국 현대의 제네시스 가격이 100원이고 미국 포드의 토러스 가격도 100원으로 동일하지만 한국의 부가가치세율은 10%, 미국은 20%라고 가정하자. 수출하는 경우에 부가가치세의 조정이 없이 재화의 원산지국에서의 세율로 과세하는 원산지국 과세원칙(origin principle of taxation)에 의하면 위 <그림 7－3>에서 보는 바와 같이 한국과 미국의 부가가치세 세율 차이로 인하여 한국산 제네시스는 미국에서 110원에 판매되고 미국산 토러스는 한국에서 120원에 판매된다.

그 결과 한국산 제네시스의 소비자인 미국인은 한국의 부가가치세(10원)를 부담하고, 미국산 토러스의 소비자인 한국인은 미국의 부가가치세(20원)를 부담하는 모순이 발생한다. 또한 수출 당사국의 부가가치세율이 다를 경우에는 수출 당사국 사이에 대외가격경쟁력의 왜곡현상이 발생하게 된다.

이와 같은 왜곡현상은 수출 당사국이 수출하는 재화에 대하여 영세율을 적용하고 수입하는 재화에 대해서는 국내 과세거래와 동일한 세율로 과세하면 방지할 수 있다.

<그림 7-4> 소비지국 과세원칙에 관한 사례

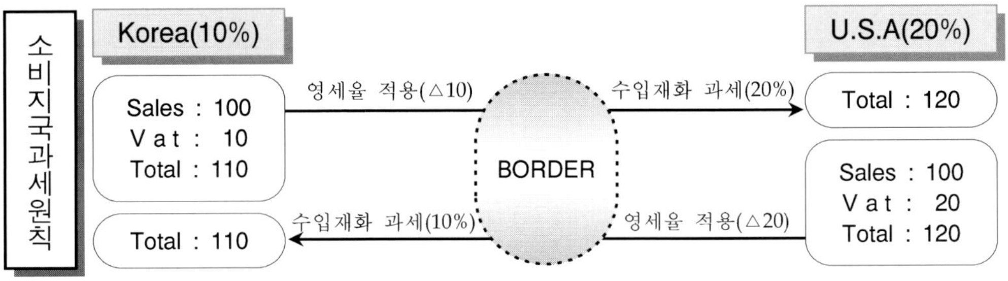

<그림 7-4>에서 보는 바와 같이 한국에서 제네시스를 미국으로 수출할 때 영세율을 적용하여 한국의 부가가치세를 완전히 제거하면 제네시스의 미국수출 가격은 100이 되고, 반대로 미국에서 토러스를 한국으로 수출할 때 영세율을 적용하여 미국의 부가가치세를 제거하면 토러스의 한국수출가격은 100으로 같게 되어 한국과 미국은 서로 대외가격 경쟁력의 중립성을 유지할 수 있다.

한편 한국은 미국산 토러스에 대해 수입하는 재화로써 한국의 부가가치세(10원)를 부과하고, 미국은 한국산 제네시스에 대해 역시 수입하는 재화로써 미국의 부가가치세(20원)를 부과하면 양 수출 당사국의 국민은 자국의 부가가치세만큼 부담하는 결과가 되는 것이다.

(2) 해외거래와 영세율

이와 같이 수출하는 재화에 대해서는 영세율을 적용하고, 수입하는 재화에 대해서는 국내의 정규세율로 과세하는 것을 국경세조정(border tax adjustment) 혹은 소비세(부가가치세)의 국제적 이중과세의 조정이라 하고, 그 근거는 소비지국 과세원칙(destination principle of taxation)이다. 부가가치세법에서는 ① 수출하는 재화, ② 국외에서 제공하는 용역, ③ 선박 또는 항공기의 외국항행용역, ④ 기타 외화획득 재화 또는 용역 대해 영세율을 적용함으로써 국경세조정을 하고 있다.

2) 면세제도

면세란 사업자의 부가가치세 납부의무를 면제하여 부가가치세의 체인(chain) 밖으로 배제하는 제도이다. 따라서 면세제도로 인하여 사업자는 매출세액이 발생하지 않을 뿐만 아니라, 거래징수 당한 매입세액을 공제받을 수 없다는 점에서 영세율제도와는 다르다.

또한 영세율과는 달리 면세사업자는 납세의무자가 아니기 때문에 사업자등록, 세금계산서교부 등의 부가가치세법상의 제의무도 면제받는다.

예를 들면, A상품의 제조업자가 600원 상당의 원재료와 소모품 등을 투입하여 A상품을 제조하여 1,000원에 판매하였을 때 면세의 경우와 영세율의 경우의 세액계산은 다음과 같이 달라진다.

① 면세의 경우 : 매출세액은 100원(=1,000×10%)이나 면세이므로 부가가치세는 '0'임. 다만 매입세액 60원(=600원×10%)을 이미 부담하였으나 공제받지 못하였으므로 실부담액은 60원임.

② 영세율의 경우 : 매출세액(1,000×0%=0원)－매입세액(600×10%=60원)=－60원(환급세액). 따라서 실부담액은 0원이 됨.

면세가 정당화되는 근거는 대체로 부가가치세의 역진성 완화, 사회적 공헌도, 행정집행상의 어려움 등을 든다. 이들 구별기준에 따라 부가가치세법상 국내공급에 있어서 면세의 적용대상을 살펴보면 다음과 같다(부가가치세법 제12조 제1항).

(1) 생필품에 대한 부가가치세의 역진성 완화

㉠ 미가공식료품 및 농・축・수・임산물
㉡ 수돗물
㉢ 연탄과 무연탄
㉣ 여객운송용역 등
㉤ 주택임대용역

(2) 사회적 공헌도

㉠ 의료보건용역과 혈액
㉡ 교육용역
㉢ 도서, 신문, 잡비, 관보, 뉴스통신 및 방송
㉣ 우표, 인지, 증지, 복권과 공중전화
㉤ 특수담배 등
㉥ 인적용역
㉦ 예술창작품, 예술행사, 문화행사 및 아마추어운동경기
㉧ 도서관, 과학관, 박물관, 미술관, 동물원, 식물원에의 입장
㉨ 종교, 자선, 학술, 구호 기타 공익을 목적으로 하는 단체가 공급하는 재화 또는 용역

㉫ 국가, 지방자치단체 또는 지방자치단체조합이 공급하는 재화 또는 용역
㉬ 국가, 지방자치단체 또는 지방자치단체조합 또는 공익단체에 무상으로 공급하는 재화 또는 용역

(3) 행정집행상의 어려움

㉠ 토지의 공급
㉡ 금융보험용역

한편, 면세사업자는 거래징수당한 매입세액을 공제받지 못하고 매입세액이 취득원가에 포함되므로 인하여 가격경쟁에서 불리한 경우가 있을 수 있다. 그리하여 영세율이 적용되는 재화 또는 용역, 주택임대용역, 인적용역, 종교·자선 등 공익을 목적으로 하는 단체가 공급하는 재화 또는 용역에 대해서는 면세를 포기하고 과세를 적용받을 수 있도록 하고 있다. 또한 중간단계에서 면세가 되는 경우 나타나는 환수효과를 줄이기 위하여 일정한 경우에 의제매입세액을 공제할 수 있도록 하였다.

뉴스 속의 세금

❖ 수출금괴 부가가치세 영세율·면제 악용 5,000억 탈세·부정환급

수출용으로 거래되는 '금지금'(일명 금괴)에 부가가치세가 면제되는 점 등을 악용해 5,000억원대의 부가가치세를 포탈하거나 부정하게 환급받은 금도매업자들이 검찰에 무더기로 적발됐다. 국세청과 검찰이 적발한 1999년~2004년 탈세액(1조 5,000억원)까지 합치면 무려 2조원에 이른다는 게 검찰의 추산이다. 금지금은 순도 99.5% 이상의 금괴와 골드바 등 원재료 상태의 금으로 2003년 6월까지 국내거래에서 수출용 원재료로 거래되면 영세율이 적용됐으며 2003년 7월부터 2007년 12월까지 한시적으로 면세 승인을 받은 금지금 도매업자가 면세 추천을 받은 금세공업자에게 공급할 때 부가가치세를 면제받는다.

서울중앙지검은 13일 친·인척을 이용해 금지금 수입·도매·수출 업체를 설립한 뒤 변칙거래로 921억원 상당의 부가가치세를 포탈하거나 부정 환급받고, 다른 탈세조직과 연계해 2,000억원 가량의 부가가치세를 포탈한 금괴 수입업자 심모(52)씨와 수출업체 대표 오모(48)씨 등 5개 조직 30명을 특정범죄가중처벌법상 조세포탈 등의 혐의로 구속기속하고 4명을 불구속 기소했다. 이와 함께 5,000억원대의 부가가치세 포탈·부정환급 사범의 자료를 국세청에 넘게 탈루된 세금을 부과하도록 조치했다.

이들은 수출을 위한 원재료의 수입 및 국내 유통에는 세금을 면제해 주는 '영세율'제도와 부가가치세 환급제도를 악용했다. 국내 도매상 간의 거래에서는 영세율을 이용해 이윤을 챙겼으며, 수출업체는 수출 후 국세청으로부터 부가가치세 전액을 돌려받는 수법을 썼다. 특히 국내 도매상이 수출업체에 넘기기 전 부가가치세를 전문적으로 떼어 먹기 위해 폐업용 120

여개의 '폭탄업체'도 동원됐다. 이들은 수 백회에 걸친 거래로 세금계산서를 발급한 후 자신들은 부가가치세를 내지 않는 수법으로 이익을 챙겼다(2006년 12월 14일 서울신문).

☞ 면세 금지금 변칙거래의 가장 단순한 모델은 금지금 수입업체, 폭탄업체 및 수출업체로 이어지는 3단계의 거래 모형이다. 그러나 과세관청이나 수사기관의 조사를 어렵게 하기 위하여 금지금 수입업체와 폭탄업체 사이, 그리고 폭탄업체와 수철업체 사이에 몇 단계의 도관업체를 끼워 넣는 경우가 대부분이다. 즉, 금지금은 '외국 업체 → 수입업체 → 면세도관업체 → 폭탄업체 → 과세도관업체 → 수출업체 → 외국 업체'의 단계를 거쳐 유통되고, 그 거래대금은 수출업체에서부터 수입업체에 이르기까지 역방향으로 순차적으로 지급되는 것이다.

[면세금지금 변칙거래의 흐름도 예시]

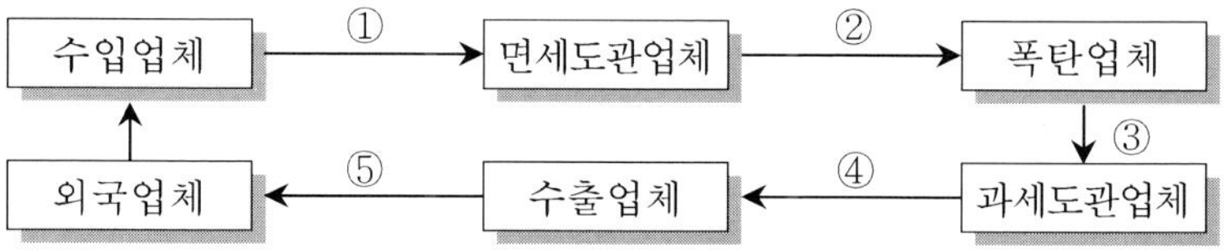

① 수입업체는 금지금을 국제시세인 1,000에 수입하고 1,010에 면세로 매출하여 10의 이익을 남긴다.
② 면세도관업체는 금지금을 1,020에 매출하여 10의 이익을 남긴다.
③ 폭탄업체는 금지금을 공급가액 950, 부가가치세 95(공급대가 1,045)에 과세매출하고 부가가치세를 납부하지 않은 채 잠적한다. 공급가액은 매입가액보다 낮으나 부가가치세를 합한 공급대가는 매입가액보다 높아 25의 이익을 남긴다.
④ 과세도관업체는 금지금을 960에 과세 매출하여 10의 이익을 남기고 부가가치세 1(96-95)을 납부한다.
⑤ 수출업체는 금지금을 970에 수출하여 10의 이익을 남기고 부가가치세 96을 환급받는다.

※ 출처 : 김완석 · 이중교, "면세금지금 변칙거래의 매입세액공제에 관한 연구", 조세연구 제10-1집, 2010, 13면

6. 세금계산서 등

1) 세금계산서

세금계산서는 사업자가 과세되는 재화 또는 용역을 공급하는 때에 거래상대방으로 부가가치세의 거래징수와 거래사실을 증명하기 위해 교부하는 증명서를 말한다. 이러한 세금계산서는 사업자가 재화 또는 용역을 공급하는 때에 거래상대방에게 교부하여야 한다.

세금계산서의 필요적 기재사항으로는 <그림 7－5>에서 보는 바와 같이 ① 공급자의 등록번호와 성명 또는 명칭, ② 공급받는 자의 등록번호, ③ 공급가액과 부가가치세액, ④ 작성연월일이다. 필요적 기재사항의 기재는 유효한 세금계산서가 되기 위한 효력요건이므로 주의를 요한다.

<그림 7－5> 세금계산서(공급자 보관용)

[별지 제11호서식](2009.3.26. 개정) (적 색)

세 금 계 산 서(공급자보관용)

책 번 호	권	호
일 련 번 호		

공급자	등록번호	- -		공급받는자	등록번호	- -	
	상호(법인명)		성명(대표자)		상호(법인명)		성명(대표자)
	사업장 주소				사업장 주소		
	업태		종목		업태		종목

작성			공급가액														세액											비고
연	월	일	공란수	조	천	백	십	억	천	백	십	만	천	백	십	일	천	백	십	억	천	백	십	만	천	백	십	일

월	일	품목	규격	수량	단가	공급가액	세액	비고

합계금액	현금	수표	어음	외상미수금	이 금액을 영수/청구 함

210㎜×148.5㎜ (인쇄용지(특급) 34g/㎡)

세금계산서는 부가가치세가 과세되는 모든 재화 또는 용역의 거래에 대하여 교부하여야 하며 영세율이 적용되는 경우에도 그것이 국내거래인 한 세금계산서를 교부하여야 한다. 또한 세금계산서는 재화 또는 용역을 공급할 때(공급시기) 교부하여야 한다. 만약 공급시기 이후에 세금계산서를 교부하는 경우에는 공급자에게는 가산세가 부과되고 공급받는 자에게는 매입세액을 공제하지 않기 때문에 주의하여야 한다.

그러나 계속적인 거래를 하는 거래처의 경우에는 재화를 공급할 때마다 세금계산서를 교부하게 한다면 사업자의 사업경영에 지장이 초래될 수도 있다.

부가가치세법은 이러한 경우에 ① 거래처별로 한 달의 공급가액을 합계하여 해당 월의 말일을 작성연월일로 하여 세금계산서를 발급하는 경우, ② 거래처별로 한 달의 범위 내에서 사업자가 임의로 정한 기간의 공급가액을 합계하여 그 기간의 종료일자를 작성연월일로 하여 세금계산서를 발급하는 경우 등에 있어서는 재화 또는 용역의 공급일이 속하는 달의 다음 달 10일까지 세금계산서를 교부할 수 있도록 하는 예외를 인정하고 있다.

2) 계산서

계산서는 부가가치세 면세사업자가 면세대상 재화 또는 용역의 공급에 대하여 거래상대방에게 교부하는 것이다. 세금계산서와 다른 점은 <그림 7－6>에서 보는 것처럼 부가가치세가 면제되기 때문에 필요적 기재사항 중 '세액'란이 없다는 점을 제외하고는 세금계산서와 동일하다.

<그림 7－6> 계산서(공급자 보관용)

[별지 제28호서식(1)] (적 색)

계 산 서(공급자보관용) 책 번 호 권 호 / 일 련 번 호 －

공급자	등록번호	－ －			공급받는자	등록번호	－ －		
	상 호 (법인명)		성 명 (대표자)			상 호 (법인명)		성 명 (대표자)	
	사업장 주소					사업장 주소			
	업 태		종 목			업 태		종 목	

작 성			공 급 가 액													비 고
연	월	일	공란수	조	천	백	십	억	천	백	십	만	천	백	십	일

월	일	품 목	규 격	수 량	단 가	공 급 가 액	비 고

합 계 금 액	현 금	수 표	어 음	외 상 미 수 금	이 금액을 영수/청구 함

22226-61921일 182㎜×128㎜
95.3.14 승인 (인쇄용지(특급) 34g/㎡)

면세사업자의 계산서의 교부의무 등 세법상의 제반의무에 대해서는 부가가치세법의 규정이 적용되는 것이 아니라 개인면세자는 소득세법, 법인면세 사업자는 법인세법의 규정이 적용된다. 따라서 예를 들어, 계산서를 교부하여야 함에도 이를 이행하지 않아서 가산세의 제재를 받는 경우에는 부가가치세법상의 가산세 규정이 적용되는 것이 아니라 각각 소득세법 또는 법인세법에 규정하는 계산서불성실 가산세가 적용되는 것이다.

3) 영수증

영수증은 <그림 7－7>에서 보는 바와 같이 공급받는 자와 부가가치세액을 별도로 기재하지 않은 약식증표로써 영수증을 교부받은 사업자는 부가가치세법에 있어서 매입세액공제를 받을 수 없다. 다만, 소득세법 또는 법인세법에서 지출경비의 입증을 위해 사용된다.

<그림 7-7> 영수증

No.	영 수 증			(공급자용)
				귀하
공급자	등록번호			
	상 호		성 명	
	사업장주소			
	업 태		종 목	
작성년월일		공급대가		비 고
품 목		단 가	수 량	공급대가
				위 금액을 영수(청구)함.

영수증은 우리의 일상생활에서 가장 많이 보게 되는 증빙서류로 주로 연 매출액이 4,800만원에 미달하는 간이과세자가 거래상대방에게 교부하는 것이다. 다만, 일반과세자라 하더라도 소매업, 음식점업, 숙박업, 여객운송업 등 주로 사업자가 아닌 최종소비자에게 재화 또는 용역을 공급하는 사업을 영위하는 사업자는 공급받는 자가 정규의 세금계산서 교부를 요구하지 않는 경우에 한정하여 영수증을 교부할 수 있다.

4) 전자세금계산서

법인사업자와 일정 규모 이상(직전 연도 사업장별 재화 및 용역의 공급가액의 합계액이 3억원 이상) 개인사업자는 전자적 방법으로 세금계산서를 발급하여야 하는데, 이를 전자세금계산서라 한다. 전자세금계산서를 발행하는 방법에는 세금계산서 발급시스템 임대사업자 등(ASP, ERP)을 통하는 방법이 있으나, 주로 국세청 홈택스(www.hometax.go.kr/)를 활용하여 전자세금계산서를 발행하고 있다.

전자세금계산서는 사업자가 재화 또는 용역을 공급할 때(공급시기) 세금계산서를 공급받는 자에게 발급하여야 한다. 전자세금계산서를 발행한 때에는 전자세금계산서 발급일의 다음 날까지 세금계산서 발급명세서를 국세청장에게 발송하여야 한다.

전자세금계산서가 재화나 용역을 공급받는 자가 지정하는 수신함에 입력하거나, 국세청장이 구축한 전자세금계산서 발급시스템(홈택스)에 입력된 때에 재화나 용역을 공급받는 자가 그 전자세금계산서를 수신한 것으로 본다.

<그림 7－8> 국세청 홈택스를 이용한 전자(세금)계산서 발급

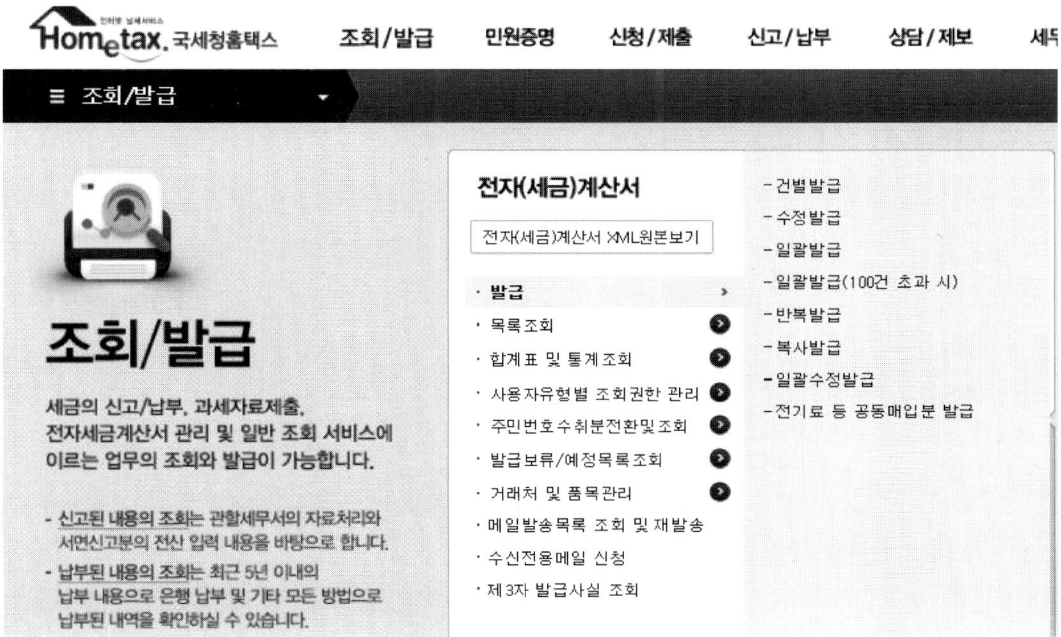

7. 신고와 납부

사업자는 과세표준과 납부 또는 환급세액에 관한 사항을 예정신고기간 또는 확정신고기간 종료 후 25일(외국법인은 50일) 이내에 신고·납부하여야 한다. 부가가치세법은 1년을 각각 6개월 단위로 하여 제1기 및 제2기로 구분하여 과세기간을 정하고 있다.

또한 각 기를 3개월 단위로 하여 예정신고기간 및 확정신고기간으로 구분하여 과세대상기간을 정하고 있다. 부가가치세 과세대상기간 및 신고납부기한을 정리하여 보면 다음 <표 7－1>과 같다.

<표 7-1> 부가가치세 과세대상기간 및 신고납부기한

과세기간	과세대상기간		신고납부기한	신고대상자
제1기 1.1.~6.30.	예정신고	1.1.~3.31.	4.25.	법인
	확정신고	4.1.~6.30.	7.25.	법인, 개인
제2기 7.1.~12.31.	예정신고	7.1.~9.30.	10.25.	법인
	확정신고	10.1.~12.31.	익년 1.25.	법인, 개인

법인사업자는 원칙적으로 3개월을 단위로 하여 예정신고납부와 확정신고납부를 하여야 한다. 개인 일반과세자는 납세편의를 위해 예정신고납부에 있어서는 각 예정신고기간별로 직전과세기간에 대한 납부세액의 1/2에 해당하는 금액을 관할 세무서가 결정하여 고지하여 징수하고 각 확정신고기간에 예정고지세액을 기 납부세액으로 차감하고 신고·납부하는 것이다.

결국 개인 일반사업자는 3개월을 단위로 하여 부가가치세 납부는 1년에 4번을 하지만 부가가치세 신고는 1년에 2번(제1기 및 제2기 확정신고)을 하는 것으로 종결된다. 다만, 각 예정신고기간에 대한 사업실적에 대해 조기환급을 받고자 하는 경우와 휴업·사업부진 등으로 인하여 각 예정신고기간의 공급가액 또는 납부세액이 직전과세기간의 공급가액 또는 납부세액의 1/3에 미달하는 사업자는 예정고지징수에 관계없이 예정신고납부를 할 수 있다.

학습평가

1. 부가가치세법상 부가가치는 어떻게 파악하여 과세하는가? 부가가치세액의 산출은 어떻게 하는가? 우리나라가 채택한 전단계매입세액공제법의 과세원리를 설명할 수 있는가?
2. 부가가치세법상의 과세거래는 무엇을 의미하는가? 부가가치세법에서 규정하고 있는 과세대상은 각 거래단계에서 창출한 부가가치가 아닌 재화 또는 용역의 공급, 재화의 수입이라고 규정하고 있다. 왜 그럴까?
3. 부가가치세법에서 주로 수출하는 재화 등 해외거래와 관련된 재화 또는 용역에 대하여 영세율이 적용되는 이유는 무엇일까?
4. 부가가치세법상 국내거래와 관련된 면세와 영세율에 관한 설명으로 옳지

않은 것은?(2010년 사법시험)

① 항공법에 정한 항공기 및 철도건설법에 정한 고속철도에 의한 여객운송용역은 부가가치세를 면제한다.

② 토지의 공급에 대하여는 부가가치세를 면제한다.

③ 국가나 지방자치단체가 공급하는 재화 중 법령으로 정하는 것에 대하여는 부가가치세를 면제한다.

④ 영세율제도는 소비국과세원칙을 따르는 것이다.

⑤ 사업자가 비거주자 또는 외국법인인 경우에는 상호주의원칙에 따라 영세율을 적용한다.

[정답] : ①

5. 세금계산서는 왜 교부해야만 하는가? 부가가치세법에서 유효한 세금계산서가 되기 위한 요건은 무엇인가?
6. 개인인 일반과세자는 부가가치세를 언제까지 신고납부하여야 하는가? 법인사업자는 개인사업자와 동일하게 부가가치세를 신고납부하는가?

제 8 강 개인사업자의 소득과 세금

학습목표

1. 사업자와 관련된 세금은 어떠한 것이 있는지 이해한다.
2. 사업자의 사업소득 금액 계산 및 사업소득에 대한 신고방법을 이해한다.
3. 사업자가 부담하는 4대 보험을 이해한다.

1. 사업자와 세금

새로이 사업을 시작하는 방법에는 개인 형태로 하는 방법과 법인을 설립하여 법인의 형태로 사업을 수행하는 방법이 있다. 개인의 형태로 사업을 수행하는 것을 개인사업자라 하고 법인의 형태로 사업을 수행하는 것을 법인사업자라 한다.

사업자는 사업에서 벌어들인 소득에 대하여 개인사업자라면 소득세(사업소득세)를, 법인사업자는 법인세(법인소득세)의 납세의무를 진다. 사업자가 사용인을 고용한 경우에는 그 고용에 대한 대가, 즉 급여 등을 지급하는 때에 그 지급금액에 대한 원천징수의 의무를 부담하며, 사용인의 고용 및 복지증진을 위해서 4대 보험의 납부의무를 부담한다.

한편 사업자는 상품 등을 판매하거나 서비스(용역) 등을 제공하는 경우에 부가가치세나 개별소비세의 납세의무를 진다.

<그림 8－1> 사업자와 세금

이하에서는 사업자의 사업에서 발생한 소득과 관련된 사업소득세를 중심으로 살펴보고 아울러 사업자가 부담해야 할 4대 보험에 대해서 살펴보기로 한다.[1)]

1) 사업자의 원천징수의무에 대해서는 제3강을, 사업자의 부가가치세 납세의무에 대해서는 제7강을, 법인사업자의 법인소득세는 제9강을 참조하기 바란다.

2. 개인사업자의 소득과 사업소득세

소득세는 자연인(自然人)[2)]이 창출한 소득에 대하여 부과되는 세금이다. 자연인(=거주자)이 벌어들인 소득에 대해 우리 세법은 소득의 원천에 따라 종합소득, 퇴직소득 및 양도소득으로 구분하여 과세한다(소득원천별 분류과세).

<그림 8-2> 소득의 분류

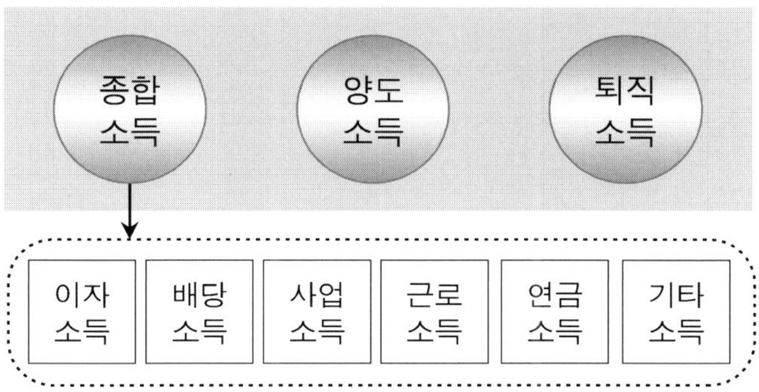

발생원천별 소득 중 종합소득은 ① 이자소득, ② 배당소득, ③ 근로소득, ④ 사업소득, ⑤ 연금소득, ⑥ 기타소득으로 구분하여 원칙적으로 계속·반복적으로 발생하는 열거된 소득에 대해서만 제한적으로 과세하며, 예외적으로 퇴직소득과 양도소득은 일시적인 소득에 대해서 과세한다.

3. 사업소득금액의 계산

1) 사업의 범위

사업소득은 사업자가 소득세법이 열거하고 있는 일정한 사업에서 벌어들인 소득을 말한다. 일반적으로 사업이란 영리를 목적으로 자기의 계산과 책임으로 계속적·반복적으로 행하는 사업 활동[3)]을 말하며, 사업자라 함은 사업 활동에서 창출한 사업소득이 있는 거주자를 말한다.[4)]

---

2) 일반적으로 개인이라고 하며 소득세법에서는 자연인 또는 개인을 '거주자'라 한다. 거주자란 국내에 주소를 두거나 183일 이상의 거소(居所)를 둔 개인을 말한다.

3) 소득세법 제19조 제1항 제20호

4) 소득세법 제1조의2 제1항 제5호

소득세법에서 열거하고 있는 사업소득이 발생하는 사업의 범위는 다음과 같으며 그 범위와 관련하여 소득세법에 특별한 규정이 있는 경우 외에는 한국표준산업분류에 따른다.

① 농업·임업 및 어업 ② 광업 ③ 제조업 ④ 전기, 가스, 증기 및 수도사업 ⑤ 하수·폐기물처리, 원료재생 및 환경복원업 ⑥ 건설업 ⑦ 도매 및 소매업 ⑧ 운수업 ⑨ 숙박 및 음식점업 ⑩ 출판, 영상, 방송통신 및 정보서비스업 ⑪ 금융 및 보험업 ⑫ 부동산업 및 임대업 ⑬ 전문, 과학 및 기술서비스업 ⑭ 사업시설관리 및 사업지원서비스업 ⑮ 교육서비스업 ⑯ 보건업 및 사회복지서비스업 ⑰ 예술, 스포츠 및 여가 관련 서비스업 ⑱ 협회 및 단체, 수리 및 기타 개인서비스업 ⑲ 가구 내 고용활동 ⑳ 그 밖의 위의 소득과 유사한 소득으로서 영리를 목적으로 자기의 계산과 책임 하에 계속적·반복적으로 행하는 활동을 통하여 얻는 소득

개인기업을 경영하는 사업자의 사업소득금액은 일정한 원천에서 경상적·계속적으로 발생하는 소득만을 과세소득을 열거하고 있고 불규칙적·우발적으로 발생하는 소득은 과세소득에 포함되지 않는다.

이에 반하여 법인을 설립하여 사업을 수행하는 경우에는 계속적·반복적 소득뿐만 아니라 불규칙적·우발적으로 발생하는 소득도 과세소득에 포함된다. 또한 법인사업자는 주주로부터 독립된 하나의 인격체(=法人=實體)이기 때문에 주주에 대한 이익분배는 법이 정하는 절차에 따라야 한다. 하지만 개인사업자는 그러한 절차 없이 직접 소득의 귀속주체가 되는 것이다.

그리하여 우리 소득세법에서는 개인사업자의 사업소득을 계산함에 있어 사업주 자신의 이익분배라 볼 수 있는 급여에 대해서는 필요경비로 인정하지 않는다. 또한 사업소득이 발생하는 사업장의 경비와 그 이외 예컨대 가정에서 지출되는 가사 관련 경비를 엄격히 구분하고 사업장 이외의 지출경비는 필요경비로 인정하지 않는다.

이와 같이 개인사업자와 법인사업자는 과세소득의 개념과 과세방식 그리고 개인과 법인이라는 개념에서 오는 고유의 차이로 인하여 소득금액을 계산함에 있어서 차이가 발생하는 것이다. 대표적인 몇 가지를 살펴보면 다음 <표 8-1>과 같다.

<표 8－1> 사업소득금액의 계산 - 개인사업자와 법인사업자의 차이

법인세법	구 분	소득세법
각 사업연도소득	곡물 및 기타 식량작물 재배업	사업소득 제외
각 사업연도소득	이자소득, 배당소득	사업소득 제외
익금(손금)	유가증권처분손익	양도소득 과세
익금(손금)	고정자산처분손익	양도소득 과세
손금 인정	대표자 급여	필요경비 불인정
해당 없음	가사관련 경비	필요경비 불인정

연습사례

Q1. 신규로 사업을 시작한 나북악은 자기의 사업소득에 대한 소득금액을 계산함에 있어 자기 자신에 대한 급여 월 500만원, 가정생활비 월 300만원, 그리고 살고 있는 아파트 수리비로 1,000만원을 지출하고 이를 필요경비로 계상하여 소득금액을 계산하였다. 나북악이 필요경비로 지출한 금액의 공제는 정당한가?

A : Q1사례에서 나북악의 자신에 대한 급여 월 5백만원은 사업주 자신의 이익분배액이므로 필요경비로 공제할 수 없다. 또한 가정생활비 월 3백만원과 아파트 수리비 1천만원은 가사관련 경비이므로 나북악의 사업소득금액 계산에 있어 필요경비로 공제할 수 없다.

2) 사업소득금액의 계산

사업자가 사업을 통해 이익이 발생했는지 또는 손실이 발생했는지의 여부는 일정기간 동안에 사업에서 창출된 수입금액과 수입을 창출하기 위하여 지출한 지출금액의 비교를 통해서 알 수 있다. 지출금액보다 수입금액이 크면 이익이지만 반대로 수입금액보다 지출금액이 크면 손실이라고 할 수 있다.

사업자가 일정기간 동안의 수입금액과 지출금액을 알기 위해서는 장부를 작성하여야 하는데, 장부를 작성하는 방법은 복식부기에 의한 방법과 단식부기에 의한 방법 두 가지가 있다. 복식부기란 거래가 발생하였을 때의 금액을 이중적으로 기록하는 것을 말하고, 단식부기란 수입내역과 지출내역만을 기록하는 것을 말한다.

예를 들어, 사업자가 상품을 1억원에 판매(매출)하고 현금 1억원을 수령한 경우에 단식부기는 상품 판매(매출)액 1억원이라고 기록하면 되지만 복식부기는 상품판매(매출)액 1억원을 기록함과 동시에 현금 1억원을 기록함으로써 상품이 현금으로 판매되었음을 알려 준다.

장부작성을 복식부기로 하든 또는 단식부기로 하든 이익 및 손실을 산정하는 방법은 상품 등을 판매한 매출액에서 관련 비용을 차감하여 산정한다. 일반적으로 상품 등을 판매한 매출액을 "수입"이라고 하고 관련 비용을 "비용"이라고 한다면 이익(손실)은 수입에서 비용을 차감한 것이라고 할 수 있다.

이익(손실) = 수입 − 비용

사업자가 종합소득세를 신고·납부하기 위해서는 사업소득금액을 산정하여야 하는데, 사업소득금액은 총수입금액에 필요경비를 차감하여 산정한다. 필요경비가 총수입금액을 초과하는 경우 그 초과하는 금액은 결손금이라 한다.

사업소득금액(결손금) = 총수입금액 − 필요경비

사업자가 장부작성을 통해 이익 또는 손실을 산정하였는데, 여기에 사업소득금액을 산정하여 종합소득세를 신고·납부하기 위하여 세법상의 장부를 추가로 작성하여야 한다면 장부를 이중으로 작성하여야 하기 때문에 사업자에게 과중한 부담을 야기 시킨다고 할 수 있다.

따라서 실무적으로는 사업소득금액 또는 결손금을 총수입금액에서 필요경비를 차감하여 계산하는 것이 아니라 이미 장부작성을 통해 산정된 이익 또는 손실에서 「소득세법」과의 차액만을 조정하여 사업소득금액을 산정한다.

총수입금액과 필요경비는 「소득세법」에서 규정된 것으로서 총수입금액과 수입은 유사하지만 일치하지 않고 필요경비는 비용과 유사하지만 일치하지 않는다. 이렇게 일치되지 않는 사항을 조정하여 「소득세법」상 총수입금액과 필요경비에 일치시키는 것을 "세무조정"이라고 한다.

이러한 세무조정을 거치는 사업소득금액 계산구조를 그림으로 표시하여 보면 다음 <그림 8−3>과 같다.

<그림 8－3> 사업소득금액 계산구조

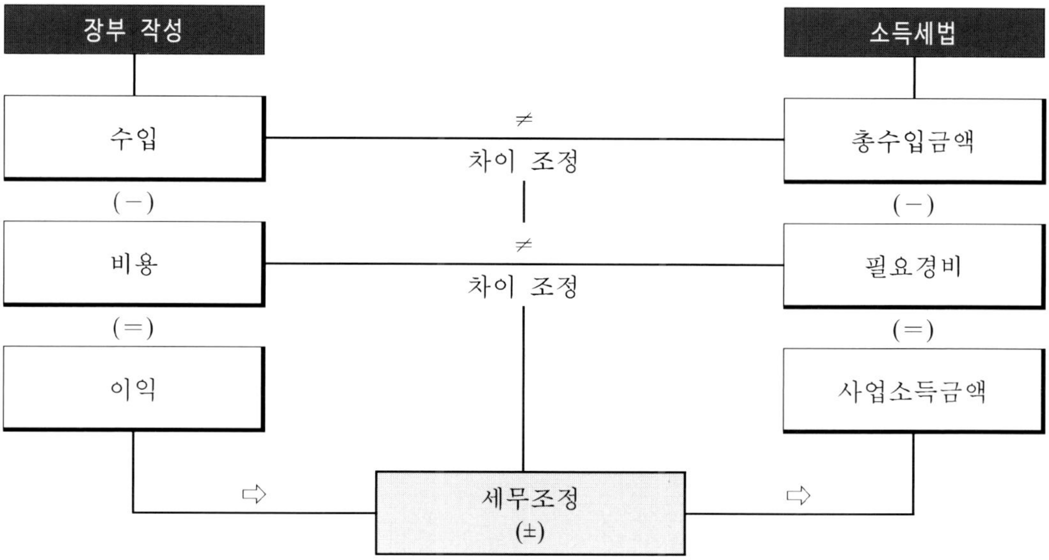

연습사례

Q2. 도·소매업을 영위하는 나북악은 2017년에 2,000만원의 이익을 창출하였다. 도·소매업 관련 수입금액은 8,000만원이고 수입금액을 창출하는 데 지출된 비용은 6,000만원이다. 나북악이 창출한 수입 및 비용에는 「소득세법」상 총수입금액 및 필요경비에 해당하지 않는 금액이 각각 500만원(총수입금액)과 300만원(필요경비)이 포함되어 있다. 나북악의 2017년분의 사업소득금액은 얼마인가?

A : 나북악이 창출한 이익 2,000만원에 세무조정금액을 반영하면 사업소득금액을 산정할 수 있다. 나북악은 수입금액을 8,000만원으로 산정하였으나, 이 중 총수입금액에 포함되지 않는 금액이 500만원이기 때문에 500만원은 차감하여야 한다(총수입금액에 해당되지 않는 금액을 수입으로 처리하였기 때문임). 또한 비용을 6,000만원을 산정하였으나, 이 중 300만원은 필요경비로 인정되지 않기 때문에 300만원은 가산하여야 한다(필요경비로 인정되지 않는 부분을 경비로 처리하였기 때문임). 따라서 나북악의 2017년분의 사업소득금액은 1,800만원이다.

2,000만원(이익)－500만원(총수입금액 차감)＋300만원(필요경비 가산) ＝1,800만원(사업소득금액)

사업자는 원칙적으로 사업과 관련된 모든 거래사실을 복식부기[5]에 의하여 비치 · 기록하고 그에 따른 회계장부를 작성하여 사업소득금액을 계산한다. 그러나 수입금액(매출액)이 일정규모 이하(구체적으로는 <표 8－2> 참조)의 사업자는 복식부기가 아닌 간편한 방법(구체적으로는 <표 8－3> 참조)으로 사업소득금액을 계산한다.

사업소득금액을 복식부기에 따라 기록된 회계장부로 계산하는 사업자를 "복식부기의무자", 복식부기가 아닌 간편한 방법, 즉 단식부기의 형태로 장부를 비치 · 기록하는 사업자를 "간편장부대상자"라고 한다.

<표 8－2> 복식부기의무자와 간편장부대상자의 구분

업 종 구 분	복식부기 의 무 자	간편장부 대 상 자
농업, 임업, 어업, 광업, 도매업, 소매업, 부동산매매업, 아래에 해당하지 아니하는 업	3억원 이상	3억원 미만
제조업, 숙박 및 음식점업, 전기 가스 증기 및 수도사업, 하수 폐기물처리 원료재생 및 환경 복원업, 건설업, 운수업, 출판 영상 방송통신 및 정보서비스업, 금융보험업	1억5,000만원 이상	1억5,000만원 미만
부동산임대업, 서비스업, 보건 및 사회복지사업, 예술 스포츠 및 여가관련 서비스업, 협회 및 단체 수리 및 기타 개인서비스업, 가구 내 고용활동	7,500만원 이상	7,500만원 미만

<표 8－3> 간편 장부 양식(국세청 고시 제2009－106호, 2015.7.31.)

① 일자	② 거래내용	③ 거래처	④ 수입(매출)		⑤ 비용(원가관련 매입 포함)		⑥ 고정자산 증감(매매)		⑦ 비고
			금액	부가세	금액	부가세	금액	부가세	
소계									

한편, 사업과 관련된 모든 거래사실을 입증하고 필요경비로 인정받기 위해서는 지출하는 금액이 1건마다 3만원을 넘는 경우에는 세금계산서 · 계산서 · 신용카드 등 소득세법이 인정하는 정규의 증빙을 받아야 한다. 정규의 증빙을 받지 못한 지출비용은 지출금액의 2%를 가산세로 부담하고 필요경비로 인정받을 수 있다.

5) 복식부기는 현금의 들어오고 나감뿐만 아니라, 거래가 발생하였을 때의 금액을 이중적으로 기록하기 때문에 복식부기라고 한다. 즉, 왼쪽에 100으로 기록하면 반드시 다른 오른쪽에도 100을 기록하는 것을 말한다.

3) 경비율제도

사업자가 회계장부를 작성하지 않았을 경우 사업소득금액은 어떻게 계산할까? 이러한 경우에 사업소득금액을 계산하는 방법이 기준경비율제도와 단순경비율제도이다.

기준경비율제도는 사업의 기본비용인 매입비용 · 임차료 · 인건비 등 주요경비는 세금계산서 · 계산서 등 정규증빙에 의해 확인되는 금액을 수입금액에서 차감하고 주요경비가 아닌 기타의 비용은 정부에서 정한 기준경비율로 필요경비를 산정하여 사업소득금액을 산정하는 것을 말한다(<표 8-4> 참조).

<표 8-4> 기준경비율에 의한 사업소득금액의 계산구조

사업소득금액 = 매출액 - 주요경비(매입비용 + 임차료 + 인건비) - (매출액×기준경비율)

주요경비	범 위	증 명 서 류
매입비용	재화의 매입, 외주가공비, 운송업의 운반비	세금계산서, 계산서, 신용카드매출전표, 현금영수증 등 정규증빙 수수, 영수증을 받은 경우 주요경비지출명세서 제출
임 차 료	건축물, 기계 등 사업용 고정자산의 임차료	
인 건 비	종업원의 급여 · 임금, 일용근로자 임금, 퇴직금	원천징수영수증, 지급명세서

단순경비율제도는 주로 소규모사업자에 대해 적용되는데 수입금액에 정부에서 정한 단순경비율로 필요경비를 산정하여 사업소득금액을 산정하는 것을 말한다(<표 8-5> 참조).

<표 8-5> 단순경비율에 따른 사업소득금액의 계산구조

사업소득금액 = 매출액 - (매출액×단순경비율)

사업자의 사업소득금액 추산하는 방법인 기준경비률 적용대상 사업자와 단순경비율 적용대상 사업자는 다음 <표 8-6>과 같다.

<표 8-6> 기준경비율과 단순경비율 적용대상 사업자의 구분

업 종 구 분	기준경비율 대 상 자	단순경비율 대 상 자
농업, 임업, 어업, 광업, 도매업, 소매업, 부동산매매업, 아래에 해당하지 아니하는 업	6,000만원 이상	6,000만원 미만
제조업, 숙박 및 음식점업, 전기 가스 증기 및 수도사업, 하수 폐기물처리 원료재생 및 환경 복원업, 건설업, 운수업, 출판 영상 방송통신 및 정보서비스업, 금융보험업	3,600만원 이상	3,600만원 미만
부동산임대업, 서비스업, 보건 및 사회복지사업, 예술 스포츠 및 여가관련 서비스업, 협회 및 단체 수리 및 기타개인서비스업, 가구 내 고용활동	2,400만원 이상	2,400만원 미만

사업자가 장부를 작성하지 않고 기준경비율 또는 단순경비율을 적용하여 사업소득금액을 계산하는 경우에는 소득세 이외에 가산세를 추가로 부담하여야 한다. 경비율을 적용하여 소득세를 신고한 경우에 복식부기의무자는 ①, ②, ③ 중 큰 금액의 가산세를 부담하고, 간편장부 대상자[6]는 ③의 가산세를 부담하여야 한다.

① (산출세액 − 기납부세액) × 20%

② (수입금액 − 기납부세액 관련 수입금액) × 7/10,000

③ 산출세액 × [무(미달)기장소득금액/종합소득금액] × 20%

4) 부동산임대업

부동산임대업에서 발생하는 소득[7]도 사업소득에 해당한다. 주택을 2채 이상 임대하는 경우에도 부동산임대소득으로 보아 소득세가 과세된다. 2019년 1월 1일 이후에 발생하는 주택임대 수입이 연 2,000만원 이하인 경우에는 14%로 분리과세한다. 다만, 종합소득에 포함하여 산출한 세액이 더 적은 경우에는 종합소득과세로 선택할 수 있다. 분리과세되는 주택임대 수입에 대한 세액계산은 다음과 같다.

---

6) 간편장부 대상자 중에서 신규로 사업을 개시하거나, 직전연도 수입금액이 4,800만원 미만인 경우, 연말 정산한 사업소득만 있는 경우에는 가산세를 적용하지 않는다. 또한 간편장부 대상자가 복식부기에 따라 장부를 작성하여 신고하는 경우에는 산출세액의 20%를 100만원을 한도로 세액공제해 준다.

7) 부동산임대업(주거용 건물 임대업은 제외)에서 발생한 결손금은 해당 과세기간의 다른 소득금액에서 공제하지 않고 이월시켜, 다음 과세기간 이후에 발생하는 부동산임대업의 소득금액에서만 공제한다. 이러한 차이 때문에 사업소득에 부동산임대업 소득이 포함되어 있는 사업자는 사업소득과 부동산임대업 소득을 구분하여 회계처리하여야 한다.

분리과세 세액 = [분리과세 주택임대수입×(1 − 60%[8]) − 400만원] × 14%

연습사례

Q3. 나북악은 주택임대사업자로서 주택임대 수입이 연 1,800만원이다. 주택임대 수입이 연 2,000만원 이하인 경우에는 2018년까지 비과세이기 때문에 그동안 주택임대 수입에 대한 소득세에 대해서 별다른 신경을 쓰지 않았다. 그러나 2019년부터는 주택임대 수입이 2,000만원 이하인 경우에도 분리과세로 소득세가 과세된다는 사실을 알고 자신의 주택임대 수입에 대한 소득세를 산정해 보려고 한다. 2019년 이후부터 과세되는 주택임대 수입 1,800만원에 대해서 나북악이 부담해야 하는 소득세는 얼마인가?

A : Q3사례에서 나북악은 주택임대수입이 1,800만원이므로 2018년 12월 31일까지는 소득세가 과세되지 않는다. 그러나 2019년부터는 주택임대수입이 2,000만원 이하라고 하더라도 소득세가 분리과세되므로, 나북악은 448,000원{=[1,800만원(주택임대수입) ×40% − 400만원]×14%}을 소득세로 납부하여야 한다.

4. 사업소득 과세표준과 세액의 계산

사업자가 사업소득만이 있는 경우에는 이 사업소득금액이 곧 종합소득금액이 된다. 하지만 사업소득 이외에 다른 소득, 예를 들어 이자소득, 배당소득, 근로소득, 연금소득, 기타소득 등이 동시에 있을 경우에는 이러한 소득과 사업소득을 합산하여 종합소득금액을 산정한다.

이와 같이 산정된 종합소득금액에서 소득공제를 하면 종합소득과세표준이 된다. 사업소득을 포함한 종합소득에 대한 과세표준과 세액의 산출구조는 다음과 같다.

---

8) 다음의 요건을 모두 충족하는 경우에만 필요경비 60%, 공제금액 400만원을 적용받는다.
① 「민간임대주택법」에 따라 단기민간임대주택(4년 이상) 또는 장기일반민간임대주택(8년 이상)으로 등록
② 「소득세법」에 따른 사업자등록
③ 「민간임대주택법」에 따른 임대료 인상률(연5%) 준수
이상의 요건을 충족하지 못한 경우에는 필요경비 50%, 공제금액 200만원을 적용한다.

<그림 8－4> 종합소득 과세표준 및 세액산출 구조

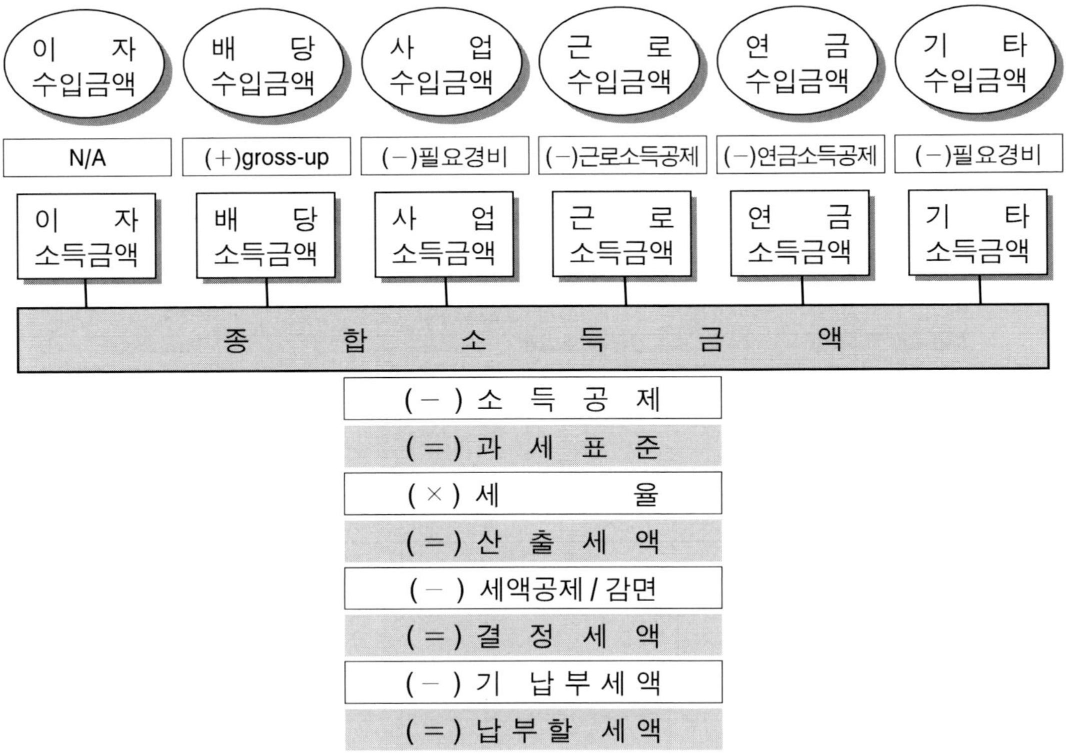

사업소득을 포함한 종합소득금액에서 공제하는 소득공제는 기본공제, 추가공제, 특별공제 등으로 이루어져 있으며, 구체적으로는 <표 8－7>과 같다.

<표 8－7> 소득공제의 종류

종 류		내 용			
인적공제	기본공제	구 분	공제대상자	연령요건	소득금액요건
		본 인	거주자 본인	×	×
		배우자	본인의 배우자	×	100만원 이하
		생계를 같이하는 부양가족	직계존속	60세～	100만원 이하
			직계비속, 입양자	20세～	100만원 이하
			형제자매	20세～60세	100만원 이하
			기초수급자, 위탁아동	×	100만원 이하

<table>
<tr><td rowspan="5">추가공제[9]</td><th>구 분</th><th>공제요건</th><th>추가공제액</th></tr>
<tr><td>경로우대공제</td><td>기본공제대상자가 70세 이상인 경우</td><td>1인당 100만원</td></tr>
<tr><td>장애인공제</td><td>기본공제대상자가 장애인인 경우</td><td>1인당 200만원</td></tr>
<tr><td>부녀자공제</td><td>종합소득금액이 3,000만원 이하인 거주자로서 배우자가 있는 여성 근로자 또는 배우자가 없으며 직계비속 또는 입양자가 있는 경우</td><td>50만원</td></tr>
<tr><td>한부모가족공제</td><td>배우자가 없는 근로자가 직계비속이나 입양자가 있는 경우</td><td>100만원</td></tr>
<tr><td colspan="2">연금보험료공제</td><td colspan="2">종합소득이 있는 거주자의 공적연금관련법에 따른 기여금 또는 개인부담금 전액(국민연금보험료 등)</td></tr>
<tr><td colspan="2">주택담보노후연금 이자비용공제</td><td colspan="2">연금소득이 있는 거주자가 주택담보노후연금을 받는 경우 해당과세기간에 발생한 이자비용 상당액을 연금소득금액에서 공제(200만원 한도)</td></tr>
<tr><td rowspan="3">특별소득공제[10]</td><td>보험료 공 제</td><td colspan="2">근로소득이 있는 거주자의 국민건강보험료, 고용보험료, 노인장기요양보험료 납입 전액</td></tr>
<tr><td>주택자금 공 제</td><td colspan="2">무주택세대주로서 근로소득이 있는 거주자가 일정규모 이하의 주택을 임차하기 위한 주택임차자금 차입금 원리금 상환액의 40%(연 300만원 한도)</td></tr>
<tr><td>장기주택저당차입금공제</td><td colspan="2">근로소득이 있는 거주자가 기준시가 4억원 이하인 주택을 취득하기 위하여 장기주택저당차입금의 이자를 지급한 경우 이자 상환액 공제(연 300만원 한도)</td></tr>
<tr><td colspan="2">조특법 소득공제</td><td colspan="2">개인연금저축에 대한 소득공제, 주택마련저축에 대한 소득공제, 신용카드 등 사용금액에 대한 소득공제 등</td></tr>
</table>

기본공제 요건이 충족되면 1인당 150만원을 곱하여 종합소득금액에서 공제한다. <표 8－7>의 소득공제 및 세액공제 자료는 연말정산간소화 서비스(<그림 8－5> 참조)를 이용하여 관련 자료를 수집할 수 있다. 연말정산 간소화 서비스는 근로소득 연말정산에 필요한 자료들을 국세청 홈택스 홈페이지를 통해 제공받는 기능이다. 홈택스 홈페이지에서 소득공제 및 세액공제 증명자료를 종이로 출력[11]하거나 전자문서로 받을 수 있다.

---

9) 2014.1.1. 소득세법 개정으로 기존의 자녀 관련 추가공제가 삭제되고 2014년 귀속분부터 자녀세액공제로 통합되었다.

10) 2014.1.1 소득세법 개정으로 소득공제를 적용받던 의료비, 교육비, 기부금, 보장성보험료, 연금저축이 세액공제로 전환되었다. 의료비 및 교육비는 공제대상 금액의 15%, 보장성보험료는 납입액의 12%(100만원 한도), 연금저축은 대상금액의 12%(15%)를 세액공제받는다.

11) 연말정산간소화(www.hometax.go.kr → 조회/발급 → 연말정산간소화)에서 소득공제 및 세액공제 관련 증명자료를 출력할 수 있다.

<그림 8－5> 국세청 홈택스 연말정산간소화 서비스

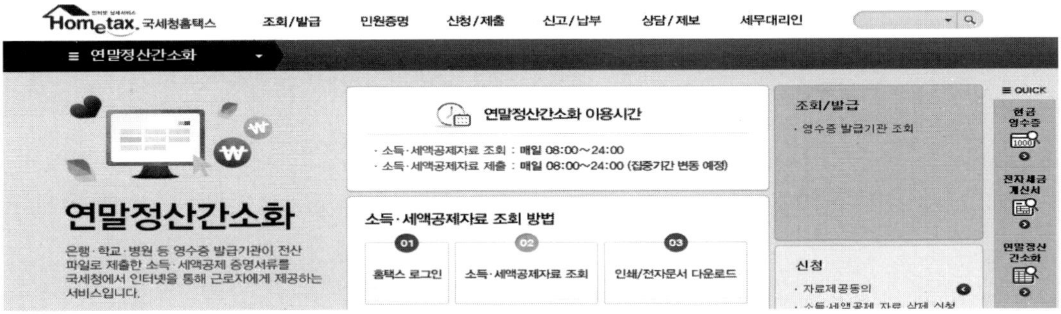

사업소득을 포함한 종합소득에 대한 과세표준에다 종합소득세율(<표 8－8> 참조)을 곱하면 산출세액이 계산된다.

<표 8－8> 종합소득세율

종합소득과세표준	세　　율	누진공제액
1,200만원 이하	6%	0원
1,200만원 초과 4,600만원 이하	15%	108만원
4,600만원 초과 8,800만원 이하	24%	522만원
8,800만원 초과 1억5천만원 이하	35%	1,490만원
1억5,000만원 초과 3억원 이하	38%	1,940만원
3억원 초과 5억원 이하	40%	2,540만원
5억원 초과	42%	3,540만원

5. 신고와 납부

사업소득을 포함한 종합소득세는 개인인 거주자의 1년간의 경제활동으로 얻은 소득에 대하여 납부하는 세금으로서 과세대상 소득을 합산하여 계산하고 다음 해 5월 1일부터 5월 31일까지 주소지를 관할하는 세무서에 신고·납부하여야 한다.

6. 개인사업자와 4대 사회보장 보험

국민연금·건강보험·고용보험 및 산재보험과 같은 4대 보험료는 세금은 아니지만, 사업자가 사업을 경영하면서 흔히 직면하는 준조세(準租稅)이므로 함께 살펴본다.

사업자가 사용인(직원)을 고용하는 경우 4대 보험에 의무적으로 가입하고 사용인의 입사 또는 퇴사와 같은 변동이 있을 경우 신고하여야 한다. 보험료 또는 부담금은 원칙적으로 사용인이 50% 부담하고, 사업자가 50% 부담하며 사업자는 그 합계 금액을 각각 납부하여야 한다. 2016년에 적용되는 각각의 부담액과 부담비율은 다음 <표 8－9>와 같다.

<표 8－9> 4대 보험과 부담률

(2016년 현재)

구 분	사용인 부담분	사업자 부담분	합 계
국민연금	4.5%	4.5%	9%
건강보험	3.06%	3.06%	6.12%
고용보험	0.65%	0.9%	1.55%
산재보험	0	업종별 다름	

학습평가

1. 사업소득금액은 어떻게 계산하는가?
2. 경비율제도는 왜 필요한가?
3. 소득세법상 사업소득으로 과세되는 소득유형으로 옳지 않은 것은?(2015년 9급 공개경쟁채용시험)
   ① 가구 내 고용활동에서 발생하는 소득
   ② 연예인이 사업활동과 관련하여 받는 전속계약금
   ③ 부동산에 대한 지역권을 대여함으로써 발생하는 소득
   ④ 계약에 따라 그 대가를 받고 연구 또는 개발용역을 제공하는 연구개발업에서 발생하는 소득

[정답] : ①

4. 사업소득에 관한 설명으로 옳지 않은 것은?(2014년 세무사 시험)
   ① 연예인이 사업 활동과 관련하여 받는 전속계약금은 사업소득이다.
   ② 부동산임대업에서 발생하는 소득은 사업소득이지만, 부동산임대업에서 발생한 결손금은 종합소득 과세표준 계산시에 공제하지 아니한다.
   ③ 총수입금액을 계산할 때 금전 이외의 것은 그 거래 당시의 가액에 의하여 수입금액을 계산한다.

④ 작물재배업(농업) 중 곡물재배업에서 발생하는 소득은 사업소득으로 과세된다.

⑤ 거주자의 각 과세기간 총수입금액의 귀속연도는 총수입금액이 확정된 날이 속하는 과세기간으로 한다.

[정답] : ④

제 9 강 법인사업자의 소득과 세금

학습목표

1. 개인사업자와 법인사업자의 조세부담의 차이를 알 수 있다.
2. 법인세 납세의무자를 알 수 있다.
3. 법인세 계산구조를 알 수 있다.
4. 법인과 특수한 관계에 있는 자와 거래시 특수한 상황을 알 수 있다.

1. 법인세의 의의

연습사례

Q1. 나북악은 그동안 다니던 회사를 그만 두고 창업을 하기로 결정했다. 먼저 창업한 선배들을 찾아가 자문을 구하니, 사업의 형태는 개인사업자와 법인사업자가 있고 각각의 장점과 단점에 대해 친절하게 설명해 주었다. 그런데 법인사업자의 경우 법인세율은 10%~20%라고 설명해 주었다. 나북악은 회사에 다닐 때 적용되는 세율이 6%~40%라고 알고 있었는데, 법인에게 적용되는 세율이 터무니없이 낮은 것이 불공평하다고 생각되었다. 법인사업자는 개인사업자보다 세금을 적게 내는 것인가?

법인세는 법인이 벌어들인 소득에 대하여 부과하는 세금이다. 사업을 함에 있어서 개인사업자로 할 수도 있고 법인을 설립하여 할 수도 있다.

개인사업자는 1월 1일부터 12월 31일까지의 1년간 벌어들인 사업소득을 다른 소득과 합산하여 소득세(종합소득세)를 낸다. 법인은 법인이 정한 1년 이내의 사업연도 동안 벌어들인 소득에 대하여 법인세를 내야 한다. 법인은 자연인 이외에 법인격(권리능력)이 인정된 것으로 권리의무의 주체로 되는 것이 법인이다.

현행법상 일정한 목적과 조직 아래에 결합한 사람의 단체(사단 또는 조합)와 일정한 목적에 바쳐진 재산(재단)이라는 실체에 대하여 법인격이 주어지는 때에 각각 법인이 된다.

법인은 주주나 사원이 출자를 하여 설립한 것이고 이러한 법인을 이용하여 사업을 하고 벌어들인 돈은 주주나 사원의 몫이다. 법인이 사업에서 벌어들인 소득을 대상으로 법인세를 과세하고, 주주나 사원이 법인이 벌어들인 돈을 배당 등의 형식을 통해 가져갈 때는 소득세를 다시 내야 한다. 같은 사업을 개인사업자로 하는 경우와 법인사업자로 하는 경우에 세금부담의 차이는 다음 <그림 9－1>과 같다(개인의 소득세율 30%, 법인세율 20% 및 1,000원의 소득이 발생함을 가정).

<그림 9－1> 사업형태별 세금부담의 차이

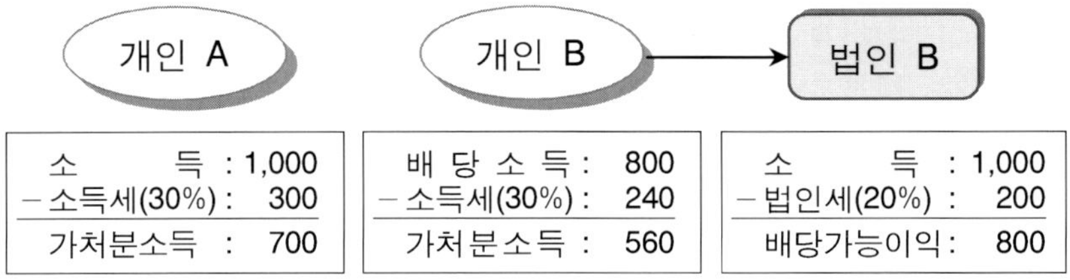

위의 사례에서 개인 A 및 법인 B의 소득이 1,000원으로 같다고 가정할 경우에 개인 A의 가처분소득은 700원이고, 개인 B의 가처분소득은 560원으로 법인의 형태로 사업을 하는 경우에 부담하는 세금이 더 많은 것으로 나타난다. 이러한 결과는 법인 B단계에서 한번 과세하고 다시 주주인 개인 B의 배당소득에 대하여 다시 세금을 부과하기 때문이다. 이러한 이중과세 문제는 법인이 자회사를 통하여 사업을 수행하는 경우에도 동일하게 발생한다.

위와 같은 배당소득의 이중과세 문제를 해결하기 위해서 개인이 받는 배당소득조정제도(배당세액공제) 및 법인이 받는 배당소득에 대한 조정제도(일정한 조건에 해당하는 금액의 배당소득을 수익에서 제외하는 제도)를 두고 있다. 그럼에도 불구하고 법인사업자 형태로 사업을 하면서 배당을 하게 되면 배당소득의 이중과세 문제가 완전히 해결되는 것은 아니기 때문에 개인사업자 형태로 사업을 하는 것보다 조세부담이 더 많다. 만일 법인사업자 형태로 사업을 하면서 배당을 하지 않고 법인 내부에 현금을 계속 보유하는 경우에는 개인사업자가 부담하는 조세부담이 법인사업자가 부담하는 것보다 크다.

2. 법인세의 납세의무자

법인세의 납세의무가 있는 법인은 영리를 목적으로 하는 법인과 비영리법인 중 수익사업에서 발생한 소득 그리고 법인으로 보는 단체이다. 영리법인에는 주식회사, 유한회사, 합명회사 및 합자회사, 유한책임회사 등이 포함된다.

비영리법인은 학술, 종교, 자선, 기예, 사교 기타의 영리 아닌 사업을 목적으로 하여 영리 아닌 다른 목적으로 모인 사람들의 모임에 법인격을 인정한 것(비영리사단법인)이거나 특정한 목적에 출연한 재산에 법인격을 인정한 것(비영리재단법인)이 있다.

영리란 사업의 이윤을 추구하고 그 이익을 구성원에게 분배하여 경제적 이익을 도모하는 것을 말한다. 따라서 이윤을 구성원에게 분배하지 않는 한 비영리사업의 목적을 달성하기 위하여 본질에 반하지 않는 정도의 수익행위를 하는 것은 허용된다. 사용료를 받는 시설의 임대, 기금의 마련을 위한 자작도예품의 판매, 입장료를 징수하는 전시회의 개최 등이 그 예이다.

이러한 비영리법인의 수익행위(돈을 벌어들이는 행위)에 대하여는 이자, 배당, 임대소득 등의 일정한 범위 안의 소득(수익사업)만 과세한다. 수익행위를 하였을 때에 그 수익은 반드시 법인의 사업목적의 수행에 충당하여야 하며, 어떠한 형태로든지 구성원에게 분배하여서는 안 되므로 과세대상 소득이더라도 그 돈을 고유목적사업에 썼거나 일정기간 안에 쓸 것이라면 그 부분에 대해서는 세금의 전부 또는 일부를 내지 않게 해준다.

법인격이 없더라도 주무관청의 허가를 받아 설립한 사단·재단 기타 단체로서 등기되지 않은 것, 공익을 목적으로 출연된 기본재산이 있는 재단으로서 등기되지 않은 것, 그리고 일정한 요건을 갖춘 단체로서 관할 세무서장의 승인을 받은 것은 법인으로 본다.

한편 국내 법률에 의하여 설립되었거나 또는 실질적 관리장소가 국내에 있는 경우 내국법인으로 분류하고, 이에 해당하지 않는 법인을 외국법인으로 분류한다. 내국법인의 경우 국내 및 국외에서 발생한 모든 소득에 대하여 법인세를 내야 할 의무가 있지만, 외국법인은 국내에서 발생한 소득에 대하여만 법인세를 내야 할 의무가 있다.

3. 법인의 과세소득

법인세는 법인이 얻은 소득에 대하여 그 법인에게 부과되는 조세이다. 법인세의 과세소득에는 ① 각 사업연도 소득, ② 토지 등 양도소득, ③ 미환류 소득, ④ 청산소득의 4가지가 있다.

<표 9-1> 법인의 과세소득 범위

구 분	내 용
① 각 사업연도 소득	법인의 각 사업연도의 익금총액에서 손금총액을 공제한 금액을 말한다. 이는 법인이 매 사업연도마다 얻은 이윤으로서, 법인의 가장 전형적이고 기본적인 과세소득이다.
② 토지 등 양도소득	법인이 일정한 토지 등을 양도함으로써 발생하는 소득을 말한다. 이는 법인의 부동산투기를 방지하기 위하여 각 사업연도 소득에 대한 법인세에 추가하여 과세하는 소득이다.
③ 미환류 소득	자기자본이 500억원을 초과하는 법인이나 상호출자제한기업집단에 속하는 법인이 기업소득 중 일정액을 투자, 임금 또는 배당 등으로 환류하지 않는 소득을 말한다.
④ 청산소득	법인이 해산(합병 및 분할은 제외)에 의해 소멸할 때 그 잔여재산가액이 자기자본총액을 초과하는 금액을 말한다.

2.에서 설명한 법인세 납세의무자 및 과세대상을 과세소득별로 정리하여 보면 다음 <표 9-2>와 같다.

<표 9-2> 법인세 납세의무자 및 과세대상

구 분		각 사업연도소득	토지 등 양도소득	기업의 미환류소득	청산소득
내국법인	영리법인	국내·외 모든 소득	과세	과세	과세
	비영리법인	국내·외 수익사업소득	과세	비과세	비과세
외국법인	영리법인	국내원천 모든 소득	과세	비과세	비과세
	비영리법인	국내원천 수익사업소득	과세	비과세	비과세
국가·지방자치단체		비과세			

4. 법인세의 계산

1) 개요

법인세는 법인이 정한 1년 이내의 사업연도에 법인이 벌어들인 소득에 대하여 과세하는 세금이다. 각각의 사업연도(법인이 정한 1년 이내의 기간)에 법인이 벌어들인 모든 금액(수입금액)에서 소득을 벌어들이기 위하여 발생한 비용을 차감한 금액(또는 이익금액)을 '각 사업연도소득'이라고 한다. 이러한 법인소득에 세율을 적용하여 다음과 같이 법인세를 산출한다.

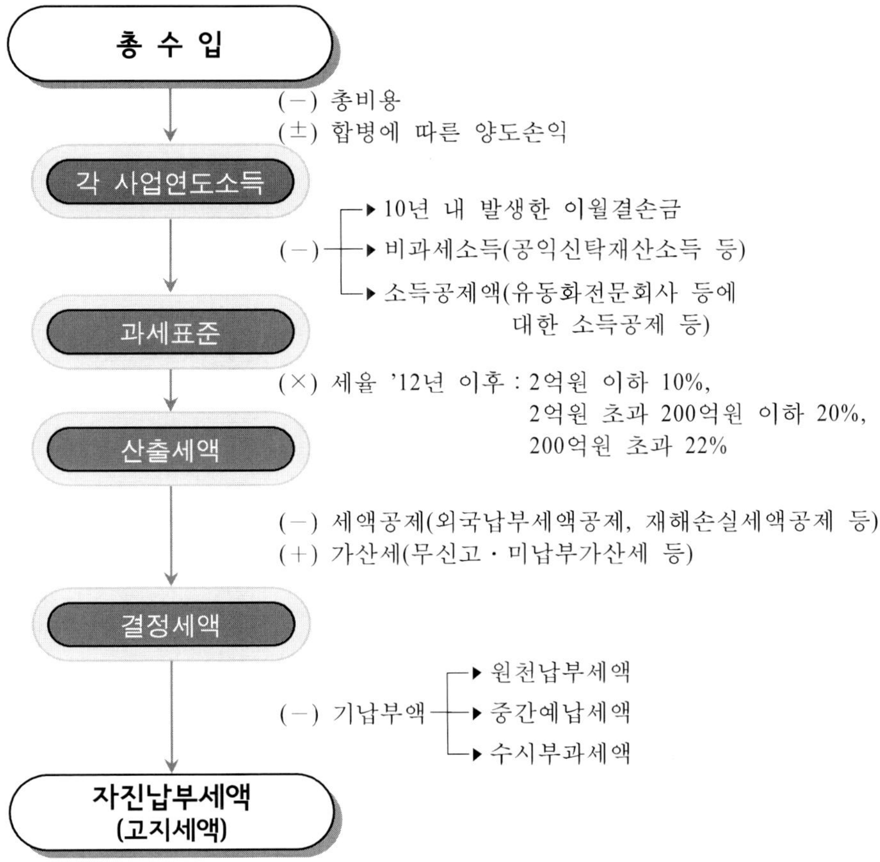

※ 출처 : 한국조세재정연구원, http://www.kipf.re.kr/TaxFiscalPubInfo/Tax-CorporateTax(방문일자 : 2017.4.18.).

2) 사업연도

법인의 소득금액 계산도 개인의 경우와 마찬가지로 일정기간을 대상으로 한다. 소득세의 과세기간은 연도를 단위로 하도록 하나, 법인세는 당해 법인이 정관, 규칙 등에서 정하는 1년 이내의 1회계기간을 단위로 하도록 하고 있다.

예를 들어, 법인이 정관에서 회계기간을 7월 1일부터 다음 해 6월 30일까지라고 정하고 있으면 그러한 회계기간에 따라 각 회계기간을 사업연도로 한다.

3) 각 사업연도 소득

과세대상인 각 사업연도 소득은 그 사업연도에 속하거나 속하게 될 '익금'의 총액에서 그 사업연도에 속하거나 속하게 될 '손금'의 총액을 차감한 금액으로 정의하고 있다.

익금이란 당해 법인의 순자산을 증가시키는 거래로 인하여 발생하는 수익의 금액을 말하며(위의 사례에서 수수료매출금액), 손금이란 당해 법인의 순자산을 감소시키는 거래로 인하여 발생하는 손비의 금액(위의 사례에서 인건비, 임차료 및 소모품비의 합계액)을 말한다.

익금에서 자본 또는 출자의 납입 및 법인세법에서 따로 규정하는 것을 제외하고, 손금에서 자본 또는 출자의 환급, 잉여금의 처분 및 법인세법에서 따로 정하는 것을 제외하도록 하고 있다. 법인에 출자를 하면 분명히 법인의 순자산은 증가한다. 반면, 출자를 회수(자본의 환급)하면 법인의 순자산은 감소한다. 그러나 순자산의 증감에도 불구하고 법인의 소득과는 상관이 없다. 오직 납입자본액의 증감이 있을 뿐이다.

이와 같은 납입자본금의 증감요인이 되는 거래를 협의의 자본거래라 한다. 한편, 이익처분에 의하여 잉여금을 출자자에게 분배하여 주면, 그 분배로 인해 법인의 순자산은 감소하겠지만, 그렇다고 해서 법인의 손비(損費)가 되는 것은 아니다. 법인세법은 협의의 자본거래와 잉여금의 처분을 대자본주거래(광의의 자본거래)로서 손익거래에서 제외시키고 있다.

법인은 이익을 수익에서 비용을 차감하여 산정하는데 「법인세법」은 익금에서 손금을 차감하여 각 사업연도 소득을 산정한다. 법인이 장부를 작성하여 이익을 산정하고 법인세를 신고·납부할 목적으로 장부를 작성한다면 이중장부의 작성 등으로 인해 법인의 부담이 가중된다고 할 수 있다.

따라서 각 사업연도 소득을 익금에서 손금을 차감하여 산정하는 것이 아니라 개인사업자의 사업소득금액 산정과 마찬가지로 법인이 산정한 이익[1]에서 세무조정 금액을 가산하거나 또는 차감하여 각 사업연도 소득을 산정한다(<그림 9－2> 참조).

1) 법인은 주주 및 금융기관이 투자 및 대출을 하는 데 있어서 합리적인 의사 결정을 할 수 있도록 경영정보를 제공하여야 하는데, 이러한 경영정보를 "재무상태표" 및 "손익계산서"라고 한다. 재무상태표는 일정시점의 자산, 부채, 자본의 현황을 나타내고, 손익계산서서는 일정기간 동안의 수익에서 비용(수입에 해당하는 금액을 회계적인 용어로 "수익"이라고 하고, 수입을 창출하기 위해 지출된 비용을 회계적인 용어로 "비용"이라고 한다.)을 차감한 이익에 대한 현황을 나타낸다.

<그림 9-2> 각 사업연도소득 산정

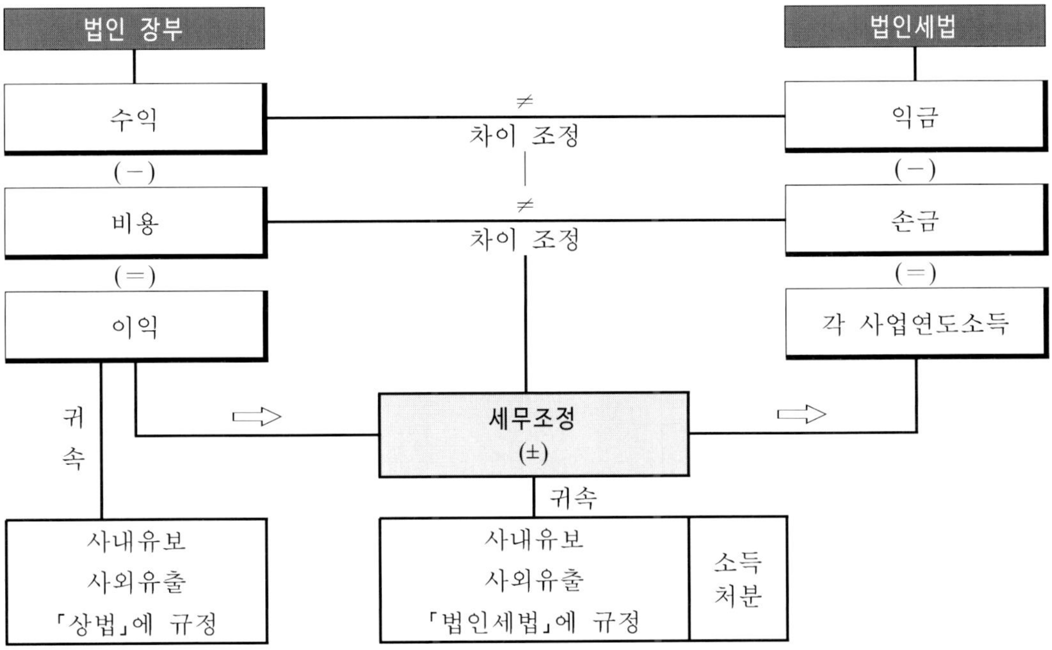

개인사업자는 사업체와 개인사업주가 동일하기 때문에 개인사업자가 창출한 이익은 그대로 사업주 자신에게 귀속된다. 그러나 법인과 주주 또는 법인과 대표는 별개의 인격체로서 법인의 이익이 당연히 주주 또는 대표의 이익으로 귀속되지는 않는다. 법인의 이익은 「상법」의 규정에 따라 주주에게 배당을 통해 법인의 이익이 외부로 유출되거나 그대로 법인 내부에 남아 있을 수 있다.

사내유보란 법인의 이익이 그대로 법인의 내부에 남아 있는 것으로 말하고, 사외유출이란 배당을 통해 법인의 이익이 외부로 유출되어 주주에게 귀속되는 것을 말한다. 법인의 이익에 대한 귀속 여부를 판단하는 것과 마찬가지로 세무조정 사항에 대해서도 사내유보 되었는지 또는 사외 유출 되어 주주 및 대표에게 귀속되었는지를 판단하여야 하는데, 이를 「법인세법」상 "소득처분"이라고 한다.

세무조정 사항이 사외유출되어 주주에게 귀속되면 "배당"으로, 법인의 대표에게 귀속되면 "상여"로, 법인 내부에 그대로 남아 있으면 "유보"로 소득처분 한다. 세무조정 사항이 사외로 유출되어 주주 및 대표에게 귀속되는 경우에는 배당소득 및 근로소득으로 본다. 주주가 개인이면 배당소득에 해당되어 소득세가 과세되고 법인이면 법인세가 과세된다. 대표자에게 귀속되는 경우에는 상여로 보기 때문에 근로소득에 대한 소득세가 과세된다.

연습사례

Q2. 나북악은 법인인 (주)북악을 설립하여 주주이면서 대표로서 법인을 운영하고 있다. (주)북악은 2017년에 수익이 10억원이고 비용이 8억원 발생하여 2억원의 이익을 창출하였다. 수익 10억원 중에서 「법인세법」상 익금에 해당되지 않는 금액이 5,000만원이고, 비용 8억원 중에서 손금에 해당되지 않는 금액은 1억원이다. 익금에 해당하지 않는 금액 5,000만원과 손금에 해당되지 않는 금액 1억원 중에 5,000만원은 법인의 내부에 그대로 남아 있다. 그러나 손금에 해당하지 않는 1억원 중에 5,000만원은 나북악이 사적 용도로 사용한 것을 비용으로 계산한 것으로써 사외유출되어 나북악에게 귀속되었다.

2017년분에 대한 (주)북악의 각 사업연도소득은 얼마인가? 또한 나북악에게 소득세가 과세되는가?

A : (주)북악의 이익 2억원에 익금에 해당하지 않는 5,000만원은 차감하고 손금에 해당되지 않는 1억원은 가산하기 때문에 각 사업연도소득은 2억 5천만원(2억원－5,000만원＋1억원)이다.

익금에 해당하지 않는 금액 5,000만원과 손금에 해당되지 않는 비용 1억원 중 5,000만원은 법인 내부에 그대로 남아 있기 때문에 "유보"로 소득처분한다. 그러나 손금에 해당하지 않는 금액 1억원 중에 5,000만원은 나북악이 사적 용도로 사용한 것으로써 사외유출되어 나북악에게 귀속된 것이기 때문에 "상여"로 소득처분 된다. 나북악에게 귀속된 5,000만원은 근로소득에 해당되어 소득세가 과세된다.

뉴스 속의 세금

❖ 거짓세금계산서 수취한 대표이사 상여소득 과세 타당(조심 2018중1877, 2018.9.17.)

조세심판원은 쟁점거래처가 서로 다른 법인임에도 전자세금계산서 발행 IP주소 및 CPU고유번호가 동일하고, 지급한 일정금액이 청구외법인 직원 계좌를 거쳐 청구인에게 입금되었으며, 청구외 법인에게 제공했다는 용역증빙을 제출하지 못하고 있으므로 그 귀속불분명한 금액을 대표이사에게 인정상여로 소득처분, 종합소득세를 과세한 처분청의 처분은 달리 잘못이 없다는 심판결정례를 내놓았다. 처분청이 쟁점세금계산서를 실제 거래없이 수취한 것으로 보고 매입액 중 그 귀속이 불분명한 금액을 대표이사인 청구인에게 상여로 소득처분하여 이 건 종합소득세를 과세한 처분은 달리 잘못이 없다고 기각결정한 것이다(2018년 10월 4일 조세금융신문).

☞ 재화 또는 용역을 제공하지 않고 세금계산서를 수령하여 비용으로 계상한 경우에는 가공경비에 해당되어 「법인세법」상 손금에 해당되지 않는다. 이러한 가공경비는 세무조정을 통해

이익에 가산함과 동시에 사외로 유출된 것으로 본다. 사외로 유출된 금액이 누구에게 귀속되었는지 알 수 없거나 불분명한 경우에는 대표의 상여로 소득처분 하기 때문에 대표는 소득세를 부담하여야 한다.

4) 이월결손금

익금이 손금보다 많아서 이익이 발생하면 그 이익을 잉여금이라 하고, 반대로 손금이 익금보다 많아서 손실이 발생하면 그 손실을 결손금이라 한다. 법인세법에서 규정하는 이월결손금은 과거에 결손금이 발생하여 과거 사업연도 과세표준 계산에서 차감하지 않고 올해의 사업연도로 넘어온(이월된) 손실금액을 말한다.

예를 들어, 지난해에 시장상황이 좋지 않아서 1억원의 손실을 보고 올해 들어서 2억원의 이익이 발생하였다면, 지난해에 발생한 결손금 1억원을 올해 사업연도의 법인세 과세소득 계산할 때 차감한다. 다만 2016년 이후에는 중소기업 등이 아닌 법인의 경우에는 이월결손손금의 80%만을 공제하도록 하고 있다.

이 경우 다른 세무조정 사항이 없다고 가정하면 올해의 그 법인의 사업연도소득은 1억원(세전이익 2억원 − 이월결손금 1억원)이다. 공제 가능한 이월결손금은 10년 이내에 발생한 결손금만 공제할 수 있다. 결손금이 발생한 후 10년이 지나면 법인소득 계산하는 과정에서 공제해 주지 않는다.

5) 법인세율

산출세액을 얻기 위하여 과세표준에 곱하게 되는 비율을 세율이라고 한다. 현재 법인세 계산을 위하여 적용되는 세율은 과세표준 금액을 기준으로 여러 단계로 나누어서 각 단계의 금액마다 다른 세율을 적용하고 있다. 과세표준 금액이 많은 단계의 금액에 높은 세율을 적용하는 단계별 초과누진세율로 되어 있다. 법인세율은 다음 <표 9－2>와 같다. 예컨대 과세표준 금액이 5억원이면 산출세액은 8,000만원[(5억원×20%) − 2,000만원]이다.

<표 9－2> 법인세율

과 세 표 준	세 율	누진공제액
2억원 이하	10%	0원
2억원 초과 200억원 이하	20%	2,000만원
200억원 초과 3,000억원 이하	22%	4억2,000만원
3,000억원 초과	25%	94억2,000만원

6) 세액공제 등

경기를 부양시키거나 정책사업에 대한 투자를 촉진시키기 위하여 특정기계, 설비 등에 투자한 경우 투자액의 일정액을 산출세액에서 공제하여 주는 제도가 있다. 이를 투자세액공제라고 한다.

이 외에도 외국에서 납부한 세액을 공제해주는 제도(외국납부세액공제), 사업연도 중 재해로 인해 손실을 입었을 경우 세액을 공제해 주는 제도(재해손실세액공제) 등이 있다.

연습사례

Q3. (1) 나북악은 개인사업자로 사업을 하다가 '(주)국민'이라는 법인을 설립하여 게임시나리오 작성하는 사업을 하고 있었다. 20XX년도의 주요활동은 다음과 같다.

수수료 매출 : 300,000,000
직원인건비 : 100,000,000
사무실임차료 : 80,000,000
소모품비 지출 : 20,000,000
남은 돈 : 100,000,000

(2) 유일한 주주인 나북악은 남은 돈 1억원을 법인통장에서 인출하여 개인명의의 통장에 예금하여 두고 있었다. 그런데, 먼저 사업을 시작한 선배가 찾아와서 법인세는 얼마나 낼 것이냐고 물었다. 나북악은 순간 당황하였지만, 침착하게 대답했다. "아직 계산을 해보지 않았다고."

(3) (주)국민은 20XX 사업연도의 법인세로 얼마를 언제 내야 하는가?

A : 세무조정의 대상이 없다고 가정하면 남은 돈인 1억원이 소득금액(각 사업연도 소득금액)에 해당하고, 다른 조정사항이 없다는 가정 하에 법인세율인 10%를 적용하면 산출세액은 1,000만원이다. 여기에서 세액공제 등이 없다고 가정하면 납부할 법인세액은 1,000만원이고, 지방소득세는 100만원(법인세의 10%)이다.

5. 손익의 귀속사업연도

수익(익금) 또는 비용(손금)이 어느 사업연도에 귀속되느냐 하는 것은, 첫째로 과세시기와 직결되고, 둘째로는 세법 규정의 변경 시 적용될 법령이 달라지며, 셋째로는 누진세율 아래서는 과세소득이 어느 사업연도에 해당하는지에 따라 적용세율에 차이가 생기므로 중요한 문제이다.

이에 관해서는 기업회계원칙상 각 사업연도에 창출된 가치를 기간별로 측정하여 그 금액을 해당 사업연도에 쪼개어 귀속시키는 발생주의(accrual basis)가 있고, 현금의 수입과 지출이 있을 때 각각 수익 또는 비용으로 계상하는 방법인 현금주의(cash basis)가 있다. 그러나 발생주의는 그 측정이 매우 어렵고 주관에 좌우된다는 점에서, 현금주의는 현금의 수수시점을 임의로 약정함으로써 과세소득금액을 조작할 우려가 있다는 점에서 일반적 기준으로 적절하지 않다.

따라서 발생주의에 바탕을 두면서 확실성과 객관성을 기할 수 있는 시점에서 수익을 인식코자 하는 실현주의(realization principle)라는 개념이 발생하였다. 그러나 실현이란 개념도 사람에 따라 그 이해를 달리 하므로 실현주의 자체가 명료한 기준이 되기에는 결함이 있다. 따라서 세무회계에서는 보다 확실한 기준이 요청되는데, 이와 같은 요청에 따라 등장한 것이 권리의무 확정주의이다. 즉 납세의무자의 재산상의 권리나 의무의 확정시점을 수익과 비용의 계상시기로 하는 것이다.

6. 부당행위 계산부인

1) 개요

법인이 그 법인과 의사결정에 영향을 미칠 수 있는 특수한 관계에 있는 자(이하 '특수관계자')와의 거래로 인하여 자신에게 귀속되어야 할 이익을 그 특수관계자에게 대가없이 주어서 결과적으로 그 법인의 조세부담을 감소시킨 경우에, 과세관청이 해당 거래의 사법상의 효력에 관계없이 법인세 계산을 위하여 해당 거래의 효력을 전부 또는 부분적으로 인정하지 않고 그러한 이익을 주는 것이 없었던 것으로 보아 법인의 소득을 다시 계산하고 이에 따른 조세부담을 지울 수 있는 것이 '부당행위계산부인'제도이다.

이러한 부당행위계산부인의 적용요건은 (i) 특수관계 있는 자와의 거래일 것, (ii) 해당 거래가 특정의 행위, 계산에 해당할 것, (iii) 행위, 계산이 부당할 것 및 (iv) 법인소득에 대한 조세부담의 감소가 있을 것 4가지이다. 특수관계에 있는 자는 혈연관계 또는 출자관계에 있어서 영향력을 행사할 수 있는 사이에 있는 사람 또는 법인을 말한다. 이러한 특수관계에 있는지 여부는 거래가 일어나는 당시를 기준으로 판정하여야 한다.

2) 부인의 효과

부당한 행위 또는 계산에 해당하여 부인하는 경우에 시가와의 차액을 익금에 산입하여 당해 법인의 각 사업연도의 소득금액을 계산하도록 하고 있다. 부당한 행위를 인정하지 않는(부인) 결과 시가와의 차액이 회사 외부로 나갔다고('사외유출'이라고 표현함) 인정되는 때에는 해당 법인과 거래 상대방인 특수관계자와의 관계 여하에 따라 배당, 상여, 기타소득, 기타 사외유출 등으로 구분하여 이익처분에 의한 이익을 받은 것으로 처리하도록 하고 있다.

3) 부당행위 계산의 유형

부당행위계산으로 열거하고 있는 유형은 다음과 같다.

① 고가매입, 현물출자 자산의 과대평가 및 그 자산의 과대상각
② 무수익자산의 매입, 현물출자 및 그 자산에 대한 비용부담
③ 자산을 무상 또는 시가보다 낮은 가액으로 양도 또는 현물출자한 경우
④ 불량자산의 차환 또는 불량채권의 양수
⑤ 출자자 등의 출연금 부담
⑥ 금전, 기타 자산 또는 용역의 무상, 저율, 저가 대부나 제공
⑦ 금전 기타 자산 또는 용역의 고율차용 또는 수용
⑧ 파생상품상 권리의 불행사나 행사기간의 조정
⑨ 자본거래로 인하여 주주 등인 법인이 특수관계자인 다른 주주 등에게 이익을 분여하는 경우
⑩ 기타의 자본거래에 따른 이익 분여
⑪ 기타 이익분여로 인정되는 것

연습사례

Q4. 나북악은 개인사업자로 사업을 하다가 '(주)국민'이라는 법인을 설립하여 게임시나리오 작성하는 사업을 하고 있었다. 나북악은 아버지로부터 20년 전에 물려받은 토지를 (주)국민에게 2억원에 양도하였다. 양도 당시 그 토지의 시가는 1억원이었다. 이 거래로 인해 법인과 개인에게 어떠한 효과가 발생하는가?

A : Q4. 사례의 내용을 표로 나타내면 다음과 같다.

거 래 자	실 제 거 래	시가로 거래했을 경우
(주)국민	토지취득액 : 2억원	토지취득액 : 1억원
나북악	양도가액 : 2억원	양도가액 : 1억원

(주)국민의 입장에서 토지를 산 사업연도를 보면 토지를 사기 위해 돈 2억원이 나갔고, 그 대신에 2억원에 해당하는 토지를 자산으로 기록하였다. 시가에 의하여 거래를 하였다면 돈 1억원이 나가고 토지로 기록하는 금액은 1억원이 될 것이다. (주)국민의 입장에서는 이 거래로 인하여 시가로 거래했을 경우에 비교하여 추가로 돈 1억원이 회사 밖으로 나가서(사외유출) 나북악에게로 갔다.

(주)국민은 토지의 세무상 취득가액을 1억원으로 감소시키고 (법인의 사업연도소득을 감소시키고) 시가보다 많이 나간 돈 1억원에 대해서는 부인한다(법인의 사업연도 소득을 증가시킨다). 시가보다 높은 가격으로 거래하여 이익을 얻은 나북악에 대하여는, 시가와의 차액인 1억원을 회사로부터 상여를 받은 것으로 처리하여 개인의 소득세를 계산한다.

연습사례

Q5. (주)국민은 다음 연도에 2억원에 취득했던 토지를 전혀 관계가 없는 개인에게 4억원에 팔았다. (주)국민은 토지처분에 대한 이익으로 2억원을 기록하였다. (주)국민이 다른 소득이 없다고 가정할 경우에 토지 양도로 인한 법인세 과세표준은 얼마인가?

A: Q4사례에서 (주)국민의 토지의 세무상 취득가액은 2억원이 아닌 1억원이고 따라서 처분으로 인한 이익은 2억원이 아닌 3억원(양도가액 4억원 – 세무상 취득가액 1억원)이 되어야 한다. 따라서 토지를 처분한 사업연도에 (주)국민의 각 사업연도소득에 대한 과세표준을 1억원 증가시켜서 법인세를 계산한다.

7. 신고와 납부

법인세는 사업연도가 끝나는 날로부터 3개월 이내에 신고하고 계산된 세액을 납부하여야 한다. 이를 법인세 정기신고하고 한다. 또한 사업연도 중 6개월이 지난날로부터 2개월 이내에 6개월분의 법인세를 신고하고 납부하여야 하는데 이를 중간예납이라 한다. 중간예납은 지난해에 법인세를 납부한 금액이 있으면, 납부한 금액의 반액을 납부하고 납부한 금액이 없으면 실제 발생한 금액을 기준으로 계산하여 신고한다.

예를 들어, 사업연도가 12월 31일로 끝나는 경우, 다음 해 3월 31일까지 법인세 정기신고를 하여야 하고, 8월말(6월부터 2개월)까지 중간예납을 하여야 한다.

법인세 신고는 대부분의 서류를 작성하여 전자적인 형태로 변환하거나 또는 작성을 전자적인 형태로 하여 세무서에 전송하거나(전자신고) 또는 종이 형태로 작성하여 종이로 된 신고서를 제출할 수 있다.

학습평가

1. 법인사업자와 개인사업자의 조세부담률에 대해 설명하라.

2. 「법인세법」상 과세소득의 범위에 관한 설명 중 옳지 않은 것은?(2015년 사법시험)

   ① 비영리내국법인의 경우 각 사업연도 소득과 토지 등 양도소득에 대하여 법인세를 부과한다.

   ② 외국법인의 경우 각 사업연도의 소득과 토지 등 양도소득에 대하여 법인세를 부과한다.

   ③ 법인세 과세대상이 되는 비영리내국법인의 각 사업연도의 소득은 법인세법령이 정하는 수익사업에서 생기는 소득을 말한다.

   ④ 법인세 과세대상이 되는 영리외국법인의 각 사업연도의 소득은 법인세법령이 정하는 국내원천소득을 말한다.

   ⑤ 법인세 과세대상이 되는 비영리외국법인의 각 사업연도의 소득은 고유목적사업에서 생기는 소득을 포함한다.

[정답] : ⑤

3. 법인세법상 내국법인의 각 사업연도소득의 계산에 관한 설명으로 옳은 것은?(2012년 사법시험)

   ① 내국법인의 각 사업연도소득은 그 사업연도에 속하는 익금의 총액에서 그 사업연도에 속하는 손금의 총액을 공제한 금액으로 한다.

   ② 익금은 감자차익을 포함한다.

   ③ 손금은 주식할인발행차금을 포함한다.

   ④ 중소기업의 각 사업연도 소득금액 결정시 특정 사업연도 결손금은 그 직전 3개 사업연도 이내의 소득에서 공제 가능하다.

   ⑤ 내국법인의 각 사업연도소득 중 공익신탁의 신탁재산에서 생기는 소득에 대하여는 각 사업연도의 소득에 대한 법인세를 과세한다.

[정답] : ①

4. 「법인세법」상 부당행위계산부인에 관한 설명으로 옳지 않은 것은?(2009년 사법시험)

① 건전한 사회통념 및 상관행과 특수관계자가 아닌 자 간의 정상적인 거래에서 적용되거나 적용될 것으로 판단되는 가격을 기준으로 한다.
② 공평과세를 구현함을 목적으로 한다.
③ 당해 법인과 특수관계에 해당하는지 여부는 원칙적으로 행위 당시를 기준으로 판단한다.
④ 자산을 시가로 양수한 경우에는 적용대상에 해당하지 아니한다.
⑤ 조세부담을 회피하거나 경감시킬 의도가 있는 경우에만 적용한다.

[정답] : ⑤

제 10 강 국제거래와 세금

학습목표

1. 과세관할권에 관한 거주지국 과세원칙과 원천지국 과세원칙을 알 수 있다.
2. 국제적 이중과세는 왜 발생하고, 어떻게 해결하고 있는지 알 수 있다.
3. 조세조약의 주요내용을 알 수 있다.

1. 거주지국 과세 vs. 원천지국 과세

연습사례

Q1. A국의 K회사가 B국으로 화장품을 수출하여 B국의 백화점에서 화장품을 판매한다. 그렇다면 화장품의 판매로 발생하는 소득은 어느 나라가 과세할 수 있는가?

1) 과세권

국제거래로 인한 소득의 과세권은 관련 국가주권과 불가분의 관련을 갖고 있기 때문에 가장 중요한 국가권한의 하나이다. 과세권은 간단히 말하면 국가나 지방자치단체가 그 재원을 확보하기 위하여, 납세의무자의 담세력에 따라 세금을 부과하고 징수할 수 있는 권한을 말한다. 일반적으로 국가는 거주지국 과세권과 원천지국 과세권에 의하여 과세할 수 있다.

예외적으로 국적지국 과세권이 문제되기도 한다. 예컨대 미국이 좋은 예이다. 미국은 다른 나라와의 이중과세방지조약 체결시 미국의 거주자 및 시민권자에 대해 여전히 과세권을 갖는다는 규정을 두기도 한다.

그러나 대부분의 국가는 거주자에게 거주지국 과세원칙을 적용하고, 비거주자에게는 원천지국 과세원칙을 적용한다. 즉 거주자는 국내·외 모든 소득에 대해 과세되고, 비거주자는 국내에서 받은 소득만 과세된다.

2) 거주지국 과세(residence jurisdiction)

(1) 거주지국과세의 근거이론

거주지국 과세권은 과세권을 행사하는 국가와 소득을 벌어들인 사람과의 관계를 중요시하는 것이다. 거주지국 과세권은 과세권을 행사하는 국가의 거주자이면 납세자가 소득을 세계 어느 곳에서 벌어들였는가를 불문하고, 당해 거주자에 귀속되는 모든 소득에 대해 과세하게 된다.

연습사례

A : Q1.사례에서 거주지국 과세권에 의하면 A국의 거주자인 K회사가 A국에서 번 돈에 대해 A국이 과세할 수 있을 뿐만 아니라, B국 및 다른 국가에서 번 돈에 대해서도 A국이 여전히 과세할 수 있다.

(2) 우리나라 세법상 거주자의 판단기준

한 나라의 거주자인지 판단기준은 일반인들이 이해하는 '거주하는 자'와는 일치하지 않고, 세법에서 별도로 거주자의 개념과 판정기준을 두고 있다.

① 개인의 경우

'거주자'란 국내에 **주소**(住所)를 두거나 1년 이상의 **거소**(居所)를 둔 개인을 말한다. '비거주자'란 거주자가 아닌 개인을 말한다.

거소기준에 따를 때에는 체류목적이나 주거형태 등을 따지지 않고 단순히 납세자가 체류일수를 따져 기계적으로 판단한다. 그러나 **주소기준**은 소득세법 시행령에서 보는 것처럼 '생활관계의 객관적 사실', 즉 인적 관계(생계를 같이하는 가족)라든가, 경제적 관계(직업, 자산) 등을 주로 고려하여 판단하지만, 거주 의사(출국목적의 일시성 등)와 같은 주관적 요소도 중요한 고려요소가 된다.

판결 속의 세금

❖ **대법원 2016.8.17. 선고, 2016두37584 판결 ; 대한민국 정부와 사우디아라비아왕국 정부 간의 소득에 대한 조세의 이중과세회피와 탈세방지를 위한 협약상 국내 거주자로 취급된 사례**

원고가 이 사건 과세기간인 2007년부터 2010년까지 배우자와 함께 국내에 주민등록을 두고서 연 평균 188일을 체류한 점, 원고는 사우디아라비아왕국(이하 '사우디'라 한다) 내에는 유형 자산을 소유하지 아니한 반면 국내에는 다수의 부동산을 소유하고 있는 점, 원고는 국내에서도 사우디 법인의 경영과 관련된 중요한 사업상 의사결정을 하였으므로 소득세법 시행령 제2조 제4항 제1호에서 정한 '계속하여 1년 이상 국외에 거주할 것을 통상 필요로 하는 직업을 가진 때'에 해당한다고 볼 수 없는 점 등에 비추어 보면, 원고는 이 사건 과세기간 동안 소득세법상 국내 거주자에 해당한다.

❒ 주소와 거소의 판정

소득세법 시행령 제2조 【주소와 거소의 판정】

① 「소득세법」(이하 "법"이라 한다) 제1조의2에 따른 주소는 국내에서 생계를 같이하는 가족 및 국내에 소재하는 자산의 유무 등 생활관계의 객관적 사실에 따라 판정한다.

② 법 제1조의2에 따른 거소는 주소지 외의 장소 중 상당기간에 걸쳐 거주하는 장소로서 주소와 같이 밀접한 일반적 생활관계가 형성되지 아니한 장소로 한다.

③ 국내에 거주하는 개인이 다음 각 호의 어느 하나에 해당하는 경우에는 국내에 주소를 가진 것으로 본다.

1. 계속하여 183일 이상 국내에 거주할 것을 통상 필요로 하는 직업을 가진 때
2. 국내에 생계를 같이하는 가족이 있고, 그 직업 및 자산상태에 비추어 계속하여 183일 이상 국내에 거주할 것으로 인정되는 때

④ 국외에 거주 또는 근무하는 자가 외국국적을 가졌거나 외국법령에 의하여 그 외국의 영주권을 얻은 자로서 국내에 생계를 같이하는 가족이 없고 그 직업 및 자산상태에 비추어 다시 입국하여 주로 국내에 거주하리라고 인정되지 아니하는 때에는 국내에 주소가 없는 것으로 본다.

⑤ 외국을 항행하는 선박 또는 항공기의 승무원의 경우 그 승무원과 생계를 같이하는 가족이 거주하는 장소 또는 그 승무원이 근무기간 외의 기간 중 통상 체재하는 장소가 국내에 있는 때에는 당해 승무원의 주소는 국내에 있는 것으로 보고, 그 장소가 국외에 있는 때에는 당해 승무원의 주소가 국외에 있는 것으로 본다.

❒ 거주자 또는 비거주자가 되는 시기

소득세법은 거주자를 판단하는 데 있어서는 **거주사실**과 함께 **거주의사**도 고려한다. 거주의사를 가지고 거주를 시작하였다면 183일이 경과하지 않아도 거주자로 취급한다. 즉 계속하여 183일 이상 국내에 거주할 것을 통상 필요로 하는 직업을 가졌거나, 국내에 생계를 같이하는 가족이 있고, 그 직업 및 자산상태에 비추어 계속하여 183일 이상 국내에 거주할 것으로 인정되는 때에는 국내에 주소를 가진 것으로 보아 거주자로 판단한다.

또한 외국을 항행하는 선박 또는 항공기의 승무원의 경우 그 승무원과 생계를 같이하는 가족이 거주하는 장소 또는 그 승무원이 근무기간외의 기간 중 통상 체재하는 장소가 국내에 있는 때에는 당해 승무원의 주소는 국내에 있는 것으로 보아 거주자로 판단한다.

❒ 거주기간의 계산

개인의 거주기간 계산은 국내에 입국한 날의 다음 날부터 출국한 날까지이다. 이때 국내에 거소를 두는 기간이 2과세기간(2년)에 걸쳐 183일 이상인 때에도 국내에 183일 이상 거소를 둔 것으로 보아 2과세기간에 걸쳐 거주자로 과세한다. 다만, 국내에 거소를 두고 있던 개인이 출국 후 다시 입국한 경우에 생계를 같이하는 가족의 거주지나 자산소재지 등에 비추어 그 출국목적이 명백하게 일시적인 것인 때에는 출국기간도 국내에 거소를 두는 기간으로 한다.

② 법인의 경우

법인의 거주지는 일반적으로 설립지 혹은 경영장소를 하나 혹은 모두 참고하여 결정된다. **설립지기준**은 법인 및 과세당국에 대해 단순성 및 확실성을 제공한다. 법인은 무형자산을 포함한 소유자산의 자본이득에 대해 세금을 부담하지 않고 설립지를 자유롭게 이전하기 어려우므로, 설립지기준은 조세회피목적상 거주지국을 이전하려는 법인의 가능성에 제약을 두게 마련이다.

경영지기준은 설립지기준보다 이론적으로는 설립지기준보다 적용에 있어서 확실성을 주지 못한다. 경영지기준을 사용하는 국가들은 경영지를 결정하기 위하여 실제로, 법인의 본점 위치, 이사회 개최장소와 같은 기준들을 채택하고 있다. 경영지 기준은 설립지기준과는 달리 세금을 부담하지 않고, 경영지를 변경할 수 있으므로, 조세회피를 이유로 쉽게 이용될 수 있다.

우리나라 법인세법에서 거주자 혹은 비거주자라는 용어 대신 내국법인 혹은 외국법인이라는 용어를 사용한다. 내국법인인지 아닌지를 판정할 때 **본점** 또는 **주사무소**와 같이 **실질적 관리장소**라는 개념을 이용한다. 본점 또는 주사무소는 사법상의 등록지를 의미하므로 판단하기가 어렵지 않지만, 실질적 관리장소는 등록지와는 상관없기 때문에 판정하기가 쉽지 않다. 일반적으로 실질적 관리라는 개념은 중앙관리와 지배 또는 실질적·효과적인 관리 등 나라에 따라 여러 의미를 가지지만, 전반적으로는 회사의 최고의사결정이 이루어지는 장소를 뜻한다('실질적 관리장소'의 의미 및 판단방법에 관해서는 대법원

2016.1.14. 선고, 2014두8896 판결 참조).

OECD 제4조 주석(Commentary)에 의하면 법인은 여러 개의 경영지를 가질 수 있지만, 오직 하나의 실질적 관리장소만 가질 수 있다고 하고 있다. 그러나 법인세법상 실질적 관리장소는 법인의 거주지 결정시 연결요소에 불과하므로 "한 번에 오직 하나"만 존재한다고 해석할 것은 아니다.

판결 속의 세금

❖ 대법원 2016.1.14. 선고, 2014두8896 판결 ; 실질적 관리장소의 의미 및 판단방법

내국법인과 외국법인을 구분하는 기준의 하나인 '실질적 관리장소'란 법인의 사업 수행에 필요한 중요한 관리 및 상업적 결정이 실제로 이루어지는 장소를 뜻하고, 법인의 사업수행에 필요한 중요한 관리 및 상업적 결정이란 법인의 장기적인 경영전략, 기본 정책, 기업재무와 투자, 주요 재산의 관리·처분, 핵심적인 소득창출 활동 등을 결정하고 관리하는 것을 말한다. 법인의 실질적 관리장소가 어디인지는 이사회 또는 그에 상당하는 의사결정기관의 회의가 통상 개최되는 장소, 최고경영자 및 다른 중요 임원들이 통상 업무를 수행하는 장소, 고위관리자의 일상적 관리가 수행되는 장소, 회계서류가 일상적으로 기록·보관되는 장소 등의 제반 사정을 종합적으로 고려하여 구체적 사안에 따라 개별적으로 판단하여야 한다. 다만 법인의 실질적 관리장소는 결정·관리행위의 특성에 비추어 어느 정도의 시간적·장소적 지속성을 갖출 것이 요구되므로, 실질적 관리장소를 외국에 두고 있던 법인이 이미 국외에서 전체적인 사업활동의 기본적인 계획을 수립·결정하고 국내에서 단기간 사업활동의 세부적인 집행행위만을 수행하였다면 종전 실질적 관리장소와 법인 사이의 관련성이 단절된 것으로 보이는 등의 특별한 사정이 없는 한 법인이 실질적 관리장소를 국내로 이전하였다고 쉽사리 단정할 것은 아니다.

3) 원천지국 과세(source jurisdiction)

(1) 원천지국 과세권의 근거이론

원천지국 과세권은 과세권을 행사하는 국가와 소득 자체의 연관성을 중요시하는 것으로, 당해 국가는 자국의 영토 내에서 발생하는 소득에 대해서 소득의 귀속자가 그 나라의 거주자인지 불문하고 동일하게 과세하게 된다.

예컨대, B국에서 공장을 설립하여 생산을 하거나, 위 Q1 사례처럼 A국의 K회사가 B국의 백화점에서 화장품을 판매하거나, A국의 연예인이 B국에서 공연을 하거나, A국의 거주자가 B국에 있는 회사의 주식을 소유함으로써 받게 되는 배당 등으로 인한 소득 등에 대해 B국이 원천지국으로서 과세권을 행사할 수 있다.

우리나라는 현재 거주지국 과세원칙과 원천지국 과세원칙을 동시 적용하고 있다. 거주자와 내국법인에 대해서 거주지국 과세원칙을 적용하여 전 세계의 모든 소득을 과세하는 동시에, 비거주자와 외국법인에 대해서 원천지국 과세원칙을 적용하여 우리나라 역내(域內)에서 발생한 소득(국내원천소득)에만 과세한다.

(2) 원천지의 판정

연습사례

Q2. 우리나라의 甲회사가 싱가포르에 자회사 乙을 설립하고, 자회사 乙이 싱가포르에서 송이버섯을 직접 키워서 판매하기로 하였다. 버섯제조를 위한 비법은 甲회사가 소유하고 있다. 버섯제조비법을 싱가포르 자회사 乙이 사용하도록 한 후 사용에 대한 대가로 버섯 한 개당 1,000원을 한국으로 송금하도록 하였다. 이때 버섯제조비법 사용에 대한 대가로 지급하는 사용료의 소득이 발생한 원천지는 어디인가?

A : Q2 사례에서 버섯제조비법 사용에 대한 대가로 지급되는 사용료는 동 사용료를 지급하는 국가인 싱가포르에 소득의 원천이 있고, 싱가포르가 사용료에 대하여 우선적인 과세권을 갖는다. 한국과 싱가포르 조세조약 12조에 의하면 소득의 지급지국은 15%의 제한된 세율로 과세할 수 있다. 따라서 싱가포르에서는 사용료에 대하여 15%의 세율로 과세하고, 한국은 전체 한국의 세율 중 15%를 초과하는 부분에 대하여 과세할 수 있다.

① 일반기준

원천지국 과세권에 불구하고, 거주자 개념과 달리 원천지 개념은 국내법 및 조세조약상 잘 쓰이지 않거나 정의되어 있지 않다. 일반적으로 원천지 규정은 비거주자에 대한 원천징수규정이나 다른 규정에 내재되어 있는 경우가 많다.

우리나라의 소득세법과 법인세법은 비거주자와 외국법인의 국내원천소득과세에 대해 규정하면서 원천지의 판단기준을 제시하고 있다.

원천지에 관해서는 국내원천소득을 열거하고 있는 소득세법 제119조의 규정상 다음 <표 10-1>과 같이 해석할 수 있다.

<표 10-1> 소득의 원천지 판정

소득의 종류	한국 소득세법	비 고
보수, 급여	근로 제공지	제7호
배당	지급자 거주지	제2호
이자	지급자 거주지	제1호
동산 양도소득	(재고자산) 양도 장소 (유가증권) 발행법인 소재지	제9호
부동산 양도소득	부동산 소재지	제3호
임대료	(부동산) 소재지	제3호
사용료(특허, 저작)	사용지 · 지급지	제10호
사용료(자연자원)	-	
인적용역제공 연금	(인적용역)수행지	제6호, 제8호의2
장학금 등	-	
기타의 경우	-	

판결 속의 세금

❖ 대법원 1991.7.23. 선고, 90누6088 판결 ; 설계도면을 그 정보를 사용하기 위하여 국내로 수입하고 이태리 회사에게 그 대금을 지급한 경우, 소득의 발생원천지는 국내

내국법인이 공개되지 아니한 고도의 산업상 및 과학상의 기술적 지식과 정보가 포함된 설계도면을 그 정보를 사용하기 위하여 국내로 수입하고 이태리 회사에게 그 대금을 지급하였다면 위 이태리 회사가 위 대금을 지급받아 얻은 소득의 발생원천지는 국내라 할 것이고, 위 이태리 회사가 위 설계도면의 제작을 위하여 우리나라에서 일체의 활동을 한 바 없고 같은 활동이 모두 이태리국에서 이루어졌다 하여 위 소득의 발생원천지를 이태리국이라 할 것은 아니다.

❖ 대법원 2014.11.27. 선고, 2012두18356 판결 ; 국내에는 등록되지 아니한 미국법인의 특허권 등이 국내에서 제조 · 판매 등에 사용된 경우, 국내를 사용지로 볼 수 없음

구 법인세법(2010.12.30. 법률 제10423호로 개정되기 전의 것) 제93조 제9호 단서 후문은 외국법인이 특허권, 실용신안권, 상표권, 디자인권 등 권리의 행사에 등록이 필요한 권리(이하 '특허권 등'이라 한다)를 국외에서 등록하였을 뿐 국내에서 등록하지 아니한 경우라도 특허권 등이 국내에서 제조·판매 등에 사용된 때에는 사용의 대가로 지급받는 소득을 국내원천소득으로 보도록 정하였으나, 국제조세조정에 관한 법률 제28조는 "비거주자 또는 외국법인의 국내원천소득의 구분에 관하여는 소득세법 제119조 및 법인세법 제93조에도 불구하고 조세조약이 우선하여 적용된다."고 규정하고 있으므로, 국외에서 등록되었을 뿐 국내에는 등록되지 아니한 미국법인의 특허권 등이 국내에서 제조·판매 등에 사용된 경우 미국법인이 사용의 대가로 지급받는 소득을 국내원천소득으로 볼 것인지는 「대한민국과 미합중국 간의 소득에 관한 조세의 이중과세 회피와 탈세방지 및 국제무역과 투자의 증진을 위한 협약」(이하 '한미조세협약'이라 한다)에 따라 판단하지 아니할 수 없다. 그런데 한미조세협약 제6조 제3항, 제14조 제4항은 특허권의 속지주의 원칙상 특허권자가 특허물건을 독점적으로 생산, 사용, 양도, 대여, 수입 또는 전시하는 등의 특허실시에 관한 권리는 특허권이 등록된 국가의 영역 내에서만 효력이 미친다고 보아 미국법인이 국내에 특허권을 등록하여 국내에서 특허실시권을 가지는 경우에 그 특허실시권의 사용대가로 지급받는 소득만을 국내원천소득으로 정하였을 뿐이고, 한미조세협약의 해석상 특허권이 등록된 국가 외에서는 특허권의 침해가 발생할 수 없어 이를 사용하거나 사용의 대가를 지급한다는 것을 관념할 수도 없다. 따라서 미국법인이 특허권을 국외에서 등록하였을 뿐 국내에는 등록하지 아니한 경우에는 미국법인이 그와 관련하여 지급받는 소득은 그 사용의 대가가 될 수 없으므로 이를 국내원천소득으로 볼 수 없다.

② 특별규칙 : 외국법인의 국내사업장

연습사례

Q3. A국의 G회사는 우리나라에 사업장을 두고 있다. G회사가 이 사업장을 통하여 제3국인 C국에 투자하여 배당을 받았다. 우리나라가 G회사가 받은 배당에 대해 과세권을 주장할 수 있다면 그 근거는 무엇인가?

A : Q3 사례에서 비록 G회사가 받은 배당의 지급지는 제3국인 C국이더라도 우리나라의 국내사업장을 통한 투자소득이기 때문에 우리나라의 국내사업장과 관련이 있다고 인정된다면 우리나라가 원천지국으로서 과세할 수 있다.

❒ 국내사업장

국내사업장이란 외국법인이 국내에 사업의 전부 또는 일부를 수행하는 고정된 장소를 말한다. 외국법인이 획득한 소득이 우리나라에 있는 국내사업장에 관련되거나 귀속된다면 우리나라는 해당 소득의 원천지국으로 간주된다.

OECD 및 UN 모델조약에서는 암시적인 원천지 규정 및 사실상 원천지규정처럼 작용하는 규정들을 두고 있다. 사업소득에 관한 모델조약 제7조가 좋은 예이다. 우리나라의 소득세법과 법인세법은 비거주자와 외국법인의 경우 국내사업장 제도를 도입하고 있다.

이 규정들은 사실상 원천지규정에 상응하는 것이라고 할 수 있다.

❐ 국내사업장의 판정

외국법인이 국내사업장을 설치했는지 여부를 판정하는 것은 쉬운 일이 아니다. 일반적으로 외국법인 국내 지점·사무소 또는 영업소, 상점 기타의 고정된 판매 장소, 작업장·공장 또는 창고, 6월을 초과하여 존속하는 건축장소, 건설·조립·설치공사의 현장 또는 이와 관련되는 감독활동을 수행하는 장소, 용역의 제공이 계속되는 12개월 기간 중 합계 6월을 초과하는 기간 동안 용역이 수행되는 장소, 용역의 제공이 계속되는 12월 기간 중 합계 6월을 초과하지 아니하는 경우로서 유사한 종류의 용역이 2년 이상 계속적·반복적으로 수행되는 장소, 광산·채석장 또는 해저천연자원 기타 천연자원의 탐사 및 채취장소 등은 국내사업장으로 인정된다.

비거주자 또는 외국법인이 국내사업장을 가지고 있지 않은 경우에, 국내에 자기를 위하여 계약을 체결할 권한을 가지고 그 권한을 반복적으로 행사하는 자 또는 이에 준하는 자를 두고 사업을 경영하는 경우에는 그 자의 사업장 소재지(사업장이 없는 경우에는 주소지, 주소지가 없는 경우에는 거소지)에 국내사업장을 둔 것으로 본다(이른바 '종속대리인').

여러 가지 요건을 갖추고 있다고 하더라도, 직접적인 사업활동을 하지 아니하고 예비적이고 보조적인 사업활동을 하는 사업장소는 국내사업장으로 보지 않는다. 예를 들면, 보관, 전시, 인도, 구입, 제3자의 가공, 정보수집, 기타 예비적 또는 보조적 성격의 활동을 위한 장소는 비록 고정된 사업장소이더라도 고정사업장이 아니다(예비적이고 보조적인 사업활동이 아니라 본질적이고 중요한 사업활동을 하였다고 본 사례로는 대법원 2016.7.7. 선고, 2015두44936 판결 참조).

판결 속의 세금

❖ 대법원 2016.7.7. 선고, 2015두44936 판결 ; 국내사업장 인정요건인 '본질적이고 중요한 사업활동'을 한다고 본 사례

외국인 전용 카지노를 영위하는 갑(甲) 주식회사가 카지노 고객 모집 전문업체로서 홍콩에 본사를 둔 을(乙) 그룹의 필리핀 관계회사인 병(丙) 회사와 고객을 모집·알선하여 주면 모집수수료를 지급하기로 하는 계약을 체결하면서 병 회사에 카지노 영업장인 서울 소재 건물 중 일부 사무실을 무상으로 제공하였는데, 갑 회사가 병 회사에 모집수수료를 지급하였으나 현금영수증 등 적격 증빙서류를 수취하지 않았고 병 회사도 대한민국에서 세금을 신고·납부하지 아니하자, 과세관청이 위 사무실은 병 회사가 이용고객의 모집 등의 활동을 한 국내 고정사업장에 해당한다고 보아 갑 회사에 정규영수증 미수취 금액에 대한 증빙미수취가산세를 부과한 사안에서, 갑 회사가 병 회사에 사무실을 무상으로 제공하였으므로 병 회사는 위 사무실에 관한 사용권한이 있었고 사용이 병 회사 폐업일까지 지속된 점, 병 회사는 위 사무실에서 고용된 약 15명의 직원들을 통하여 고객들을 상대로 호텔, 공항, 카지노 영업장 안내 등의 업무와 환전(칩 교환) 업무, 갑 회사와의 정산 업무 등을 수행한 점 등을 종합하면, 위 사무실은 병 회사의 국내 고정사업장에 해당하므로, 갑 회사가 국내 고정사업장이 있는 병 회사에게서 용역을 공급받고 대가를 지급한 이상 그에 관한 증빙서류를 수취할 의무가 있다.

2. 국제적 이중과세의 방지

1) 국제적 이중과세란 무엇인가

국제적 이중과세란 간단히 말하자면 같은 소득에 대해 두 번 과세하는 것이다. 이를 좀 더 자세히 살펴보면, 동일한 또는 다른 과세관할권이 **서로 다른 납세의무자의 동일과세기간 내의 동일과세물건**에 대하여 행사되는 경우(경제적 이중과세)와 서로 다른 과세관할권이 **동일한 납세의무자의 동일과세기간 내의 동일과세물건**에 대하여 행사되는 경우(법률적 이중과세)로 나눌 수 있다.

우리나라의 기업이 미국에 진출해서 그곳에서 소득을 얻었다면 그 기업은 내국법인이기 때문에 법인세법에 의해 미국에서 번 소득도 우리나라에서 법인세를 납부해야 하는 동시에, 미국 내 원천에서 발생한 소득이라는 이유로 같은 소득에 대해서 미국에서도 법인세 납세의무를 지게 되는데, 이를 국제적 이중과세라 한다. 이와 같이 국제적 이중과세를 법률적 이중과세에 한정하여 정의하는 것은 경제적 이중과세의 정의가 지나치게 넓고, 세법상 요구되는 정확성을 가지고 정의하기 어렵기 때문이다.

2) 국제적 이중과세는 왜 발생하는가

국제적 이중과세의 발생은 앞서 본 과세권과 관련된다. 대략 다음과 같은 3가지 경우 국제적 이중과세가 발생할 수 있다.

(1) 한 사람(법인)이 두 나라 이상의 거주자인 경우

각 나라 국내법에서 거주자의 판정기준은 다를 수 있다. 예를 들면, 영국 시민인 A는 스위스의 제네바에서 부영사로 근무하던 중 사망하였으며, 그의 재산은 배우자인 B에게로 상속되었다.

영국법에 의하면 A는 영국으로 귀국할 의도로 스위스에 거주하였고 자신의 국적을 변경하거나 영국 국적을 포기할 의도가 없었기 때문에 영국의 거주자로 규정되면 유산상속은 영국법에 의하여 처리되어야 하며 상속세도 영국에 납부하여야 한다. 그러나 스위스법에 의하면 A의 주관적인 의도는 A가 스위스의 거주자임을 판정하는 근거가 아니기 때문에 A는 거주하고 있던 스위스의 사실상의 거주자이며 A의 재산은 스위스법에 의하여 상속되어야 하고 상속세도 스위스에 납부하여야 한다.

즉 두 나라의 법에 의해 모두 상속세를 과세한다면 이중과세가 발생할 것이다. 이러한 경우는 거주지 과세권의 경합이라고 한다.

(2) 동일소득의 원천지국이 2개 이상인 경우

어떤 경우에는 2개 이상의 국가가 동일한 납세자의 동일과세기간 내의 동일과세물건에 대하여 원천지가 자국임을 근거로 과세권을 주장할 수도 있다.

예를 들면, A국의 법인이 다른 나라인 B국에 사무소를 두고 있고 동 사무소를 통하여 제3국인 C국에 투자하여 C국에 근원을 두고 있는 소득을 얻게 되는 경우에는, 사무소가 위치하고 있는 B국과 소득의 원천지국인 C국 사이의 과세권이 경합하게 된다. B국은 A국의 법인이 자국에 사무소를 갖고 있고 소득이 발생하였기 때문에 원천지국 과세권을 행사할 것이며, C국은 그 소득의 근원이 자국에 있음을 이유로 원천지국 과세권을 주장할 것이다. 이런 경우는 원천지국 과세권의 경합이라고 한다.

(3) 거주지국과 원천지국 동시 과세권을 행사하는 경우

A국의 법인이 B국에서 공장을 설립하여 소득을 얻은 경우, 거주지국인 A국과 원천지국인 B국이 동시 과세권을 주장할 수 있다. 이런 경우는 **거주지국 과세권과 원천지국 과세권의 경합**이라고 한다. 이는 자국의 거주자에 대하여는 그의 전세계 소득을 과세대상물건으로 하고 있고 거주자가 아닌 납세자에게는 자국에 근원을 두고 있는 소득에 대하여 과세하는 조세제도를 가진 국가에서 발생되는 이중과세이며 가장 대표적인 이중과세의 유형으로 현재 대부분의 논의가 집중되고 있는 분야이다.

앞의 두 경우와는 달리 이중과세방지를 위한 조정이 없다면 거주지 과세관할권과 원천지 과세관할권의 경합으로 인한 이중과세는 피하기 어렵다. 이하의 국제적 이중과세의 방지방법에 관한 내용도 거주지국 과세권과 원천지국 과세권의 경합에 의하여 발생하는 경우를 대상으로 하고 있다.

3) 국제적 이중과세를 어떻게 방지하는가

연습사례

Q4. A국의 법인인 a회사가 소득세율이 30%인 B국에서 경제활동을 하여 100만원의 소득을 창출하였으며(a회사는 B국에 30만원의 소득세를 납부), A국의 조세법에 의하여 소득 100만원에 대하여는 20%의 세율이 적용되고 100만원 초과분에 대하여는 40%의 세율이 적용된다고 가정할 경우 A국이 소득면제법 혹은 세액공제법을 각각 채택하는 경우 a회사가 납부할 세금은 각각 얼마인가?

국제적 이중과세의 방지를 위한 방법은 크게 보면 2가지가 있다. 하나는 국내법에 의하는 것이고, 다른 하나는 당사국 간에 이중과세방지조약을 체결하는 것이다.

(1) 국내법과 조약을 통한 이중과세방지

국내법에 의한 국제적 이중과세의 방지방법은 일반적으로 외국에 납부한 세금을 과세소득의 계산에 있어서 비용으로 인정해 주는 필요경비 산입방식(Deduction method), 외국에서 납부한 세액을 산출세액에서 공제하는 세액공제방식(credit method)과 국외원천소득을 과세에서 제외하는 면제방식(exemption method)으로 나뉜다. 세 가지 방법을 비교해 보면 필요경비산입방식이 일반적으로 다른 방법보다 실질적인 세율(effect tax rate)이 높고, 세액공제방식이 납세자에게 가장 유리한 방법으로 인식되고 있다. 우리나라의 소득세법과 법인세법은 세액공제방식과 필요경비 산입방식 중 선택할 수 있도록 하고 있다.

아래의 <표 10－2>는 법인세율이 20%인 A국(국내)에서 발생한 소득 100만원과 세율이 30%인 B국(국외)에서 발생한 소득 100만원이 있는 상황에서 B국(국외)에서 납부한 세액이 30만원인 경우, 각 방법의 적용효과를 나타내고 있다.

<표 10－2> 국제적 이중과세 방지방법별 효과

구 분	필요경비 산입방식	면제방식	세액공제방식
국내원천소득(A)	100	100	100
국외원천소득(B)	100	100	100
외국납부세액(＝B×30%)	30	30	30
외국세액비용공제	(30)	－	－
총과세대상 소득	170	100	200
국내법인세(20%)	34	20	40
외국납부세액공제	－	－	(30)
최종국내세금	34	20	10
국내+국외 세금	64	50	40

소득의 원천지국이나 그 소득자의 거주지국의 일방적 규정만으로는 국제적 이중과세 방지의 실효를 거두기 어렵다. 왜냐하면 국내법상 일방적으로 공제하거나 면제하는 것은 자기의 과세권을 포기한다고 의미하므로 상대방 국가가 동등한 행위를 하지 않으면 과세권을 포기한 국가가 불리한 지위를 차지하게 되기 때문이다.

이리하여 관계국 간의 조약에 의하여 과세권의 경합을 구체적으로 그리고 호혜적(互惠的)으로 배분하는 것이 보다 효과적이다. 국가 간에 조세조약을 체결할 때 거의 예외 없이 OECD(the Organization for Economic Cooperation and Development)와 UN(United Nations)이 제정한 모델 조세조약에 바탕을 두고 있다.

이 두 가지 모델 조세조약에서 거주지국은 어떻게 판단하는지, 원천지국은 어떻게 판단하는지, 각국의 과세권을 어떻게 배분하는지에 관해 자세히 규정하고 있다. 모델조약은 국제적 이중과세를 방지하기 위해서, 두 가지 방법, 즉 면제방법(exemption method)과 세액공제방법(credit method)을 체약국이 선택하도록 하고 있다.

(2) 국제적 이중과세방지 방법

① **면제방식** : 원천지국 혹은 소재지국에서 과세되는 소득이나 자본은 거주지국에서 면제된다. 면제방법은 국가에 따라 다양한 형태로 적용되고 있다. 완전면제방식(full exemption)은 원천지 국가만이 소득에 대하여 과세권을 행사하고 거주지국은 거주자의 국내소득을 결정함에 외국에 원천을 두고 있는 소득을 전혀 고려하지 않는 방법이다.

예컨대, Q4 사례에서 A국이 완전면세방식을 취한다고 하면 a회사의 총소득은 200만원이며, 이 중 외국을 원천으로 하는 소득 100만원은 소득에서 제외되며, 과세소득은 100만원이 되고 세율 20%를 적용하면 20만원의 소득세를 A국에 납부하여야 한다. 따라서 a회사는 총소득 200만원에 대하여 A국에 30만원과 B국에 20만원, 합계 50만원의 소득세를 납부하여야 하며, 납세 후 소득은 150만원이 된다.

이에 반하여 누진면제방식(exemption with progression)은 비록 거주지국이 외국에 원천을 두고 있는 소득에 대하여 과세관할권을 행사하지는 않으나, 거주자의 소득과 소득세율을 결정함에 외국에 원천을 두고 있는 소득을 합산하여 거주자의 과세소득을 결정하여 적용될 소득세율을 정하는 방법이다. Q4 사례에서 A국이 누진면세방식을 취하면 a회사는 B국에서는 동일하게 30만원의 소득세를 납부하여야 하지만, A국에 대하여는 소득은 비록 동일한 100만원이지만 적용되는 세율은 20%가 아니라 40%가 되어 40만원의 소득세를 납부하여야 한다. 따라서 a회사는 총소득 200만원에 대하여 A국에 30만원과 B국에 40만원, 합계 70만원의 소득세를 납부하고 납세 후 소득 130만원을 갖게 된다.

면제방식은 국제적 이중과세를 효과적으로 방지할 수 있다는 장점이 있지만, 완전면제방식은 일반적으로 취할 경우 외국의 세율이 국내 세율보다 낮으며 면제방식을 이중과세방지책으로 채택하는 경우에 동일한 소득이 있는 납세자들 사이에 소득의 원천이 국내인가 혹은 외국인가에 따라 부담하는 세액이 달라지게 되고, 납세자로 하여금 저세율국가 또는 조세피난처(Tax Heaven)에 투자하도록 유도하는 결과를 초래하게 된다. 이와 같이 완전면제방식에 따른 단점을 피하기 위하여 누진면제방식을 취하는 경우가 많다.

② **세액공제방법** : 원천지국 혹은 소재지국에서 과세되는 소득과 자본은 거주지국에서 과세된다. 동시에 원천지국 혹은 소재지국에서 부과된 조세는 거주지국에 의해 그 소득이나 자본에 부과된 세액에서 공제된다. 세액공제법도 **완전세액공제**(full credit)는 납세자가 원천지국에서 납부한 세액의 총액을 거주지국의 세액에서 공제하는 방법이다. Q4 사례에서 A국이 완전세액공제방법을 취할 경우 a회사의 총소득은 200만원이며, A국 세법에 의하여 누진세율을 적용하면 A국에 납부할 소득세는 60(=100×20%+100×40%)이 되나, 완전세액공제방식을 취할 경우 B국에 납부한 세액인 30만원을 공제한 30만원을 최종적으로 납부하면 된다. 따라서 a회사는 총소득 200만원에 대하여 A국에 30만원과 B국에 30만원, 합계 60만원의 소득세를 납부하여야 하며, 납세 후 소득은 140만원이 된다.

일반세액공제(ordinary credit)는 납세자가 원천지에 납부한 총세액의 공제를 거주지국의 조세에 해당하는 금액으로 한정하는 방법이다. Q4 사례에서 A국이 일반세액공제방법을 취할 경우 국외원천소득 100만원에 대하여 국내법인세율 20%를 적용한 세액인 20만원만을 세액공제의 대상으로 하므로 a회사는 총소득 200만원에 대하여 A국에 40만원과 B국에 30만원, 합계 70만원의 소득세를 납부하여야 하며, 납세 후 소득은 130만원이 된다.

세액공제방법은 원천지국의 세율이 거주지국의 세율보다 높은 경우를 제외하면, 납세자의 총조세부담은 동일하게 되기 때문에 국제이중과세의 위험을 방지할 수 있고, 자본수출의 중립성을 달성할 수 있다는 장점이 있다. 반면에 원천지국의 세율이 거주지국의 세율보다 낮게 책정된 경우에는 납세자 총조세부담을 증가시키지 않으면서 원천지국은 세율을 증가시킬 우려가 있다는 단점이 있다.

연습사례

A : Q4. 사례에서 a회사가 모두 납부해야 할 세금은 A국이 소득면제법 중 완전면세방식을 취한다면 50만원이 되고, A국이 소득면제법 중 완전면세방식을 취한다면 70만원이 된다. A국이 세액공제법 중 완전세액공제방법을 취한다면 60만원이 되고, A국이 세액공제법 중 일반세액공제방법을 취한다면 70만원이 된다.

한편 많은 국가들이 **간접세액공제**(indirect credit)를 허용하고 있다. 간접외국세액공제방법은 세액공제방법의 변형된 형태로 세액공제방법을 적용하는 경우에는 거주지국의 모기업이 원천지국의 자회사로부터 배당을 받았을 경우에 자회사가 납부한 배당에 대한 세액을 원천지국에 납부한 외국세액으로 인정하여 거주지국이 공제해 준다.

그러나 간접세액공제방법을 적용하는 경우에는 자회사가 납부한 배당에 대한 세액뿐만 아니라, 자회사의 소득에 대하여 원천지국에 납부한 세액을 납부세액으로 인정하는 제도이다. 우리나라의 법인세법도 간접세액공제법을 채택하고 있고, 한・중 조세조약도 마찬가지이다.

판결 속의 세금

❖ 대법원 2018.3.13. 선고, 2017두59727 판결 ; 한중조세조약의 간주외국납부세액공제제도

'대한민국 정부와 중화인민공화국 정부 간의 소득에 대한 조세의 이중과세회피와 탈세방지를 위한 협정의 제2의정서' 제5조 제1항 후문(이하 '위 조항 후문'이라 한다)은 '대한민국 정부와 중화인민공화국 정부 간의 소득에 대한 조세의 이중과세회피와 탈세방지를 위한 협정'(이하 '한・중 조세조약'이라 한다) 제10조 제2항 등의 경우에는 세액공제의 대상인 외국납부세액을 배당 등 총액의 10%로 간주하는 방식을 채택하여 조세조약 자체에서 체약당사국에서 납부한 것으로 간주되는 세액을 일률적으로 정하고 있다. 즉, 한・중 조세조약 제10조 제2항 (가)목은 '배당의 수익적 소유자가 배당을 지급하는 회사의 자본 25% 이상을 직접 소유하는 회사(조합은 제외)인 경우'에는 이중과세를 최소화하고 국제투자를 촉진할 필요성이 일반적인 경우보다 크다고 보아 일반적인 경우에 적용되는 제한세율인 총배당액의 10%보다 낮은 5%의 한도 내에서만 배당소득에 대한 원천지국 과세를 인정하고 있는데, 위 조항 후문은 그와 같은 경우에 실질적으로 투자유치의 효과를 거둘 수 있도록 일률적으로 10%의 세율이 적용되는 것으로 간주하여 외국납부세액을 산정하도록 하고 있다. 이처럼 공제세율을 간주함으로써 특별한 조세혜택을 부여하는 방식은 한・중 조세조약 체약국의 의사에 따라 적용대상과 시한이 명확히 한정되어 있는 만큼, 원천지국의 국내법률에서 거주지국 투자회사가 받는 배당소득에 대한 세율이 변경되었다고 하여 그에 따라 위 조항 후문의 의미가 달라진다고 보기 어렵다.

위에서 본 간주외국납부세액 공제에 관한 규정의 체계와 내용 등에 비추어 보면, 한・중 조세조약 제10조 제2항 (가)목에 의하여 원천지국에서 5%의 제한세율로 배당소득에 대한 조세를 납부하였더라도, 위 조항 후문에 따라 원천지국에 납부한 것으로 간주되는 세액은 총배당액의 10%로 보는 것이 타당하다.

3. OECD 모델조약의 주요내용

OECD 모델조약(Model Tax Convention on Income and on Capital)은 1963년 처음 제정되고 경제상황의 변화에 따라 몇 차례 수정되었다. 최신의 모델 조약은 7장 31조로 구성되어 있는바, 이하에서 그 개요를 살펴본다.

OECD 모델조약은 우선 그 범위(1장)를 기술하고, 몇몇 단어를 정의(2장)한다. 다음으로 소득의 종류별로 과세권의 배분을 한 다음(3장부터 4장), 이중과세가 어떻게 제거될 수 있는가(제5장)를 규정하고 있다. 마지막으로 특별규정들(6장)과 부칙규정들(7장)이 있다.

1) 범위와 정의

모델조세조약은 체약국의 일방 혹은 양방의 거주자인 인(person)에 적용된다(1조). 인(person)은 3조 1항에 개인, 회사 그리고 인의 단체를 포함한다고 규정하고 있다. 파트너십이 인적 결합이고, 모델조세조약상 인에 해당함에도 불구하고, 파트너십이 아니라 파트너가 해당 국가에서 납세의무가 있다면 체약국의 거주자가 될 수 없다.

모델조세조약은 소득과 자본에 대한 조세(우리나라는 자본에 대하여 과세하지 않고 있음)를 다루는데 이것은 2조에 일반적으로 기술되고 있다. 전형적 조세조약은 조약이 적용되는 체약국의 국세(때로는 지방자치단체의 조세)를 명시적으로 열거하고 있는데, 개별 국가의 (개인)소득세 및 법인세가 대체로 열거되어 있다.

3조 용어의 정의에서는 2장에서 조약의 한 조문 이상에서 사용되는 몇 가지 용어가 정의되고 있다. 다른 용어들, 예를 들면 배당, 이자, 사용료 및 부동산 등은 이 문제들이 취급되는 규정에서 정의되고 있다.

2) 소득과 자본의 과세원칙

이중과세방지를 위하여 OECD 모델조세조약은 두 가지 원칙에 따라 이루어진다.

첫째, 6조부터 21조는 여러 가지 소득에 대하여 원천지나 소재지의 과세권 및 거주지의 과세권을 규정하고, 제22조는 자본에 대하여 과세권을 규정한다.

대부분의 소득과 자본에 있어 배타적 과세권이 체약국 일방에 부여된다. 이에 따라 상대방 체약국은 그에 대한 과세권이 배제되어 이중과세가 방지된다.

보통 이러한 배타적 과세권은 거주지국에 부여되지만, **사업소득**의 경우는 모델조약 제7조를 근거로, 한 체약국의 거주자가 얻은 사업소득은 거주자가 다른 체약국에 소재하는

고정사업장(PE. Permanent Establishment)을 통해 사업을 영위하고, 그 소득이 고정사업장에 **귀속**되는 경우, 원천지국인 다른 체약국에 의해 과세된다.

많은 다국적 기업들은 한 나라에서 고정사업장을 갖는 것을 피하기 위해 위탁매매계약(사법상 甲이 乙의 이름으로, 혹은 乙을 위하여 계약을 체결하지만, 그 계약은 乙에 대해 법적 구속력을 가지지 않음)을 이용하는 경우가 많다. OECD의 BEPS Action 7은 PE의 지위를 갖지 않기 위해 위탁매매계약을 이용하는 것을 방지하기 위해 고정사업장에 관한 모델조약 5(5)와 5(6)를 다음과 같이 수정할 것을 제안하고 있다.

모델조약 5(5) :	어떤 인(人)이 계속하여 어떤 기업을 위하여 계약의 중요한 요소를 협상 혹은 계약체결하거나, 어떤 기업에 의한 서비스의 제공, 어떤 기업이 소유 혹은 임차한 자산의 이용 혹은 소유권의 이전을 목적으로 그 기업의 이름으로 계약을 한다면, 한 체약국의 기업은 다른 체약국에 PE를 가진 것으로 간주된다.
모델조약 5(6) :	관련성을 가진 하나 이상의 기업의 일을 배타적 혹은 거의 배타적으로 처리하는 인(人)은 독립적 대리인으로 간주되지 않는다.

일부 소득과 자본의 경우에 과세권은 배타적인 것은 아니다. 예컨대 **배당과 이자**에 대하여는 양국에 과세권이 주어지지만 원천지국에서 과세금액은 제한된다.

둘째, 원천지국이나 소재지국에 전적인 혹은 제한된 과세권을 주는 경우 거주지국은 이중과세를 피하기 위해 조세경감을 해주어야 한다.

3) 특별규정

OECD 모델조세조약에는 다음과 같은 특별규정들이 있다.

① 다양한 상황에서 조세차별의 제거
② 이중과세 제거와 조약해석 충돌을 해소하기 위한 상호합의절차 확립
③ 체약국 과세당국들 간의 정보교환
④ 각국의 조세징수에 대한 체약국의 협조
⑤ 국제법에 따른 외교사절과 영사직원 구성원의 조세상 대우
⑥ 조약의 적용지역 확대

위에서 설명한 바에 따라 OECD 모델조세조약의 체계도를 표시하여 보면 다음 <그림 10－1>과 같다.

<그림 10-1> OECD 조세조약의 체계

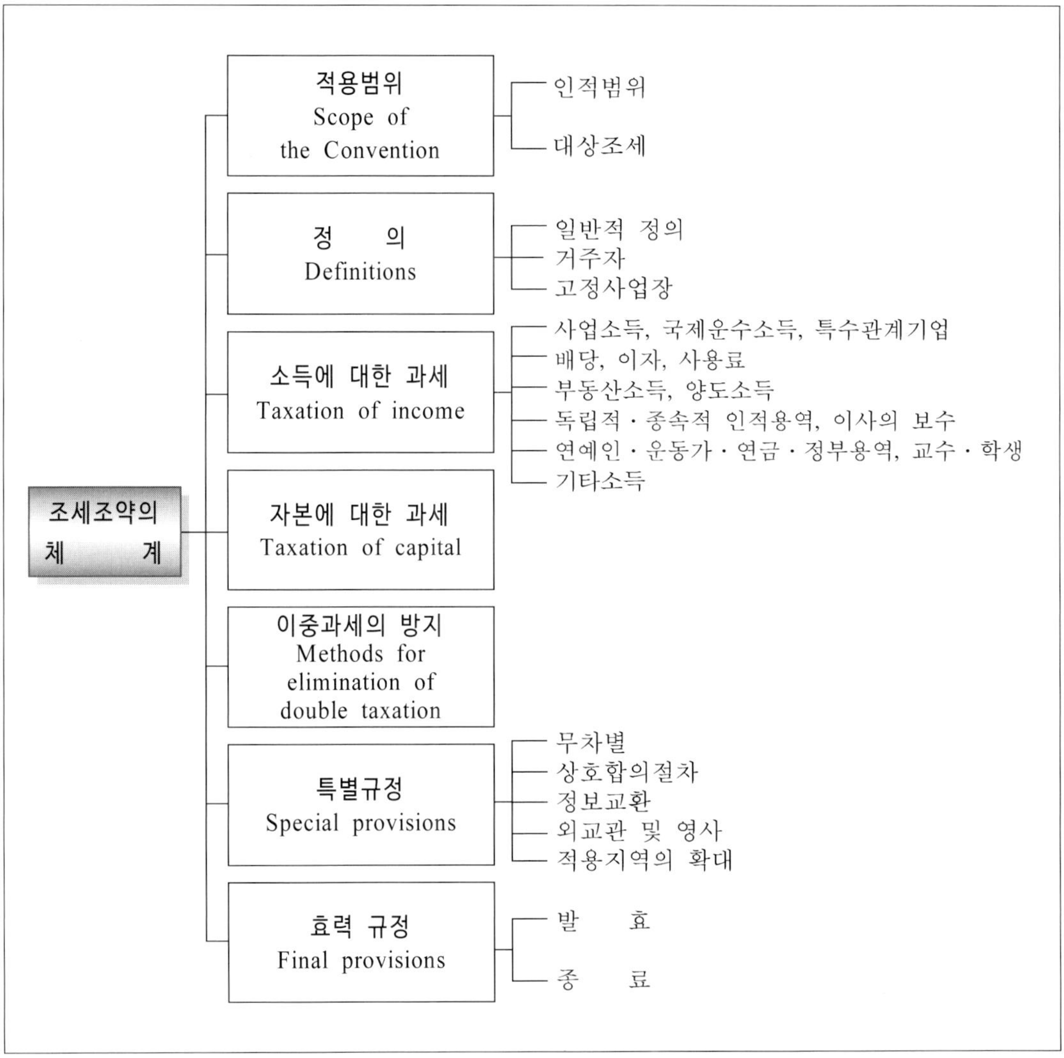

학 습 평 가

1. 거주지국과 원천지국이 왜 과세권을 주장할 수 있는가?
2. 거주자와 비거주자의 세부담이 무슨 차이가 있는가?
3. 국제적 이중과세는 도대체 무엇인가? 이중과세는 왜 발생하는가? 이중과세는 어떻게 방지해야 하는가?

제 11 강 국제적 조세회피

학습목표

1. 국제적 조세회피는 왜 발생되는지, 그 방법은 무엇인지 알 수 있다.
2. 국제적 조세회피 방지 수단을 알 수 있다.

1. 국제적 조세회피란 무엇인가

조세회피란 조세부담의 감면을 합법적인 수단에 의해 도모하나, 그것은 조세법규가 예정하지 않은 비정상적 행위로 탈법행위의 일종이다. 조세회피라는 개념과 관련하여 구별해야 할 개념은 탈세행위이다. 탈세와 조세회피의 중요한 개념적 차이는 탈세는 명문의 세법규정에 반하는 것이고, 조세회피는 명문의 세법 규정에 반하지 않는 것이라는 점 및 탈세행위가 있다고 해서 납세의무 자체가 소멸하는 것은 아닌 데 반하여, 조세회피가 있으면 그로 인해 납세의무 자체가 발생하지 않거나 양적으로 경감되거나 또는 납세의무의 발생시기가 미루어진다는 점이다.

국제거래에 있어서 조세회피의 수단은 너무 다양하다. 많이 이용되는 몇 가지 조세회피 수단을 소개하면 다음과 같다.

- 납세자는 거주지국에서 세금을 낮게 부과하거나 전혀 부과하지 않는 나라로 거주를 이전한다.
- 납세자가 국내원천소득을 조세회피처에 소재하는 신탁 혹은 회사와 같은 피지배 외국단체로 이전시킨다.
- 납세자가 조세회피처에 자회사를 설립하고 국외원천소득을 올린다든가, 다른 나라에 소재하는 자회사로부터 배당 혹은 기타 분배를 수령한다.
- 유리한 조세조약이 있으면, 납세자는 배당, 이자, 사용료, 기타 소득에 대한 원천징수를 경감시키기 위하여 외국에 설립된 자회사를 거쳐 배당 등을 수령한다.(조세조약의 남용)

조세회피방지 규칙 및 원칙 : 많은 나라들은 소득세 목적상 조세회피거래 - 국제적 거래를 포함 -를 무시할 수 있는 사법적 조세회피방지원칙이나 입법적 조세회피방지

규정을 가지고 있다. **사법적 조세회피방지원칙**으로는 가장거래(sham transaction), 실질과세(substance over form), 사업목적(business purpose), 단계거래(step transaction) 및 법남용(abuse of law) 원칙이 있다. 예컨대, 조세회피처에 설립된 지주회사가 진정한 상업 활동에 종사하지 않는다면 가장(sham)으로 간주될 수 있다.

입법적 조세회피방지규정으로는 특수한 조세회피방지규정과 일반적 조세회피방지규정이 있다. **일반적 조세회피방지규정**('GAAR')은 국제적 조세회피거래를 포함한 대부분의 남용적 조세회피행위에 대처할 수 있도록 포괄적으로 규정한다. 일반적 조세회피방지규정은 거래의 주요목적이나 주요목적 중 하나 혹은 일련의 거래가 조세를 회피하는 것이고, 거래가 남용되거나, 목적의 달성이 불가능하거나, 성립되지 않거나 관련 조세법규의 대상이나 목적과 일치하지 않는 경우 적용된다.

특수한 조세회피방지규정으로는 이전가격(transfer pricing) 규정, 과소자본(thin capitalization) 규정, 피지배외국회사(CFC) 규정, 외국투자펀드 규정이 있다.

2. 이전가격

1) 이전가격이란

이전가격은 같은 그룹 내의 기업 간, 즉 특수관계자(혹은 특수관계기업) 간에 발생한다. 아래의 사례를 보자.

<그림 11－1> 이전가격에 관한 사례

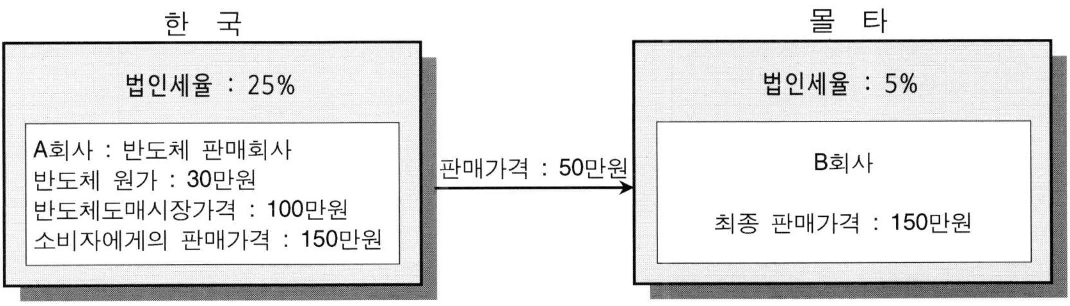

반도체 판매회사인 A회사가 30만원의 원가로 반도체 제조회사로부터 반도체를 취득한다. 시장에서 이 종류의 반도체를 정상적으로 도매로 100만원에 판매할 수 있고, 최종 소비자에게는 소매가 150만원으로 판매할 수 있다. A회사가 한국에서 직접적으로 소비자에게 소매한다면 '120만원(=150만원－30만원)'을 벌 수 있다. 이 방법에 의할 경우 한국

에서 120만원의 소득에 대해 25%, 즉 30만원의 세금을 내야 한다.

A회사가 세금을 줄일 수 있는 방법으로 가능한 것은 A회사가 몰타에 있는 특수관계자 B회사를 통해 소비자에게 판매하는 것이다. 정상적인 시장가격(100만원)보다 훨씬 낮은 가격인 50만원으로 특수관계자 B회사에게 판매하고, B회사는 다시 소비자에게 150만원의 가격으로 판매한다. 그렇게 하면 A회사가 한국에서 발생한 소득은 '20만원(=50만원−30만원)'밖에 안 되고, 세율이 25%이므로 세금은 5만원만 납부하면 된다.

동시에 특수관계자 B가 몰타에서 '100만원(=150−50만원)'을 벌어들이는데 몰타의 법인세율은 5%밖에 안 되므로 세금을 5만원만 내면 된다. 전체적으로 보면 A회사와 B회사가 부담하는 세금은 '10만원(=5만원+5만원)'밖에 안 된다. 이는 A회사가 한국에서 직접 판매하는 것보다 '20만원(=30만원−10만원)'의 세금을 절약할 수 있다.

상술한 조세회피 수단을 바로 이전가격이라고 한다. 즉 이전가격은 저세율의 국가로 이익을 이전함으로써 그룹 내의 전체 세금부담을 감소시키는 것이라고 할 수 있다.

2) 이전가격 방지수단

이전가격세제의 핵심은 **정상가격원칙 또는 독립가격원칙**(arm's length principle)이다. 독립가격원칙이란 특수관계 있는 기업이 독립 기업들처럼 특수관계 있는 기업 상호 간의 거래에 대한 가액을 결정·합의할 것을 요구하는 원칙이다. 국조법이 "과세당국은 거래당사자의 어느 한 쪽이 국외특수관계자인 국제거래에서 그 거래가격이 정상가격보다 높거나 낮은 경우에는 정상가격을 기준으로 거주자(내국법인과 고정사업장 포함)의 과세표준 및 세액을 결정하거나 경정할 수 있다."(과세당국의 정상가격에 의한 과세조정 : 국조법 4조 1항 본문)고 규정하고 있는 것은 정상가격원칙 또는 독립가격원칙(arm's length principle)에 입각한 것이라 할 수 있다.

정상가격의 판정기준으로 **비교가능 제3자 가격법, 재판매가격법, 원가가산법, 이익분할방법 및 거래순이익률방법** 중 가장 합리적인 것을 선택하도록 하고 있으며, 그것이 가능하지 않을 때 보완적으로 기타 합리적인 방법을 사용하도록 하고 있다(국조법 5조 1항).

이익분할방법 및 거래순이익률방법은 모두 거래단위의 영업이익에 착안하고 있다는 점에 특징이 있고, 재판매가격법이나 원가가산법이 매출총이익[1]에 착안하고 있는 것과 대비된다. 특히 거래순이익률법은 거래로 인한 영업이익을 외부의 비교 데이터를 가져와

1) 아래 산식에서 보는 것처럼 매출총이익과 영업이익은 판매비·일반관리비의 금액만큼 차이가 있다.
매출액 = 취득원가 + 매출총이익
= 취득원가 + (판매비·일반관리비 + 영업이익)

그 데이터를 기초로 재판매가격법이나 원가가산법과 동일한 방법으로 구하는 방법이다.

아래 거래순이익률법에 관한 사례에서는 통상의 거래순이익률을 산출하기 위한 지표로 매출원가 및 영업비용에 대한 거래순이익의 비율을 사용하고 비교대상회사의 비율이 10%라고 가정하고 정상가격을 산출한다.

S사가 비교대상 회사와 동일한 기능을 수행하고, 동일한 자산을 보유하고 동일한 위험을 부담한다고 가정하면 S사의 매출원가(30만원) 및 영업비용(10만원)에 대한 거래순이익의 비율은 비교대상 회사와 같은 10%가 될 것이다. 이러한 가정하에 특수관계자 거래의 정상가격을 계산하면 약 126만원{[140만원－정상가격(X)－10만원] / [매출원가(30만원)＋영업비용(10만원)]＝0.1}이 되고, S사의 거래순이익은 약 14만원(구매가격 126만원과 영업비용 10만원의 합계인 136만원의 10%인 13.6만원의 반올림)이 될 것이다.

<그림 11－2> 거래순이익률법에 관한 사례

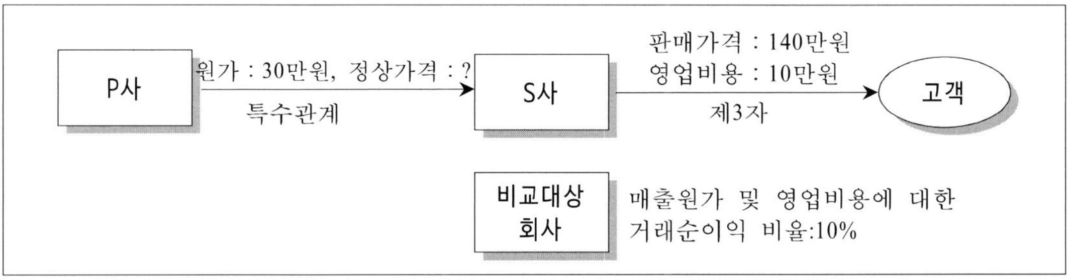

동 방법은 유사한 거래를 하는 비교가능 기업들 사이에는 그러한 거래를 통하여 유사한 순이익이 실현될 수 있다는 전제를 깔고 있다. 이러한 전제는 경제학의 **한계생산력 균등의 법칙**에 그 이론적 근거를 두고 있다.

즉 자본가가 투자의사결정을 하는 때에는 가능한 투자대안 중 투자수익률을 극대화시키는 대안에 우선 투자하게 될 것인바, 여러 투자대안들 간의 투자수익률이 균등하게 될 때까지 이러한 투자대안들에 골고루 투자를 할 것이다. 그래서 결국 유사한 상황에서 비교 가능한 기업들 간에는 유사한 투자수익률을 기대할 수 있다.

3) 정상가격범위

정상가격은 내국법인이나 거주자가 국외특수관계자와 사이에 행한 거래의 가격이 과세관청이 특수관계 없는 자 간에 행하여진 2개 이상의 거래를 토대로 산정한 **정상가격범위**(arm's length range)를 벗어난 경우에 한하여 그 거래가격을 부인할 수 있다(국조령 6조 4항).

즉 납세의무자의 이전가격이 이 범위에 포함되는 경우 추가적 소득조정은 없으며, 이전가격이 이 범위를 벗어나는 경우 정상가격 범위 안의 거래에서 산정된 평균값·중위값·최빈값·기타 합리적인 특정가격을 기준으로 하여 소득조정을 하게 된다(국조령 6조 5항).

기본개념

✣ 사분위범위(interquartile range)

정상가격범위 산정시 많이 활용되는 것이 사분위범위(interquartile range)이다. 그것은 관측값을 크기의 순서대로 배열하여 상위 100분의 25에 해당하는 값과 하위 100분의 25에 해당하는 값 사이의 범위를 말한다.(국조법 기본통칙 5-6…1)

4) 판례의 경향

2009년까지만 하더라도 국제조세조정에 관한 법률 시행령(이하 '국조령'이라 함) 제5조에 의하면 전통적 계산방법으로 정상가격을 산출할 수 없는 경우에 한하여 이익분할법, 거래순이익률법을 적용하도록 하고 있어서 초기 판례는 비교가능 제3자 가격법 등 전통적 계산방법을 적용한 사례가 적지 않다.

외국은행 국내지점과 국내기업과의 스왑거래(대법원 1997.6.13., 95누15476), 해외 특수관계자에게 지급한 영화 및 비디오 사용료(대법원 2001.10.23., 99두3423), 내국법인이 해외 특수관계자로부터 오리지널 원재료를 수입하여 완성된 의약품을 생산하는 경우(대법원 2007.9.20., 2007두13913) 등에 비교가능 제3자 가격법을 적용한 사례 등을 그 예로 들 수 있다.

그러다가 2010년 이후 국조령 제5조에서 전통적 계산방법을 적용할 수 없는 경우에만 이익분할법, 거래순이익률법을 적용하도록 한 규정이 삭제됨에 따라 거래순이익률법을 적용한 사례가 많아졌다. 특수관계자인 외국의 모회사가 100% 출자하여 설립한 갑 주식회사가 국내에 모회사의 시스템용 소프트웨어를 판매한 후 모회사에 소프트웨어 사용료를 지급한 경우(대법원 2011.8.25., 2008두23945), 미국법인 H의 100% 출자로 설립된 내국법인 갑이 H로부터 제공받은 기술정보를 이용하여 체중관리 및 영양제품 등을 구입한 후 이를 국내 다단계판매원에게 판매하는 형태의 다단계판매업을 영위하면서 경영자문료를 지급한 경우(대법원 2014.8.20., 2012두23341), 홍콩에 본점을 둔 외국법인 A가 S그룹 계열회사 또는 비계열회사들로부터 화학제품을 구입한 다음 국내기업에 판매한 경우(대법원 2014.9.4., 2012두1747, 1754) 등은 거래순이익률법을 적용한 사례이다.

거래순이익률법은 비교가능 제3자 가격법 등 전통적 계산방법과는 달리 상품의 차이나 거래단계 등 사업활동의 기능상 차이 등에 의한 영향이 적다. 따라서 과세관청으로서는 정상가격을 계산함에 있어서 거래품목이나 비교대상 업체와의 거래단계 등의 차이에 따른 별도의 조정을 하지 않더라도 쟁점이 되는 거래의 조건과 상황이 유사한 거래를 행하는 비교대상 업체를 선정하여 거래순이익률에 기초하여 정상가격을 산출하는 것으로 충분하다는 점이 고려된 것으로 보인다.

3. 과소자본

1) 과소자본이란

기업이 자금이 필요하다면 어떤 방법으로 조달할 수 있을까? 크게 보면 외부조달과 내부조달의 두 가지 방법이 있다. 외부조달은 다시 두 가지로 나누어 볼 수 있는데, 하나는 주주가 자금을 제공하는 방법(자기자본을 통한 자금조달), 다른 하나는 주주 이외 제3자로부터 돈을 차입하는 방법(타인자본을 통한 자금조달)이다.

자기자본의 경우 주주에게 배당을 주어야 하는 반면, 타인자본의 경우 채권자에게 이자를 지급하여야 한다. 기업이 배당을 지급할 때 과세소득 계산시 이익 그 자체의 배분으로 보게 되므로 손금(損金)으로 인정되지 않는 반면, 이자를 지급하는 경우는 손금으로 인정된다. 따라서 기업들로서는 순전히 세법상 관점에서 보면 자기자본보다 타인자본을 통해 자금을 더 많이 조달함으로써 법인세액을 줄일 수 있다.

국제적으로는 특히 다국적 기업의 경우 모회사(母會社)는 A국에 자회사(子會社)를 설립할 때 자회사에게 장기로 자본을 대여해 주게 되면 안정적인 자본 공급이라는 측면에서 자본금과 유사한 효과를 얻으면서도, 자회사로서는 차입금 이자를 손금산입할 수 있게 되므로 원천지국인 A국의 법인세로부터 자유롭고, 모회사만이 이자소득세가 원천징수되나, 조세조약에 따라서는 이자소득이 경과세되거나 면세되는 경우도 적지 않다.

그리하여 원천지국인 A국으로서는 국제거래에서 자본의 이동이 차입금의 형태로 이루어지는 경우 세법상 유리한 취급 때문이라고 보고, 모회사의 자회사에 대한 차입금이 출자금액을 일정비율이상 초과하는 경우 **과소자본**이라고 하고, 이를 방지하기 위한 제도를 **과소자본세제**라고 한다.

2) 과소자본세제

과소자본세제의 일반적 접근방법으로는 특수관계인 간의 비정상적인 차입금거래가 있는 경우 차입금과 지급이자를 각각 숨겨진 자본과 이익배당의 위장으로 인식하는 접근방법(남용방지형 접근방법), 특수관계인 사이의 부채(또는 차입금)가 자본(또는 출자금액)의 일정비율을 초과하는 경우 그 비율을 초과한 부분에 대응하는 차입금 등의 지급이자는 그 손금성이 부인되거나 또는 배당으로 취급하는 방법(고정비율형 접근방법), 납세자로 하여금 자신의 부채 대 자본비율이 정상가격원칙에 따른 비율과 부합함을 증명하도록 하거나, 아니면 법령에 정해진 부채 대 자본비율을 과소자본세제의 적용기준으로 수용하도록 선택할 수 있는 기회를 제공하는 방법(적용기준 면제형 접근방법)이 있다.

우리나라 과소자본세제는 남용방지형 접근방법과 고정비율형 접근방법의 절충형을 취하고 있다. 즉 **내국법인**(또는 외국법인의 국내사업장)의 차입금 중 **국외지배주주**로부터 **차입한 금액**이 그 국외지배주주가 주식 등으로 출자한 출자지분의 2배를 초과하는 경우 그 초과분에 대한 지급이자 및 할인료는 배당 또는 기타사외유출로 처분된 것으로 보아 그 내국법인의 과세표준 계산 시 손금에 산입하지 아니한다. 그러나 금융업에 대해서는 일반적인 경우에 적용되는 2배 대신 6배를 적용한다(국조령 제26조).

또한 차입금의 규모 및 차입조건의 특수관계가 없는 통상적인 차입규모 및 조건과 동일하거나 유사하다는 것을 납세자가 입증할 때에는 비록 그 차입금에 대한 지급이자 및 할인료가 출자지분의 2배를 초과하더라도 과소자본세제 규정의 적용을 배제하고 있다.

한편 내국법인이 국외지배주주로부터 직접 차입한 경우뿐만 아니라 국외지배주주의 지급보증(담보의 제공 등 실질적으로 지급을 보증하는 경우 포함)에 의하여 제3자로부터 차입한 금액이 국외지배주주의 출자지분의 2배(금융기관의 6배)를 초과하는 경우에도 그 초과분에 대한 지급이자 및 할인료는 그 내국법인의 손금에 산입하지 아니한다. 국외지배주주 – 국제적 은행 – 내국법인 제3자 간의 연속대여(back-to-back loan)에 의한 조세회피 시도를 방지하기 위한 조치라고 할 수 있다.

4. 조세회피처 과세제도

연습사례

Q1. 甲은 (주)A의 대표이사이고 회사의 주식 전부를 소유하고 있다. A가 거주하는 국가는 법인세율이 50%이고 (주)A는 제품(깨끗한 공기를 병에 압축하여 담은 병)을 모두 중국으로 수출하고 있고 국내로 판매하는 제품은 없다. 甲은 섬나라 왕국 I국에 자회사인 (주)B를 설립하고 제품을 (주)B를 통하여 중국에 있는 구입자 乙에게 판매한다. I국은 법인세 세율이 0%이다. 제품 1개당 원가는 5,000원이고 (주)A는 I국 소재 (주)B에 개당 5,000원에 판매하고 (주)B는 중국 구입자 乙에게 10,000원에 판매한다. 다른 원가는 없다고 가정한다. 과거 5년간 해마다 100개의 제품을 판매하였다. 매년 500,000원의 이익이 났고 해마다 법인세 0원을 납부하고 나머지는 모두 현금으로 보유하고 있다. 과거 5년간 I국에 누적된 현금은 2,500,000원이다. (주)A가 I국에 자회사인 (주)B를 설립하여 乙에게 제품을 판매하는 경우와 자회사를 설립하지 않고 직접 乙에게 제품을 판매하는 경우 세법상 차이가 있는가?

A : Q1 사례에서 A가 I국에 자회사인 (주)B를 설립하여 乙에게 제품을 판매하는 경우와 자회사를 설립하지 않고 직접 乙에게 제품을 판매하는 경우 제조관련 원가 및 최종 판매자에 대한 판매가격에는 차이는 없다. 그러나 I국에 자회사인 (주)B를 설립하여 乙에게 제품을 판매하는 경우 법인세율이 0%인 I국에 법인을 설립하고 대부분의 이익을 I국으로 이전하였다. 그 결과 법인세액에 해당하는 금액을 A가 I국의 은행계좌에 보유하게 된다.

갑이 I국에 가지고 있는 현금을 (주)A의 거주지국으로 배당의 형식으로 송금하게 되면 I국에 자회사인 (주)B를 설립하지 않고 직접 乙에게 제품을 판매하는 경우 납부하여야 하는 법인세액의 총액과 동일하다. 다만 배당의 형식으로 본국으로 가지고 와서 법인세를 낸다고 하더라도 가지고 오는 시점에서 세금을 납부하게 되므로 이연의 효과가 발생하게 된다. 그러나 본국으로 가지고 오지 않으면 Q1 사례에서 I국은 조세피난처에 해당하므로 법인세를 납부하지 않게 된다.

1) 조세회피처란

조세회피처란 조세부담을 현저하게 덜 수 있는 곳이다. 앞서 본 이전가격 사례 중의 몰타는 바로 유명한 조세피난처이다. 어느 국가나 지역은 조세회피처인지에 대한 판단은 동일한 기준이 없다. 우리나라 국조법상 조세피난처란 법인의 부담세액이 실제 발생소득의 100분의 15 이하인 국가 또는 지역을 말한다(국조법 17조 1항).

조세회피처는 대략 다음과 같은 특징을 갖는 것으로 알려져 있다. 첫째, 소득과 자본에 대한 경과세(輕課稅)이다. 둘째, 금융거래의 비밀보장이다. 셋째, 외환거래의 자유이다. 넷째, 기업활동규제의 최소화이다. 다섯째, 정치적 · 사회적 안정 및 편리한 교통 · 통신이다. 여섯째, 조세조약의 부재이다.

조세회피처는 대략 바하마 · 버뮤다 · 케이맨 제도 같이 소득세를 물리지 않고 조세조약을 맺고 있지 않은 곳(tax paradise), 홍콩 · 라이베리아 · 파나마 등 외국에서 들여온 소득에 비과세하거나 저율과세하는 곳(tax shelter), 룩셈부르크 · 네덜란드 · 스위스 등 특정 기업이나 사업에 세제상 특전을 인정하는 곳(tax resort) 등으로 세분하기도 한다.

2) 조세회피처를 이용한 조세회피의 주요 형식

다국적 기업이 조세회피처를 이용하여 조세회피를 하는 형식은 너무 다양하다. 다음과 같이 예시가 가능하다.

(1) 기지회사(base company)

조세회피처의 전형적 내지는 주된 이용방법은 기지회사(base company)를 설립 · 운영하는 것이다. 이 기지회사를 통하여 자국(거주지국)에서의 과세를 무기한으로 연기시키는 것이다. 즉 자국에서 이자 · 배당 · 특허 등 무형자산의 사용료 등 소득을 직접 송금되면 바로 과세될 것이기 때문에 조세피난처에 기지회사를 설립하여 이 기지회사에 해당 소득을 발생시키는 자산을 이전시키고, 기지회사로 하여금 소득을 얻게 하면 기지회사의 소득은 조세회피처의 특유한 세제로 인하여 조세부담을 지지 않거나 아주 가벼운 부담만 지게 된다. 이는 외국에서 벌어들이는 소득의 다양한 원천지를 조세회피처라는 단일한 원천지로 바꾸는 의미도 있다.

(2) 전용보험회사(captive insurance company)

조세피난처의 이용의 또 다른 유형은 전용보험회사(captive insurance company)[2]의 설립이다. 관련기업이 전용보험회사에 보험료를 지급하게 되면 그 지급액은 관련기업의 소득금액 계산상 비용으로 공제되는 한편, 전용보험회사는 조세회피처에 소재하기 때문에 보험료가 들어와도 세금을 납부할 일이 별로 없다.

2) Captive 란 '잡아 놓은'이라는 뜻이다. captive 보험회사는 관련기업에 의하여 설립되고 그 관련기업들이 '따 놓은' 고객이 되는 것이다.

그룹 전체를 놓고 보면 자산의 유출없이 공제할 비용만 생기게 됨으로써 과세소득이 줄어들게 된다. 이로써 내국회사의 국내원천소득이 전용보험회사의 국외원천소득으로 변경되는 효과를 동시에 갖게 되는 셈이다.

(3) 편의치적(flags of convenience)

해상운송업은 조세피난처를 이용하는 두드러진 업종이다. 해상운송업이 유독 조세피난처를 즐겨 활용하는 데에는 조세 외적 요인이 강하게 작용한다. 해상운송에 소요되는 선박의 선적을 자국에 둘 경우 받게 되는 선원의 고용・임금에 대한 규제, 선박의 등기와 보유에 관련된 각종 규제와 비용, 금융의 불편 등을 피하기 위하여 이들 면에서 월등히 유리한 편의를 제공하는 나라에 선적을 두는 편의치적(flags of convenience)이 성행하고 있다. 편의치적을 위하여 가장 선호되는 나라는 Liberia와 Panama이다.

(4) 인적용역회사 및 국제금융회사

조세피난처에 이윤을 떨어뜨리는 또 다른 방법으로는 조세피난처에 판매회사를 설립하여 판매이익의 일부를 그 자회사에 귀속시키는 방법 또는 조세피난처에 인적용역회사를 설립하여 관련기업에 용역을 제공하게 하고 대가를 받아 조세피난처에 누적시키는 방법을 들 수 있다. 이러한 방식의 거래는 이전가격의 활용과 결부될 수도 있을 것이다.

조세피난처의 전형적 이용형태로서 끝으로 들 수 있는 것은 국제금융회사의 설립이다. 이는 조세피난처가 그 소재 기업이 빌린 자금에 대해 지급하는 이자에 대하여 원천징수의무를 지우고 있지 않기 때문에 그만큼 관련기업들의 자금조달에 유리한 데 기인한다.

3) 조세회피처 방지수단 – CFC규칙(조세회피처 과세제도)

조세회피처를 통한 조세회피행위는 다음의 세 가지 요소가 있어야 가능하다. 첫째 내국주주에게 국외원천소득이 있어야 하고, 둘째 이를 유보시킬 수 있는 외국자회사가 존재하여야 하며, 셋째 그 외국자회사가 조세회피처에 존재하여야 한다.

이와 같은 조세회피처를 통한 조세회피는 두 가지 전제하에서만 비로소 가능한 것인데, 하나는 내국주주의 거주지국이 국제조세에 있어서 거주지국 과세원칙을 채택하고 있을 것, 다른 하나는 거주지국이 외국자회사를 모회사와는 별개의 독립된 납세의무자로 인정할 것이다.

조세회피처를 통한 조세회피의 규제로는 두 가지 방법을 생각할 수 있다. 하나는 조세회피에 관한 일반규정(예, 법인격의 부인이나 실질과세원칙의 적용)을 적용하는 방법이고, 다른 하나는 조세회피처의 남용에 대한 직접적, 구체적으로 대응하기 위한 특별규정을 제정하는 방법이다. 우리나라는 미국이 피지배외국회사(controlled foreign corporation, CFC)의 유보소득과세에 관하여 1962년에 재정한 Subpart F 규정과 맥락을 같이하는 제도를 도입하여 일정한 요건하에 조세피난처에 소재하는 '특정외국법인'의 배당가능 유보소득 중 내국인에게 귀속될 금액을 내국인 받은 것으로 간주한다.

우리나라 조세회피처 과세제도의 핵심만을 간추려 설명하면 조세피난처에 본점, 주사무소 또는 실질적 관리장소를 둔 외국법인에 대하여 내국인이 총주식의 10% 이상을 직·간접으로 출자한 경우 그 외국법인과 내국인 사이에 특수관계가 존재한다면 동 법인은 소위 특정외국법인으로 취급된다(국조법 17조 제2항). 그 결과 특정외국법인의 배당가능유보소득 중 내국인에게 귀속될 금액은 이를 실제로 배당하지 않더라도 각 사업연도 종료일 다음 날부터 60일이 지나면 내국인에게 배당된 것으로 보고 내국인에 대하여 소득세나 법인세를 과세한다(국조법 19조).

그러나 특정외국법인이 조세피난처에 사무실 등 고정된 시설을 가지고 이를 통하여 실질적으로 제조업·건설업 등의 사업을 영위하는 경우에는 조세회피처 과세제도를 적용하지 아니하되, 일정한 요건이 충족된다면 고정된 시설을 가지고 실질적 사업을 영위하더라도 예외적으로 조세회피처 과세제도를 적용한다(국조법 18조).

제11강에서 전술한 바와 같이 조세조약이 체결된 경우 한 체약국의 거주자가 얻은 사업소득은 거주자가 다른 체약국에 소재하는 고정사업장(PE. Permanent Establishment)을 통해 사업을 영위하고, 그 소득이 고정사업장에 귀속되는 경우, 원천지국인 다른 체약국에 의해 과세되는 것이 원칙이다. 따라서 특정외국법인의 국외원천소득에 대해 내국인 주주에게 과세하는 조세회피처 과세제도는 조세조약과의 마찰이 불가피하나, 우리나라의 조세회피처 과세제도는 특정외국법인의 수동적 사업소득에 대해서만 적용되는 까닭에 조세조약과의 충돌이 제한되어 있다.

5. 조세조약 남용

1) 조세조약 남용이란

각국은 이중과세방지를 위해 조세조약을 체결한다. 조세조약에 의해 사업소득을 거주지국만 과세할 수 있고, 배당·이자·사용료 소득에 대해서는 원천지국이 제한세율(예

10%, 0%)을 적용하여 과세한 후에 거주지국이 다시 과세하게 된다. 이러한 조약의 혜택은 조약 체약국의 거주자만 누릴 수 있다. 그런데 조약의 혜택을 받을 수 없는 제3국의 거주자가 일정한 수단을 통하여 원래 거주자가 아니면 누릴 수 없는 조약의 혜택을 부당히 취할 수 있다. 이러한 행위는 **조세조약의 남용**이라고 한다.

조세조약의 남용 형태는 조세조약의 내용, 세법의 규정 및 해당기업이 추구하는 목적에 따라 여러 가지 유형이 있으나, 크게 보면 직접적 도관회사(conduit company)의 형태, 디딤돌 도관회사(stepping stone conduit company)의 형태로 나눌 수 있다. 이하에서는 '직접적 도관회사의 형태'를 중심으로 설명한다.

<그림 12－2> 조세조약 남용의 형태 － 직접적 도관회사

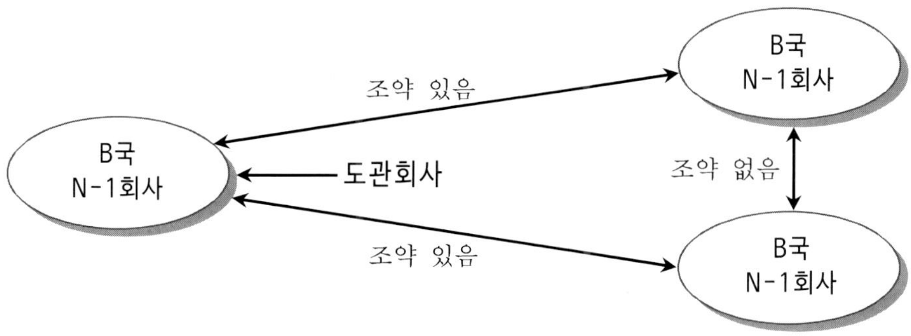

예를 들면, <그림 12－2>에서 보는 바와 같이 N회사는 A국의 거주자이면서 C국에 소득의 원천이 있다. 그런데 B국과 C국 사이에는 조세조약이 체결되어 있으나, A국과 C국 사이에는 체결되어 있지 않다. N회사는 A국의 거주자이므로 C국의 원천소득에 대하여 B국과 C국 간의 조세조약에 따른 혜택을 당연히 받을 수가 없다. 한편 A국과 B국 사이에는 만족스러운 조약이 체결되어 있다.

이러한 상황에서 N회사는 B국에 자회사인 N-1회사를 설립하여 N-1회사로 하여금 직접(지점을 통하여) 또는 간접(자회사를 통하여)으로 C국에 진출케 함으로써 C국 원천소득은 B・C국 간 조약의 혜택을 받으면서 B국의 N-1회사에 이전되고, 이는 다시 A・B국 간 조약의 보호를 받으면서 종국적으로 A국의 N회사에 도달할 수 있게 된다. B국에 N-1회사를 개재시켜 N회사는 거주지국인 A국과 조세조약을 체결하지 않은 C국 원천소득에 대하여 B・C국 간에 체결된 조세조약의 혜택을 받게 되는 것이다.

2) 조세조약 남용이 야기하는 문제점

조세조약 남용으로 인해 몇 가지 문제가 있다. 하나는 조약남용이 조세조약의 기본이 되는 상호주의 원칙을 위반한다는 점이다. 조세조약은 상호주의 원칙에 기반을 두고 있으므로 A국 거주자가 B국에서 경제활동을 하고 조약상의 혜택을 받는 것은 B국 거주자가 A국에서 동일한 경제활동을 하였을 때 동일한 혜택을 받는 것을 의미한다.

두 번째 문제는 과세기반을 잠식한다는 것이다. 조약남용은 일차적으로 원천지 과세를 회피하는 데 그 목적이 있으므로 원천지에서의 과세기반 잠식이 더욱 크게 나타난다고 할 수 있다. 그러나 조약남용으로 인한 과세기반의 잠식이 원천지에만 국한되는 문제는 아니고 거주지 과세기반을 잠식하는 효과도 내포하고 있다.

즉 이중적 비과세가 발생할 수 있다. 이중적 비과세는 이중과세와 마찬가지로 자원배분의 왜곡을 초래한다. 조세조약 남용이 가능해지면 국내 경제활동에 있어 내국인보다 외국인의 실효세 부담이 낮아지게 되어 내국인의 경제활동이 외국인의 활동에 의해 대체되는 결과를 가져올 수 있으며, 내국인이 외국을 거쳐 국내에서 다시 투자하는 등의 편법을 유도하는 부작용도 일으킬 수 있다.

3) 조세조약 남용의 방지

조세조약의 남용에 대응하여 조약에서 직접 취할 수 있는 조치로서 강구되어 온 대표적인 것이 수익적 소유자(beneficial owner)의 개념과 조세조약 혜택의 제한(limitation on benefits), 일반적 남용방지규정(general anti-abuse rule) 등이다.

(1) 수익적 소유자(beneficial owner)

수익적 소유자 개념은 OECD, UN, 미국 모델조세조약 등 3가지 모델조약에 공통적으로 배당, 이자, 사용료에 도입되어 사용되고 있다. 조약에서 제시하는 원천과세시의 낮은 제한세율 적용을 수익적 소유자에 국한하는 것이다.

우리나라가 체결한 한・벨기에 조세조약 제10조에서도 다음과 같이 수익적 소유자 개념을 도입하고 있다.

> 제10조 【배당】 (1996.12.31.)
>
> 1. 일방체약국의 거주자인 법인이 타방체약국의 거주자에게 지급하는 배당은 동 타방체약국에서 과세될 수 있다.

2. 그러나 그러한 배당은 동 배당을 지급하는 법인이 거주자로 되어 있는 체약국에서 자국의 법에 따라 과세될 수 있다. 그러나 배당수취인이 동 배당의 수익적 소유자인 경우에는 그렇게 부과되는 조세는 총배당액의 15%를 초과해서는 아니된다. 본항은 동 배당이 지급되는 이윤에 대한 법인의 과세에 영향을 미치지 아니한다.
3. …… (이하 생략)

(2) 조세조약 혜택제한(limitation on benefits)

조세조약 혜택제한(limitation on benefits, LOB)이라는 규정에 의하면 조약에서 원천지국 면세 또는 제한세율의 혜택을 받을 자격이 있는 거주자(예 : 일방체약국의 거주 개인, 공개회사, 공익재단, 체약국 그 자체)를 구체적으로 정하고, 이에 해당하지 아니하는 자는 동 조약의 혜택을 받지 못한다. 즉 일방체약국의 거주자이나, 제3국의 거주자를 위한 도관으로서만 사실상 행동하는 법인에 대해서 조약의 혜택을 부인하는 것이다.

1996년 미국 모델조세조약 제22조에서 포괄적인 LOB조항을 도입한 이래 2006년 개정 모델조세조약에서도 해당 규정을 그대로 유지하고 있다. 우리나라 체결한 조세조약들 중에서 LOB조항을 두고 있는 예는 한・미조세조약 제17조이다. 한・미조세조약 제17조를 예시하여 보면 다음과 같다.

한미조세조약 제17조 【투자회사 또는 지주회사】

타방 체약국 내의 원천으로부터 배당, 이자, 사용료 또는 양도소득을 발생시키는 일방체약국의 법인은 다음의 경우에 제12조(배당), 제13조(이자), 제14조(사용료) 또는 제16조(양도소득)상의 혜택을 받을 권리를 가지지 아니한다.

(a) 특별조치에 의한 이유로 동 배당, 이자, 사용료 또는 양도소득에 대하여 상기 일방 체약국이 동 법인에 부과하는 조세가, 동 일방 체약국이 법인소득에 대하여 일반적으로 부과하는 조세보다 실질적으로 적으며, 또한
(b) 동 법인 자본의 25퍼센트 이상이 상기 일방 체약국의 개인 거주자가 아닌 (또는 한국법인의 경우에는 미국시민) 1인 이상의 인에 의하여 직접적으로 또는 간접적으로 소유되는 것으로 등록되어 있거나, 또는 양 체약국의 권한 있는 당국 간의 협의를 거쳐 달리 결정되는 경우

OECD BEPS Action 6은 조세조약 남용방지방안으로 미국의 모델조세조약 제22조의 LOB조항의 내용이 포함된 새로운 조항을 모델조세조약에 도입할 것을 제안하고 있다.

즉 일정 조건을 충족시키는 단체들에게 조세조약의 혜택이 돌아가는 것을 제한하는 개별적인 조세회피방지규정과 혜택의 제한(limitation-on-benefits : LOB)규정을 OECD 모델조세조약에 포함시킬 것을 제안하고 있다.

(3) 일반적 조세회피방지규정

개별적인 조세회피 방지수단 이외에 우리나라를 포함해서 어느 나라든 명문으로 또는 판례법상 조세회피행위에 관한 일반원칙을 세워놓고 있는 것이 보통이다. 소득을 비롯한 과세물건의 실질적 귀속자와 형식적 귀속자의 불일치가 국제거래의 맥락에서가 아니라 순전한 국내거래에서 일어난다면 국세기본법 제14조 제1항 및 제3항, 법인세법 제4조 제1항에 규정된 실질귀속의 원칙에 따라 그 실질적 귀속자가 과세물건의 귀속자로서 납세의무를 지게 될 것이다. 또한 비용의 지급형식을 통한 소득이 전의 경우에는 수취자인 관련기업이 소득의 실질적 귀속자로서 납세의무를 지게 될 것이다.

상술한 조세회피행위에 관한 일반원칙이 조세조약에도 적용될 수 있을 것인가에 관해 2003년 OECD 모델조세조약 주석서에서는 제1조에 대한 주석 제22항 및 제22.1항에서 실질과세원칙 또는 일반적 조세회피 방지규정은 그것이 세법의 적용대상이 되는 사실관계의 판단에 관한 국내세법의 한 부분이 되어 있는 한 그것은 조세조약에서 규정할 사항은 아니며 따라서 조세조약의 규정과 충돌하지 않는다고 하고 있다.

대법원(대법원 2012.4.26. 선고, 2010두11948 판결 외 다수)도 "…… 실질과세의 원칙은 …… 조세조약의 해석과 적용에 있어서도 이를 배제하는 특별한 규정이 없는 한 그대로 적용된다."고 하여 긍정적인 태도를 보이고 있다.

국조법은 국제거래에서 발생하는 과세물건의 귀속에 관해서 일반적 조세회피방지규정을 별도로 두고 있다. 즉, 국조법 제2조의2 제1항에서 "국제거래에 있어 과세대상인 소득·수익·재산·행위 또는 거래의 실질적 귀속자와 형식적 귀속자가 다른 경우에는 실질적 귀속자를 납세의무자로 하여 조세조약을 적용한다."고 규정하고, 그 제2항에서 "국제거래에 있어 제3자를 통한 간접적인 방법이나 2개 이상의 행위 또는 거래를 거치는 우회적 방법에 의하여 세법이나 조세조약상의 혜택을 부당하게 받으려는 것으로 인정되는 경우에는 그 경제적 실질에 따라 당사자가 직접 거래한 것으로 보거나 연속된 하나의 행위 또는 거래를 한 것으로 보아 조세조약과 세법을 적용한다."고 규정하고 있다.

OECD BEPS Action 6은 전술한 LOB조항에 의하여 다룰 수 없는 조세조약 남용의 상황을 포함하여 다른 형태의 조세조약 남용방지를 위해 거래 또는 약정의 주요 목적(the principal purpose of transactions or arrangement : PPT rule)에 근거하는 보다 일반적인 조세회피 방지규정[3)]을 OECD모델 조세조약에 포함시킬 것을 제안하고 있다.

학습평가

1. 국제적 조세회피란 무엇인가?
2. 이전가격 방지수단으로써 정상가격원칙을 설명하라.
3. 과소자본세제를 설명하라.
4. 조세조약 남용방지 수단을 설명하라.

---

3) 이 규칙에 의하면 거래나 계약의 주요 목적의 하나가 조세조약의 혜택을 얻는 것일 경우에는, 이러한 혜택을 허여하는 것이 조약의 목적이나 취지에 부합한다는 것을 입증하지 못하는 한 조약의 혜택들은 부인된다.

한편 국제적으로 조약편승을 막는 최소 수준의 장치를 갖추기 위해 OECD 국가들과 G20 국가들은 다음의 최소기준(minimum standard)을 충족시키기 위한 약속(commitment)을 해야 한다. 우선 이들 국가들은 조세조약 체결시 조세조약의 제목 및 전문(preamble)에 "조약편승 등과 같은 탈세 또는 조세회피 수단을 통해 비과세 또는 조세 감면 기회를 창출하는 행위를 피하고자 한다."는 문구를 포함시키고, 다음의 어느 한 가지를 반영해야 한다. i) LOB조항과 PPTrule을 결합한 접근방법, ii) PPT rule만 포함, iii) LOB조항과 조세조약에 의해 다루어지지 않는 재무거래(financing arrangement)를 다룰 수 있는 보충적인 장치 마련 등.

제 12 강 상속 및 증여와 세금

학습목표

1. 상속 및 증여와 관련되는 세금에 대해 말할 수 있다.
2. 상속세 및 증여세의 계산방법 등에 대해 말할 수 있다.

1. 상속세

1) 상속의 개요

(1) 상속의 의의

자연인의 사망(피상속인)으로 상속이 개시되면 상속인은 상속개시 된 때로부터 피상속인의 적극재산 및 소극재산(채무)에 관한 권리의무를 포괄적으로 승계한다.

기본개념

상속으로 인하여 취득할 재산의 한도에서 피상속인의 채무를 변제할 것을 조건으로 상속을 채무를 한정적으로 승인하거나(한정승인), 적극재산보다 소극재산이 많은 경우 등 상속인이 피상속인의 적극재산과 소극재산의 승계를 거절하는 의사표시(상속 포기)는 상속개시가 있음을 안 날로부터 3개월 내에 가정법원에 신고하여야 한다. 만약, 법정 기간 내에 한정승인 또는 상속포기의 신고가 없거나 상속재산을 처분하는 경우에는 상속재산(적극 및 소극)의 승계를 승인한 것으로 본다.

(2) 상속재산 분할

상속은 ① 직계비속과 배우자, ② 직계존속과 배우자, ③ 형제자매, ④ 4촌 이내 방계혈족의 순위로 상속인이 되며, 상속순위에서 태아는 출생한 것으로 본다.

상속재산의 분할은 법정상속지분에 의할 수도 있고, 공동 상속인 간의 협의에 의하여 분할 할 수도 있다. 법정상속분은 동순위의 상속분은 균분으로 하고, 직계비속과 공동으로 상속하는 배우자의 상속분은 5할을 가산한다. 상속재산의 분할은 상속 개시된 때에 소급하여 그 효력이 있다.

<표 12-1> 상속재산의 분할 비율

구 분	상속인(배우자)	상속인(자녀1)	상속인(자녀2)	합계
법정상속지분	1.5	1	1	3.5
	3/7	2/7	2/7	7/7
협의분할(예)	7/7	0	0	7/7
	0	3.5/7	3.5/7	7/7
	5/7	1/7	1/7	7/7

연습사례

Q1. 나북악의 아버지가 어제 교통사고로 갑자기 돌아가셨다. 아버지의 적극 및 소극재산은 아래 표와 같으며, 상속인이 배우자와 자녀 2명(23세와 18세)인 경우 법정상속지분으로 상속받는 경우 각 상속인들이 상속받을 재산(적극 및 소극)은 얼마인가?

구 분	금 액
아버지 명의 아파트	시가 5억원 (공동주택가격 4억원)
아버지 명의 토지	시가 8억원 (개별공시지가 6억원)
아버지 명의 예금	상속개시일 잔액 3억원
아버지 사망으로 상속인이 수령할 보험금	7천만원

A: Q1 사례에서 배우자는 3/7, 자녀는 각 2/7의 법정상속지분을 갖는다. 한편 상속재산 중 적극재산은 14억원(아파트 5억원, 토지 6억원, 예금 3억원)이다. 따라서 배우자는 적극재산 약 6억원(14억원×3/7), 2명의 자녀들은 각기 적극재산 약 4억원(14억원×2/7)을 상속받게 된다. 한편, 보험금에 대해서도 수익자가 법정상속인으로 정해진 경우 법정상속지분으로 분할되므로 배우자는 3천만원, 자녀들은 각기 2천만원을 받게 된다.

(3) 상속인이 피상속인 사후에 처리해야 할 일

피상속인의 장례를 치른 후에 상속인이 처리해야 할 일은 많다(<표 12-2 참조). 상속인들은 경황이 없을 뿐만 아니라 심신이 지쳐 있어 각종 법정신고기한을 놓치는 경우가 있는데, 대한민국 정부민원포털 민원24(www.minwon.go.kr)의 '민원패키지서비스(<그림 12-1> 참조)'를 이용하면 편리하다.

<표 12-2> 상속 개시 후 상속인이 처리해야 할 일 주요내용

구 분	세 율
사망신고	사망일로부터 1개월 이내에 검안서를 첨부하여 신고(주민센터 등)
상속재산 조회 (금융재산)	금융감독원, 은행, 우체국 등에 상속인 금융거래조회 신청 (금융감독원 홈페이지, 상속인 금융거래 통합조회 시스템)
상속재산 조회 (토지)	사망한 조상의 토지소유내역 조회(시·도 및 시·군·구 지적업무부서 방문 신청)
자동차 이전등록	사망일로부터 3개월 이내(차량등록 사업소)
상속재산의 등기	상속으로 인한 소유권이전등기는 신청기한은 없음(법원)
상속세 신고	상속개시일이 속하는 달의 말일부터 6개월 이내 신고납부
취득세 등 신고	상속개시일이 속하는 달의 말일부터 6개월 이내 신고납부
국민연금지급청구	국민연금 수급권자가 5년 이내에 국민연금관리공단에 청구

<그림 12-1> 민원패키지 서비스

2) 상속세 개요

(1) 상속세 의의

우리나라의 상속세는 자연인의 사망을 계기로 피상속인으로부터 상속인에게 무상으로 이전되는 재산을 과세물건으로 하여 그 취득자인 상속인에게 과세하는 국세이다. 상속세는 부의 세습을 방지하며, 소득재분배를 유도함으로써 조세의 형평성을 강화하기 위한 세금이다.

(2) 상속세 과세방식

상속세는 2가지 과세방식이 있는데, 미국과 영국 등에서는 피상속인의 유산에 대해 과세하는 유산세방식(자산세적 성격 : <그림 12－2> 참조)을 택하고 있으며, 일본과 독일 등에서는 유산을 취득한 자의 취득재산에 대한 과세하는 유산취득세방식(수익세적 성격 : <그림 12－3> 참조)을 택하고 있다.

<그림 12－2> 유산세 방식의 개념도

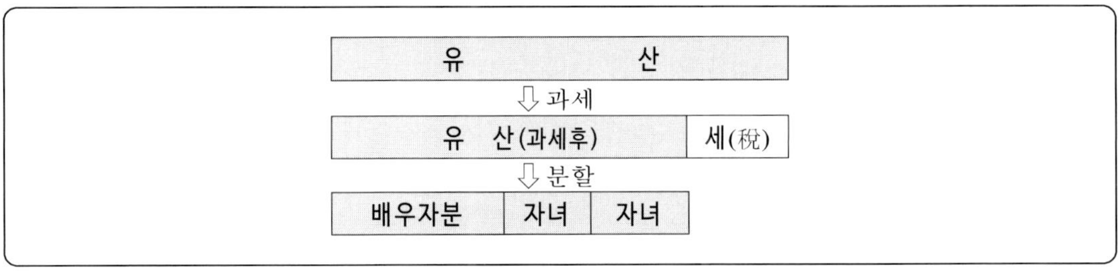

※ 출처 : 국회예산정책처, "2016 조세의 이해와 쟁점 ⑤ 상속세 및 증여세", 2016, 21면.

<그림 12－3> 유산취득세 방식의 개념도

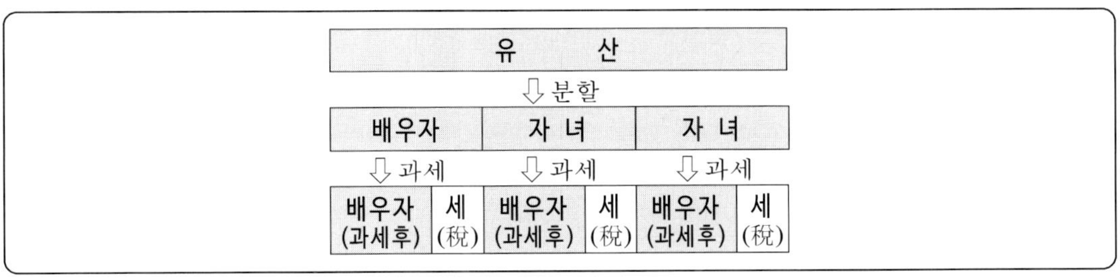

※ 출처 : 국회예산정책처, "2016 조세의 이해와 쟁점 ⑤ 상속세 및 증여세", 2016, 22면.

우리나라는 상속세 과세가액을 상속재산의 가액에 상속개시 전 일정한 기간 내의 증여재산을 가산한 금액에서 공과금 차감한 금액을 총유산액으로 하여 초과누진세율을 적용하여 세액을 산출한 후, 각자가 받았거나 받을 재산의 비율에 따라 상속세액을 계산하도록 「상속세법 및 증여세법」에서 규정하고 있다. 즉, 유산세방식의 변형으로 상속세 계산에 있어서는 유산세방식을, 상속세집행에 있어서는 유산취득세방식을 취하고 있는 셈이다.

(3) 상속세 납세의무자

상속이 개시되면 거주자인 피상속인의 국내외에 있는 모든 재산에 대해 상속세를 과세하며, 상속인(상속을 포기한 사람 포함)은 상속재산 중 각자가 받았거나 받을 재산을 기준으로 계산한 비율에 의한 상속세를 납부할 의무가 있으며, 각 상속인은 각자가 받았거나 받을 재산을 한도로 연대하여 납부할 의무를 진다.

(4) 상속세의 신고와 납부

상속세의 과세표준과 세액은 피상속인의 사망일이 속하는 달의 말일부터 6개월(법정신고기한) 이내에 피상속인의 최종 주소지 관할 세무서에 신고하고,[1] 관할 세무서장은 법정결정기한(상속세 신고기한으로부터 6개월) 이내에 신고 된 과세표준과 세액을 조사하여 결정한다.

한편 납부할 상속세액이 ① 1,000만원을 초과하는 경우에는 그 납부할 금액의 일부를 납부기한이 지난 후 2개월 이내에 분할납부할 수 있으며, ② 2,000만원을 초과하는 경우에는 관할 세무서장으로부터 허가(담보 제공)를 받아 5년(가업상속재산의 경우에는 5년 내지 12년) 동안 상속세를 연부연납할 수 있으나, 이때 연간 3.4%에 해당하는 이자상당액(연부연납 가산금)을 별도 부담해야 한다.

그리고 상속재산 중 부동산과 유가증권의 가액이 2분의 1을 초과하고 상속세 납부세액이 1,000만원을 초과하는 경우에는 관할 세무서장으로부터 허가를 받아 그 부동산과 유가증권으로 물납할 수 있다.

3) 상속세 계산

(1) 상속세 계산구조

상속세는 다음과 <표 12－3>과 같은 단계로 계산된다.

1) 기한 내에 상속세신고를 이행하지 아니한 경우는 산출세액의 20%(무신고 가산세)를, 과세표준을 과소신고한 경우에는 과소신고세액의 10%(과소신고 가산세)를, 상속세를 납부하지 아니한 경우에는 연간 10.95%(납부불성실 가산세)에 상당하는 금액을 추가로 부담하여야 한다.

<표 12-3> 상속세 계산구조

항 목	내 용
총 상속재산(=)	+ 본래의 상속재산 + 간주 상속재산 + 상속 추정재산
상속재산가액(=)	+ 총상속재산 - (비과세 상속재산, 과세가액불산입 상속재산)
상속세과세가액(=)	+ 상속재산가액 - (채무, 장례비용, 공과금) + 사전증여재산
상속세과세표준(=)	+ 상속세 과세가액 - (기초공제, 배우자공제, 기타 인적공제) - (금융재산 상속공제, 동거주택 상속공제, 재해상속공제) - 상속재산 감정평가 수수료
상속세산출세액(=)	상속세 과세표준 × 세율
납부할상속세액(=)	+ 상속세 산출세액 + 상속세 할증과세액 - (신고세액공제, 증여세액공제, 단기재상속 세액공제)

(2) 상속세 과세표준 가산 항목

① 본래의 상속재산

본래의 상속재산은 상속 등으로 인하여 상속인에게 승계되는 피상속인의 상속개시일 현재의 재산을 말한다. 상속재산은 피상속인에게 귀속되는 재산으로서 금전으로 환가할 수 있는 경제적 가치가 있는 모든 물건과 재산적 가치가 있는 법률상 또는 사실상의 모든 권리를 포함한다.

② 간주 상속재산

본래의 상속재산, 즉 상속 등에 의하여 취득한 재산은 아니지만 과세형평상 상속재산과 동일하게 볼 수 있는 재산으로서, ① 피상속인이 보험계약자인 보험계약에 의하여 피상속인의 사망으로 인하여 받는 생명보험 또는 손해보험의 보험금,[2] ② 피상속인이 신탁한 재산, ③ 피상속인의 사망으로 인하여 피상속인에게 지급될 퇴직금, 연금[3] 등은 「상속세법 및 증여세법」상 상속재산으로 간주한다.

2) 보험계약자가 피상속인이 아닌 경우에도 피상속인이 실질적으로 보험료를 납부하였을 때에는 피상속인을 보험계약자로 본다(상증법 제8조).

3) 유족연금, 유족연금일시금 등은 상속재산에서 제외된다(상증법 제10조).

③ 추정 상속재산

피상속인이 재산을 처분하여 받은 금액이나 피상속인의 재산에서 인출한 금액이 상속개시일 전 1년 이내에 재산 종류별로 계산하여 2억원 이상인 경우와 상속개시일 전 2년 이내에 재산 종류별로 계산하여 5억원 이상인 경우, 피상속인이 부담한 채무를 합친 금액이 상속개시일 전 1년 이내에 2억원 이상인 경우와 상속개시일 전 2년 이내에 5억원 이상인 경우로서 그 사용된 용도가 객관적으로 명백하지 아니한 경우에는 이를 상속받은 것으로 추정하여 상속세 과세가액에 산입한다. 인출금액 및 처분대금, 채무부담액의 사용용도에 대한 입증책임은 상속인에게 있다.

<표 12-4> 상속개시 전 재산 처분액 및 채무 부담액의 상속추정 기준액

구 분	내 용		
	재산 종류별	1년 이내	2년 이내
• 재산처분으로 인한 수입액 • 예금 등에서 인출한 금액	현금, 예금, 유가증권	2억원 이상	5억원 이상
	부동산, 부동산관련 권리	2억원 이상	5억원 이상
	기타 재산	2억원 이상	5억원 이상
• 채무 부담액	-	2억원 이상	5억원 이상

기본개념

✣ 추정 상속재산의 입법취지

상속재산의 추정에 대한 입법취지는 피상속인이 재산처분대금을 과세자료의 포착이 쉽지 않은 현금의 상태로 상속인에게 증여 또는 상속함으로써 상속세를 부당하게 경감하는 것을 방지하기 위함이다.

조세소송에 있어서는 원칙적으로 과세관청이 과세요건 사실을 입증하여야 하나, 과세자료의 대부분이 납세자가 지배하는 생활영역에 있는 경우에는 과세관청의 입증이 상대적으로 쉽지 않기 때문에 과세관청의 입증책임을 완화시키는 것이 가능하다. 피상속인이 상속개시에 임박하여 고액의 재산을 처분한 경우에 그 처분대금의 소비처가 명확히 밝혀지지 아니한 때에는 경험칙에 비추어 현금 또는 노출되지 아니한 다른 재산으로 상속인들에게 상속되었을 개연성이 큰 반면에 과세관청이 이에 대하여 정확하게 입증하는 것은 대부분의 경우 사실상 불가능하므로 실질적인 입증책임을 과세관청에서 납세자에게 전환하여, 상속인이 처분대금의 사용용도를 입증하여야 한다.

※ 출처 : 헌법재판소, 2002헌바9916 결정, 2003.12.18. 선고

④ 비과세 상속재산

전사(戰死)나 그 밖에 이에 준하는 사망 또는 전쟁이나 공무의 수행으로 인한 사망(부상 또는 질병으로 인한 사망 포함)으로 상속이 개시되는 경우에는 피상속인의 재산 전체에 대하여 상속세를 부과하지 아니한다. 또한 피상속인이 국가·지방자치단체 또는 공공단체에 유증을 하거나, 상속재산 중 상속인이 법정 상속세 신고기한 이내에 증여한 재산에 대해서는 상속세를 부과하지 아니한다.

⑤ 상속세 과세가액 불산입 재산

상속재산 중 피상속인이나 상속인이 종교·자선·학술 또는 그 밖의 공익을 목적으로 하는 사업을 하는 공익법인 등에게 법정 상속세 신고기한 이내에 출연한 재산의 가액은 상속세 과세가액에 산입하지 아니한다. 그러나 상속세 과세가액에 산입하지 아니한 재산 및 그 재산에서 생기는 이익의 전부 또는 일부가 상속인 및 그와 특수관계에 있는 자에게 귀속되는 경우에는 그 귀속된 금액을 상속세 과세가액에 산입하여 상속세를 추징한다.

내국법인의 의결권 있는 주식 등을 출연하는 경우로서 출연하는 주식 등과 ① 출연자가 출연할 당시 당해 공익법인 등이 보유하고 있는 동일한 내국법인의 주식 등, ② 출연자 및 그와 특수관계에 있는 자가 당해 공익법인 등 외의 다른 공익법인 등에 출연한 동일한 내국법인의 주식 등을 합한 것이 그 내국법인의 의결권 있는 발행주식총수 등의 100분의 5(성실공익법인 등에 출연하는 경우에는 100분의 10)를 초과하는 경우에는 그 초과하는 가액을 상속세 과세가액에 산입한다. 이 경우에도 출연자 등이 주식을 발행한 회사의 최대주주가 아니면 과세되지 아니한다.

기본개념

❖ **공익법인 등의 범위 및 상속세 과세가액 불산입에 대한 입법취지(헌재 2015.4.30., 2012헌바284)**

공익법인 출연재산에 대한 상속세 과세가액 불산입제도는, 원래 공익사업이란 사회일반의 이익에 공여하는 사업으로서 그러한 사업을 사인이 운영한다는 것은 국가 또는 지방자치단체가 수행하여야 할 공공기능의 일부를 대신 수행한다는 의미도 갖고 있는 것이므로, 그 공익사업의 원활한 수행을 보장하고 또 이를 장려할 수 있도록 그 출연재산에 대하여는 증여세나 상속세를 부과하지 않는 것이 합리적이라는 이유에서 마련된 제도이다(헌재 1998.3.26., 96헌바57 참조). 다만 공익사업을 빙자하여 상속세 부담을 회피하고 부를 변칙적으로 세습시키는 것을 방지하기 위하여 공익사업 출연재산에 대하여 엄격한 요건과 사후관리를 요구하고 있는 것이다. 특히 주식에 관한 내용은 재벌기업 등의 대주주 일가가 상속개시 직전 또는 직후에 공익법인을 설립한 뒤 소유기업의 주식을 그 공익법인에 출연함으로써 소유기업에 대한 지배력은 그대로 유지한 채 상속세 부담을 회피하는 것에 대비하기 위하여 마련된 규정이다.

판결 속의 세금

✤ 수원교차로 사건(대법원 2017.4.20. 선고, 2011도21447 전원합의체 판결)

- 사실관계 : 갑은 자신이 설립한 A장학재단에 자신이 보유하고 있는 수원교차로 주식 70% 중 60%를, 갑의 6촌 동생이 보유하고 있는 수원교차로 주식 30% 전부를, 합계 주식가액 180억 3,144만원을 출연하였다. 그러나 과세관청은 A장학재단이 수원교차로의 의결권 있는 발행주식총수의 5%를 초과하여 출연 받은 경우에 해당한다고 보아 증여세 140여억 원(가산세 40여억 원을 포함)을 부과하였다.
- 제1심은 증여세 과세요건은 충족되나, 주식을 장학사업에 사용할 의사만 있었을 뿐 경제적 세습과 무관한 경우에까지 위 법률조항을 적용하는 것은 위헌적이므로 합헌적으로 해석하여 과세처분이 위법하다고 판단하여 원고의 청구를 인용하였으나, 항소심은 법정요건이 충족되는 이상 과세처분은 적법하다고 판단하여 원고의 청구를 기각하였다.
- 대법원에서는 출연자 등이 최대주주인지가 다투어졌다. ❶ 최대주주 여부는 출연자가 주식을 출연하기 이전에 최대주주였어야 하는지, 주식을 출연한 결과 출연자에게 남은 주식과 특수관계로 묶인 공익재단의 보유주식을 모두 합하여 최대주주가 되는 경우를 의미하는지가 첫 번째 쟁점이고, ❷ 후자로 볼 경우 출연자가 공익재단의 설립 과정에서 출연만 하면 특수관계인이 되는지, 나아가 정관작성, 이사선임 등 실질적인 영향력까지 행사하여야 하는지 여부가 두 번째 쟁점이다. 대법원은, ❶과 관련하여 주식 출연 결과 출연자와 특수관계인(공익재단 포함)이 최대주주가 되는 경우를 의미하고, ❷와 관련하여 공익재단의 설립 과정에서 실질적인 영향력을 행사하여야 공익재단을 특수관계인으로 보아 그 보유주식을 합산하여 최대주주를 판정할 수 있다고 보았다. 즉 대법원은 갑 등이 A장학재단에 수원교차로 주식 90%를 기부함으로써 황필상 등과 장학재단이 보유한 주식을 합하여 최대주주가 되었으므로, 증여세 과세대상이 된다고 본 원심에 대하여, 갑 등이 위 재단을 실질적으로 설립한 것으로 볼 수 있어야만 재단의 보유주식을 합산하여 최대주주가 될 수 있어 증여세 과세대상이 되는데 원심은 그러한 사정을 살피지 않고 과세대상이 된다고 잘못 판단하였다는 이유로 파기환송하였다.

⑥ 사전 증여재산

피상속인이 상속개시일 전 10년 이내에 상속인에게 증여한 재산가액과 상속개시일 전 5년 이내에 상속인이 아닌 자에게 증여한 재산가액은 상속세 과세가액에 가산한다.

이는 피상속인이 상속세의 누진세율의 적용을 피하기 위하여 상속개시 전에 분산 증여를 방지하기 위함이며, 상속세 과세가액에 가산된 증여재산에 대한 증여세는 상속세 계산 시 공제한다.

(3) 상속세 과세표준 차감 항목

① 채무, 장례비용, 공과금

채무(상속개시일 전 10년 이내에 피상속인이 상속인에게 진 증여채무와 상속개시일 전 5년 이내에 피상속인이 상속인이 아닌 자에게 진 증여채무는 제외)와 장례비용 및 봉안시설 또는 자연장지의 사용에 소요된 금액(500만원 한도), 상속개시일 현재 피상속인이 납부할 의무가 있는 공과금은 상속재산가액에서 차감한다.

② 기초공제

과세가액에서 공제되는 상속세의 기초공제는 2억원이다. 가업상속의 경우에는 ① 영농상속의 경우 영농상속 재산가액(5억원 한도), ② 피상속인이 10년 이상 계속하여 경영한 중소기업인 경우 200억원(15년 이상 계속 경영 시 300억원, 20년 이상 계속 경영 시 500억원)을 한도로 가업상속재산가액에 해당하는 금액을 상속세 과세가액에서 공제한다.

③ 배우자공제

배우자가 실제로 상속받은 금액은 상속세과세가액에서 공제(30억원 한도)되나, 상속개시일로부터 1년 이내에 배우자의 상속재산을 분할하고 등기 등을 하여야 한다. 그러나 배우자가 실제로 상속한 재산이 없거나 5억원 미만인 경우에도 배우자공제로 5억원을 공제한다.

④ 일괄공제

기초공제액(2억원)과 자녀공제(1인당 5,000만원) 등을 합친 금액이 5억원에 미달하는 경우 5억원이 공제된다. 상속인이 배우자 1인인 경우에는 일괄공제(5억원)는 적용되지 아니한다. 따라서 배우자와 자녀가 공동상속인이라면 일괄공제 5억원과 배우자공제 5억원은 기본적으로 공제되므로, 상속재산가액이 10억원을 초과하지 않으면 상속세 부담은 없다고 할 것이다.

뉴스 속의 세금

✤ 재산 물려받아도 98%는 상속세 '한 푼도' 안 낸다

재산을 상속받은 사람의 98%는 상속세를 내지 않는 것으로 밝혀졌다. 국회 기획재정위원회 소속 더불어 민주당 박광온 의원이 국세청의 '상속·증여 재산 종류별 현황'을 분석한 결과 2011~2015년 총 145만6,370명이 151조600억 원을 상속으로 물려받았다. 그러나 이 중 상속세를 낸 사람은 전체의 2.2%인 3만2,330명에 그쳤다. 97.8%인 142만4,040명은 세금을 전혀 내지 않은 것이다.

상속세의 최고세율은 50%로써 외국과 비교해도 낮지 않은 편이다. 이는 프랑스(45%), 미국(40%), 영국(40%) 등 보다 높은 편이다. 그러나 각종 공제 혜택 때문에 실제로 세금을 부담하는 경우는 드물다고 할 수 있다. 현행법에선 기초공제액(2억원)과 자녀공제(1인당 5,000만원)가 5억원에 미달하면 5억원의 일괄공제를 적용받고, 배우자가 상속인일 경우에는 최소한 5억원의 배우자 공제를 적용 받을 수 있다. (2016년 10월 7일 서울경제)

☞ 우리나라는 자녀가 부모로부터 상속받는 재산이 10억원 이하인 경우에는 상속세를 부담하지 않는다. 그 이유는 일괄공제 5억원과 부모 중 한명이라도 생존해 있으면 배우자공제로 5억원을 공제받기 때문이다. 즉, 일괄공제 5억원과 배우자 공제 5억원의 합계 10억원을 상속재산에서 공제하기 때문에 상속재산이 10억원 이하인 경우에는 실질적으로 상속세를 부담하지 않는다.

그러나 부모가 자녀에게 재산을 증여하는 경우에는 5,000만원만 공제되기 때문에 10억원의 재산을 증여한다면 9억5천만원에 대해서는 증여세를 부담하여야 한다. 따라서 재산이 10억원 이하인 경우에는 증여로 이전받는 것보다는 상속으로 이전받는 것이 세금 측면에서는 유리하다.

⑤ 금융재산상속공제

상속개시일 현재 상속재산가액 중 금융재산(예금, 보험금, 주식 등)의 가액에서 금융채무를 뺀 가액(순 금융재산의 가액)의 100분의 20을 금융재산상속공제(2억원 한도)로 상속세 과세가액에서 차감한다.[4)]

⑥ 동거주택상속공제

상속개시일 현재 무주택자로서 피상속인과 동거한 상속인이 피상속인과 상속개시일부터 소급하여 10년 이상 계속하여 하나의 주택에서 동거하고, 1세대 1주택에 해당하는 경우에는 상속주택가액의 100분의 80에 상당하는 금액(5억원 한도)을 상속세 과세가액에서 공제한다.

---

4) 순금융재산의 가액이 2,000만원 이하이면 그 가액을 공제한다(상증법 제22조).

<표 12-5> 상속세 과세표준 차감 항목 중 최소 공제금액

구 분	최소 공제금액	비 고
채 무	-	피상속인의 채무로 입증되는 금액
장 례 비 용	500만원	1,000만원을 한도로 함.
공 과 금	-	상속개시일 현재 납부의무가 있는 금액
일 괄 공 제	5억원	배우자 외의 상속인이 있는 경우
배 우 자 공 제	5억원	30억원을 한도로 함.
금 융 재 산 공 제	-	순금융재산가액의 20%(2억원 한도)
동거주택상속공제	-	상속주택가액의 80%(5억원 한도)

(4) 상속세 세액 관련 항목

① 세율

상속세의 세율은 증여세율과 동일하며, 각 구간별 세율은 다음 <표 12-6>과 같다.

<표 12-6> 상속세율

상속세 과세표준	세 율	누진공제액
1억원 이하	10%	0
1억원 초과 5억원 이하	20%	1,000만원
5억원 초과 10억원 이하	30%	6,000만원
10억원 초과 30억원 이하	40%	1억6,000만원
30억원 초과	50%	4억6,000만원

② 상속세 할증과세

피상속인의 자녀인 상속인이 상속포기 혹은 협의분할로 인하여 자녀 아닌 직계비속에게 재산이 상속되는 경우에는 상속재산 중 그 재산이 차지하는 비율에 해당하는 상속세 산출세액의 100분의 30에 해당하는 금액을 가산한다.[5]

③ 세액공제

㉠ 신고세액공제 : 법정신고기한(상속 개시일이 속하는 달의 말일로부터 6개월) 내에 신고한 경우에는 ① 2018.1.1.~12.31. 기간 중 상속이 개시되는 경우 : 5%, ② 2019.1.1. 이후 상속이 개시되는 경우 : 3%를 상속세 산출세액에서 공제한다.

5) 피상속인의 자녀가 상속개시 전에 사망하여 손자 혹은 외손자 등이 상속받는 대습상속의 경우에는 적용되지 아니한다(상증법 제27조).

㉡ 증여세액공제 : 상속재산에 가산한 상속인의 수증재산에 대한 증여세액(증여 당시의 증여세 산출세액)은 그 상속인이 납부할 상속세 산출세액에 그 상속인이 받았거나 받을 상속재산의 과세표준에서 수증재산의 과세표준이 차지하는 비율을 곱하여 계산한 금액을 한도로 각자가 납부할 상속세액에서 공제한다.

㉢ 단기 재상속세액공제 : 상속개시 후 10년 이내에 상속인의 사망으로 다시 상속이 개시되는 경우에는 전(前)의 상속세가 부과된 상속재산 중 재상속분에 대한 전의 상속세 상당액에 재상속기간별 공제율(100%～10%)을 적용한 금액을 상속세 산출세액에서 공제한다.

연습사례

Q2. 위 Q1사례에서 상속인들이 법정상속지분으로 상속받은 경우(1안)의 상속세와 예금 3억원은 자녀가 공동으로 상속받고 나머지 재산은 모두 배우자가 상속받는 경우(2안)의 상속세를 비교하면 어느 쪽이 절세되는가?

A : Q2. 사례에서 상속인들 사이에 상속재산을 분할금액이 다르더라도, 상속세 계산시에는 피상속인의 재산전체를 과대상으로 삼게 되므로 상속재산가액은 동일하다.
그러나 배우자가 실제 상속받는 금액에 따라 배우자상속공제금액이 달라지므로 아래 <표 12-7>과 같이 계산된다. 따라서 상속세 부담의 측면에서는 배우자가 상속받는 금액이 증가되면 절세의 효과가 있다.

<표 12-7> Q2. 사례에 따른 상속세 차이

구 분	1안(법정지분)	2안(협의분할)	비 고
배우자가 분할받은 재산	6억3,000만원	3억원	
자녀가 분할받은 재산	8억4,000만원	11억7,000만원	
상속재산가액(합계)	14억7,000만원	14억7,000만원	보험금 포함
채무 등	0	0	
상속세 과세가액	14억	14억	
배우자 상속공제	6억3,000만원	5억원	최소 5억원 공제
일괄 공제	5억원	5억원	
공제금액(합계)	11억3,000만원	10억원	
상속세 과세표준	3억4,000만원	4억7,000만원	
상속세 세율	(20%)	(20%)	
상속세 산출세액	5,800만원	8,400만원	차이: 2,600만원

2. 증여세

1) 증여세 의의

증여세는 증여자가 생전에 자기의 재산을 무상으로 이전시키는 경우에 그 재산을 취득한 자에게 부과하는 세금으로 상속세의 보완세적 성격을 가진다. 상속세와 증여세는 무상으로 재산을 이전한 것에 대한 과세라는 점에서 동일하며, 세율도 동일하다.

다만, 상속세는 피상속인이 물려준 유산총액을 기준으로 과세(유산과세형)되지만, 증여세는 수증자를 기준으로 증여자·수증자 별로 세액을 계산하고, 동일한 증여자로부터 증여받은 재산은 10년간 합산하여 과세한다는 점에서 차이가 있다.

2) 증여세 납세의무

(1) 증여의 개념

민법상 증여란 당사자의 일방(증여자)이 무상으로 재산을 상대방에게 준다는 의사표시를 하고, 상대방(수증자)이 그것을 승낙함으로써 성립하는 계약을 말한다. 그러나 「상속세 및 증여세법」상 증여는 '그 행위 또는 거래의 명칭·형식·목적 등과 관계없이 경제적 가치를 계산할 수 있는 유형·무형의 재산을 직접 또는 간접적인 방법으로 타인에게 무상으로 이전[현저히 저렴한 대가를 받고 이전(移轉)하는 경우를 포함한다]하는 것 또는 기여에 의하여 타인의 재산가치를 증가시키는 것'으로 규정하고 있다(<그림 12-4> 참조).

이는 소위 완전포괄주의에 의한 증여과세를 의미하고, '근본적으로는 부를 이전하는 사법상의 형식이 무엇인가에 관계없이 부의 세습에는 세금이 따라야 한다'라는 관념이 반영된 것으로 볼 수 있다.

<그림 12-4> 「상속세 및 증여세법」상 증여의 범위

<table>
<tr><th colspan="5">증 여 세</th></tr>
<tr><td>민법상 증여</td><td colspan="3">증여의제(14개), 증여추정(2개)</td><td>새로운 유형</td></tr>
<tr><td>계약에 의한 무상이전</td><td>일반거래를 통한 무상이전</td><td>자본거래를 통한 무상이전</td><td>증여의제 유형과 유사사례</td><td>형식에 관계없이 직간접 무상이전</td></tr>
<tr><td rowspan="3">포괄주의</td><td colspan="2">열거주의(~'98)</td><td colspan="2"></td></tr>
<tr><td colspan="3">유형별 포괄주의(99~'03)</td><td></td></tr>
<tr><td colspan="4">완전 포괄주의('04~)</td></tr>
</table>

※ 출처 : 국회예산정책처, "2016 조세의 이해와 쟁점 ⑤ 상속세 및 증여세", 2016, 12면.

(2) 증여세의 납세의무자

증여세의 납세의무자는 수증자이며,[6] 수증자가 증여일 현재 비거주자인 경우와 명의신탁재산(주식)의 증여의제규정에 따라 증여세가 과세되는 경우에는 증여자가 수증자와 함께 연대납세의무를 부담한다.

연대납부의무자에 해당하지 아니하고 증여자가 수증자를 대신하여 납부한 증여세액은 새로운 증여가액으로서 이는 본래의 증여가액에 포함되어 증여세 부과대상이 된다.

(3) 증여세의 신고와 납부

수증자는 증여일이 속하는 달의 말일부터 3개월 이내에 증여세 과세표준과 세액을 주소지 관할 세무서에 신고하고, 세무서장 등은 법정결정기한(증여세 신고기한으로부터 3개월) 이내에 신고된 과세표준과 세액을 조사하여 결정한다. 증여세의 분납, 연부연납, 물납에 관한 사항은 앞서 설명한 상속세의 경우와 동일하다.

(4) 증여재산의 반환

증여를 받은 후 당사자 간의 합의에 따라 그 증여받은 재산(금전 제외)을 증여세 과세표준을 결정받기 전인 증여세 신고기한(증여받은 날의 말일로부터 3개월) 이내에 증여 재산을 반환하는 경우에는 당초 증여 및 반환(혹은 재증여) 모두를 증여로 보지 않고, 증여세 신고기한 경과 후 3개월(즉, 증여받은 날의 말일로부터 6개월) 이내에 증여자에게 반환하는 경우에는 당초 증여는 증여세 과세대상이지만 반환(혹은 재증여)에 대하여 증여세를 부과하지 아니한다. 그러나 수증자가 증여받은 재산을 증여세 신고기한 경과 후 3개월(즉, 증여받은 날의 말일로부터 6개월) 이후에 반환하면 당초 증여, 반환(혹은 재증여)에 대하여 모두 증여세가 부과된다.

(5) 자본거래와 관련하여 주주가 받은 이익에 대한 증여세 과세

출자 · 감자, 합병 · 분할, 전환사채 등에 의한 주식의 전환 · 인수 · 교환 등 법인의 자본을 증가시키거나 감소시키는 거래로 개인주주가 얻은 이익 또는 사업 양수 · 양도, 사업 교환 및 법인의 조직 변경 등에 의하여 소유지분이나 그 가액이 변동됨에 따라 개인주주가 얻은 이익은 증여재산가액으로 한다.

---

6) 증여세 납세의무를 수증자에게 지우느냐, 아니면 증여자에게 지우느냐, 아니면 양자 간에 상호 연대적으로 지우느냐는 각국의 입법정책상의 문제이다.

(6) 증여로 추정하는 경우

① 배우자 등에게 양도한 재산의 증여 추정

배우자 등에게 대가를 받고 양도한 사실이 명백히 인정되는 경우 외에는 배우자 또는 직계존비속에게 양도한 재산은 배우자 등이 증여받은 것으로 추정하여 이를 배우자 등의 증여재산가액으로 한다. 한편, 양도자가 특수관계인(양수자)에게 양도한 재산을 그 특수관계인(양수자)이 양수일부터 3년 이내에 당초 양도자의 배우자 등에게 다시 양도한 경우에는 양수자가 그 재산을 양도한 당시의 재산가액을 그 배우자 등이 양도자로부터 증여받은 것으로 추정하여 이를 배우자 등의 증여재산가액으로 한다.

② 재산 취득자금 등의 증여 추정

직업, 연령, 소득 및 재산 상태 등으로 볼 때 재산 혹은 채무를 자력(自力)으로 취득 혹은 상환하였다고 인정하기 어려운 경우로서, 그 자금의 출처가 입증되지 아니하는 금액이 취득재산 가액 또는 채무 상환금액의 100분의 20에 상당하는 금액과 2억원 중 적은 금액에 미달하게 입증되는 경우 외에는 그 재산의 취득자금 혹은 그 채무의 상환자금을 증여받은 것으로 추정하여 이를 증여재산가액으로 한다.

3) 증여세의 계산

(1) 증여세의 계산 구조

증여세는 다음 <표 12－7>과 같은 단계로 계산된다.

<표 12－7> 증여세 계산 구조

항 목	내 용
증여재산가액(=)	＋ 타인으로부터 무상으로 받은 재산의 시가 ＋ 고가양도 혹은 저가양수시의 시가와 대가의 차액 등 － 비과세되는 증여재산의 가액
증여세 과세가액(=)	＋ 증여재산가액 － 증여재산에 담보된 채무로서 수증자가 인수한 금액 ＋ 증여일 전 10년 이내에 동일인으로부터 받은 증여재산가액을 합친 금액(1,000만원 이상인 경우에 한함)
증여세 과세표준(=)	＋ 증여세 과세가액 － 증여재산 공제
증여세 산출세액(=)	증여세 과세표준 × 세율
납부할 증여세액(=)	＋ 증여세 산출세액 ＋ 증여세 할증과세액 － 신고세액 공제액

(2) 증여세 과세표준 가산 항목

① 타인으로부터 무상으로 받은 재산

타인으로부터 부동산을 무상으로 받는 경우에 증여재산가액 계산시 그 가액은 원칙적으로 시가에 의하여 계산하게 되나 그 시가가 명확하지 않은 경우에는 일반적으로 아파트는 공동주택공시가격, 단독주택은 개별주택가격, 토지는 개별공시지가 의하여 산정한 가액을 증여받은 금액으로 본다.

② 재산의 고가양도 혹은 저가양수 시 시가와 대가의 차액 등

타인으로부터 재산(부동산, 주식 등)을 정당한 사유없이 시가보다 높은 가액으로 양도하거나 낮은 가액으로 양수하는 경우의 시가와 대가의 차액, 타인이 보험료를 납부한 생명보험이나 손해보험의 보험금을 수령한 경우에는 그 보험금 상당액, 채권자로부터 채무를 면제받거나 제3자로부터 채무의 인수 또는 변제를 받은 경우에는 그 채무 면제액, 특수관계인의 부동산(주택 제외)을 무상으로 사용하는 경우에는 그 얻는 이익은 증여세 과세가액에 포함된다.

(3) 증여세 과세표준 차감 항목

① 비과세되는 증여재산의 가액

학자금 또는 장학금 기타 이와 유사한 금품, 기념품 · 축하금 · 부의금 기타 이와 유사한 금품으로서 통상 필요하다고 인정되는 금품, 혼수용품으로서 통상 필요하다고 인정되는 금품 등을 무상으로 받더라도 증여세는 과세되지 않는다. 그러나 그 금액의 범위를 특정 할 수는 없지만 사회적으로 통상 인정되는 부분으로 보아야 할 것이다.

② 증여재산공제

증여재산공제액은 해당 증여 전 10년 이내에 공제받은 금액과 해당 증여가액에서 공제받을 금액의 합계액이 아래의 금액을 초과하는 경우에는 초과하는 부분은 공제하지 아니한다.

증여세의 과세표준은 증여자별 · 수증자별로 각각 계산하는 것이 원칙이다. 다만 증여재산공제는 수증자를 기준으로 증여자와 수증자의 친족관계에 따라 <표 12－8>의 그룹별로 적용한다.

<표 12-8> 증여재산 공제

증여자와의 관계	증여재산 공제액
배우자로부터 수증	6억원
직계존속으로부터 수증(2014년 이후)	5,000만원
	2,000만원(수증자가 미성년자인 경우)
직계비속으로부터 수증(2016년 이후)	5,000만원
기타 친족으로부터 수증(2016년 이후)	1,000만원

*기타 친족은 그 외 6촌 이내의 혈족 및 4촌 이내의 인척을 말한다.

뉴스 속의 세금

❖ 증여를 통해 취득가액을 올려 양도소득세를 절세하라

배우자로부터 부동산 등 재산을 증여받은 경우 증여세 과세가액에서 6억원을 공제받을 수 있다. 이를 증여재산공제라 하며, 이 경우 수증자는 반드시 거주자(국내에 주소를 두거나 183일 이상 거소를 둔 사람을 말한다)이어야 한다. 이러한 증여재산공제 제도를 잘 활용하면 배우자로부터 사랑받고 또는 세금도 절약할 수 있다.

가령, 중과세 대상인 2주택을 보유한 부부가 있는데, 남편이 2억원에 취득한 아파트가 있고 현재 시가가 6억원인 아파트를 제3자에게 6억원에 양도하여 양도차익이 4억원이라고 가정하면 양도소득세 등이 무려 192백만원[40천만원 + 9460만원+(3억원을 초과하는 금액의 40%) + 지방소득세]이 된다.

이러한 아파트를 남편이 부인에게 증여하는 경우로서 부인이 거주자에 해당하고 해당 증여전 최근 10년 이내에 부인이 배우자로부터 다른 증여받은 재산이 없는 경우에는 6억원을 증여세 과세가액에서 공제가능하다.

그러므로 부인이 증여받은 아파트에 대하여 6억원을 시가로 하여 증여세를 신고하는 경우에는 증여재산공제액 범위 이내이므로 부인이 부담할 증여세는 없다.

이후 부인이 5년이 지난 후에 증여받은 아파트를 양도하는 경우에는 그 아파트의 취득가액은 6억원이 되므로 6억원에 양도하는 경우 양도소득세가 없고 6억원을 초과하여 양도하는 경우에도 취득가액이 높아져 양도소득세 부담이 훨씬 줄게 된다. 그러므로 1세대 2주택 이상자 또는 비사업용 토지 등 양도소득세가 중과되는 부동산이 있는 경우에는 배우자에게 증여를 하여 취득가액을 높이는 것도 절세의 방법이다.

하지만 증여받은 날로부터 5년 이내에 양도하는 경우에는 소득세법 제97조의2에 따른 배우자 이월과세가 적용되어 증여한 남편의 취득 당시 취득가액 등으로 계산한 양도소득세와 부인이 증여받은 날 기준으로 계산한 양도소득세 중 큰 금액으로 양도소득세를 부담해야 하게 됨을 유의해야 한다. (2018년 8월 17일 여성소비자신문)

(4) 증여세 세액 관련 항목

① 증여세 세율

증여세의 세율은 상속세율과 동일하며, 각 구간별 세율은 <표 12－6>과 같다.

② 증여세 할증과세

수증자가 증여자의 자녀가 아닌 직계비속(손자 등)인 경우에는 증여세 산출세액의 100분의 30에 상당하는 금액을 가산한다. 다만, 증여자의 최근친(最近親)인 직계비속이 사망하여 그 사망자의 최근친인 직계비속이 증여받은 경우에는 그러하지 아니하다.

③ 신고세액공제

법정신고기한(증여받은 날이 속하는 달의 말일로부터 3개월) 내에 신고한 경우에는 ① 2018.1.1.～12.31. 기간 중 증여를 받는 경우 : 5%, ② 2019.1.1. 이후 증여를 받는 경우 : 3%를 증여세 산출세액에서 공제한다.

연습사례

Q3. 나북악은 대학을 졸업한 후 중소기업인 (주)국민에 입사하여 매월 80만원을 저축하는 등의 노력으로 38세에 1억5,000만원에 해당하는 예금자산을 보유하게 되어, 생애 처음으로 자신 명의의 주택을 구입하려고 한다.
아래 표와 같이 자금을 조달하여 전용면적 85㎡의 아파트를 3억5,000만원에 분양받는 경우, 나북악이 배우자로부터 받은 3,000만원과 부모로부터 받은 7,000만원에 대한 증여세 과세표준과 세액은 얼마인가?

구 분	금 액
나북악의 본인 예금	1억5,000만원
이쁜이(배우자)의 예금	3,000만원
나북악의 아버지로부터 현금 증여	7,000만원
금융권 대출	1억원
합 계	3억5,000만원

A : Q3. 사례에서 나북악이 10년 이내에 직계존속으로부터 받은 수증가액이 2017년 1월에 받은 현금 7,000만원 이외에는 없다고 하면, 이에 대한 증여재산공제는 5,000만원이며, 배우자로부터 받은 3,000만원에 대해서는 3,000만원이 증여재산공제금액이다. 따라서 나북악의 증여세 과세표준은 2,000만원(아버지로부터 받은 현금 7,000만원에서 증여재산공제 5,000만원을 차감한 금액)이 되고, 여기에 세율 10%를 적용하면 200만원이 증여세 산출세액이 된다.

학 습 평 가

1. 상속세 및 증여세의 과세표준 계산시 공제되는 항목을 설명하라.
2. 「상속세 및 증여세법」상 상속세에 관한 설명으로 옳지 않은 것은?(2017년 공인회계사 시험)
   ① 상속개시일 현재 피상속인이 거주자인 경우 모든 상속재산에 대하여 상속세를 부과한다.
   ② 피상속인의 상속인이 그 배우자 단독인 경우 일괄공제를 적용받을 수 있다.
   ③ 피상속인이 신탁으로 인하여 타인으로부터 신탁의 이익을 받을 권리를 소유하고 있는 경우에는 그 이익에 상당하는 가액을 상속재산에 포함한다.
   ④ 납세지 관할 세무서장은 상속세 납부세액이 2천만원을 초과하는 경우에는 납세의무자의 신청을 받아 연부연납을 허가할 수 있다.
   ⑤ 전쟁이나 이에 준하는 공무의 수행 중 입은 부상 또는 질병으로 인한 사망으로 상속이 개시되는 경우에는 상속세를 부과하지 아니한다.

   [정답] : ②
3. 「상속세 및 증여세법」상 증여세에 관한 설명으로 옳지 않은 것은?(2017년 공인회계사 시험)
   ① 증여세의 과세대상이 되는 증여재산에 대하여 수증자에게 소득세가 부과되는 경우 증여세와 소득세 중 큰 금액을 부과한다.
   ② 수증자가 증여재산을 당사자 간의 합의에 따라 증여세 과세표준 신고기한으로부터 6개월이 지난 후 증여자에게 반환하는 경우 당초의 증여

및 반환 모두에 대하여 증여세가 부과된다.

③ 친구로부터 받은 증여재산에 담보된 채무로서 수증자가 인수한 금액은 증여재산가액에서 차감한다.

④ 토지를 증여받아 증여세 납부의무가 있는 자는 증여받은 날이 속하는 달의 말일부터 3개월 이내에 증여세 과세가액 및 과세표준을 납세지 관할 세무서장에게 신고하여야 한다.

⑤ 미성년자가 직계존속으로부터 생애 처음 증여를 받는 경우 증여세 과세가액에서 공제하는 증여재산공제액은 최대 2천만원이다.

[정답] : ①

제 13 강 세금부과에 대한 이의제기

학습목표

1. 조세구제제도에 대해 말할 수 있다.
2. 조세불복제도의 유형을 이해하고, 흐름도에 따라 순서를 말할 수 있다.

1. 세금부과에 대한 이의제기방법과 대상

1) 부과된 세금에 대해 이의를 제기하는 방법과 대상

국세 및 지방세의 부과에 대해 이의가 있는 경우에는 이를 구제신청할 수 있다. 국세는 국세청장에 대한 심사청구나 조세심판원에 대한 심판청구 중 택일하여 구제를 신청할 수 있으며, 심사나 심판청구 이전에 처분청이나 지방국세청장에게 이의신청이 가능하다. 국세의 불복신청기간은 원칙적으로 처분이 있은 것을 안 날부터 90일(초일 불산입) 이내이며, 처분청 또는 재결청은 이의신청에 대해 30일, 심사청구에 대해 60일, 심판청구에 대해 90일 이내 각각 결정의 통지를 해 주어야 한다. 심사청구 또는 심판청구에 대한 결정 후 행정소송은 결정통지를 받은 날부터 90일 이내 제기해야 한다.

지방세는 도지사(도세의 경우)나 시장·군수(시·군세의 경우)에게 이의신청이 가능하다. 이의신청을 거친 후에는 이의신청에 대한 결정통지를 받은 날로부터 90일 이내에, 이의신청을 거치지 않은 경우에는 처분이 있은 것을 안 날로부터 90일 이내에 도세의 경우에는 조세심판원장에 대한 심판청구를, 시·군세의 경우에는 도지사에 대한 심사청구하여 구제를 신청할 수 있다.

연습사례

Q1. 연예인인 나북악은 2015년 1월 1일부터 12월 31일까지의 방송 등의 활동을 통해 발생한 소득에 대해서 종합소득세를 신고하고 2억원을 납부하였다. 그러나 그 후 관할 세무관서로부터 신고한 소득내역 중에서 필요경비로 계산한 금액에 문제가 있다고 하여 1억원의 추징세액에 대한 종합소득세 납세고지서를 수령하였다. 나북악은 관할 세무관서의 필요경비 계산방법에 대해 납득할 수 없어 이의를 제기하고자 하는데 그 방법은 무엇인가?

A : Q1 사례의 경우 나북악에 대한 1억원의 추징통보를 받은 것은 종합소득세이므로 이의신청 – 심사청구 혹은, 이의신청 – 심판청구의 단계를 거치거나, 이의신청을 거치지 않고 심사청구 혹은 심판청구를 통해 구제를 받을 수 있다. 기각결정이 있는 경우에는 심사청구 또는 심판청구에 대한 결정통지를 받은 날부터 90일 이내 행정소송을 제기할 수 있다.

2. 조세불복제도의 유형

연습사례

Q2. 조세불복제도의 유형별 상세한 진행방법은?

1) 조세불복제도의 의의

조세는 국가권력에 의하여 개별적인 반대급부 없이 국민으로부터 강제적으로 징수한다는 점에서 조세권이 남용되면 국민의 재산권을 침해할 가능성이 있다. 과세관청의 위법·부당한 처분에 대하여 그 권리 또는 이익을 침해받은 자는 그 처분에 대하여 구제를 받을 수 있는 불복절차가 필요하다.

조세불복제도는 국가의 재정권에 대한 국민의 권익을 보호할 뿐만 아니라 조세행정의 남용을 방지하고 위법·부당한 과세처분에 대하여 국민의 권리와 이익을 구제하며 조세법 질서의 유지와 조세정의를 기하는 데 의의가 있다.

2) 조세불복제도의 유형

사법적 보완기능을 하는 조세불복제도로 사전구제제도와 사후구제제도가 있다. 사전구제제도로는 행정절차인 과세전적부심사제도가 있다. 사후구제제도로는 직권구제와 쟁송구제가 있고, 쟁송구제제도는 다시 행정절차와 사법절차로 나뉜다.

현행법상 행정절차로는 조세행정불복제도(이의신청, 심사청구 또는 심판청구, 조세불복절차의 흐름도는 <그림 13－2> 참조)가 마련되어 있고, 사법절차로는 행정소송 및 민사소송제도가 있다.

<그림 13－1> 조세불복제도의 유형

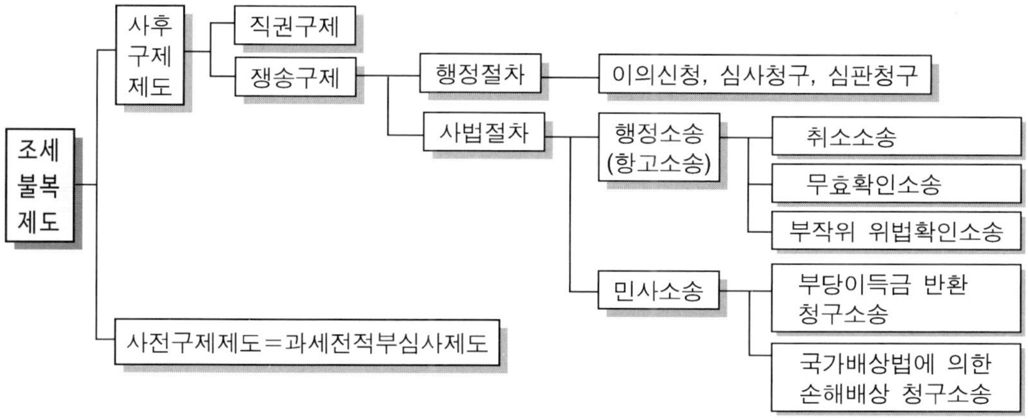

<그림 13－2> 국세불복절차 흐름도

2) 과세전적부심사청구 – 사전구제제도

(1) 청구대상

국세의 경우 과세전적부심사는 세무조사결과에 대한 서면통지 또는 지방국세청장·국세청장의 감사결과 과세예고통지를 받은 납세자가 소관 세무서장 또는 지방국세청장에게 청구할 수 있다(별지 제1호서식 사용).

【과세전적부심사사무처리규정 별지 제2호 서식】(2013. 7. 1. 개정)

NTS **기 관 명**

수신자

제 목 **과세예고 통지**

귀하(귀사)의 (　　　　)에 대하여 과세할 내용을 아래와 같이 알려드립니다.

납 세 자	상 호 (성 명)		사업자등록번호 (생 년 월 일)	
	사업장 (주 소)			
1. 과세예고 종류 :				
과세예고 내용				

청구의 내용이 법령과 관련하여 국세청장의 유권해석을 변경하여야 하거나 새로운 해석이 필요한 경우 : 국세청장의 훈령·예규·고시 등과 관련하여 새로운 해석이 필요한 것 또는 세무서·지방국세청에 대한 국세청장의 업무감사결과 과세예고통지를 한 경우에는 국세청장에게 과세전적부심사(별지 제2호서식 사용)를 청구할 수 있다. 이 경우 청구서는 국세청에 직접 접수하거나 소관 세무서 또는 지방국세청에 접수할 수 있다.

지방세의 경우에도 납세자는 ① 세무조사에 대한 서면통지, ② 과세예고통지 그리고 ③ 비과세 또는 감면의 신청을 반려하는 통지 중 하나에 해당하는 통지를 받은 때에는 당해 지방자치단체의 장에게 통지된 내용에 따른 과세가 적법한지의 여부에 관한 심사의 청구를 할 수 있다.

과세전적부심사제도는 과세관청이 위법·부당한 처분을 행할 가능성을 줄이고 납세자도 과세처분 이전에 자신의 주장을 반영할 수 있도록 하는 예방적 구제제도의 성질을 가지므로 과세관청이 과세예고통지를 생략한 채 과세처분을 함에 따라 납세자가 과세전적부심사의 기회를 상실하였다면, 이는 납세자의 절차적 권리를 중대하게 침해하였으므로 위법한 과세처분에 해당된다(대법원 2016.4.15. 선고, 2015두52326 판결 참조).

판례 속의 세금

❖ 대법원 2016.4.15. 선고, 2015두52326 판결

…… 사전구제절차로서 과세예고 통지와 과세전적부심사제도가 가지는 기능과 이를 통해 권리구제가 가능한 범위, 이러한 제도가 도입된 경위와 취지, 납세자의 절차적 권리 침해를 효율적으로 방지하기 위한 통제방법 등을 종합적으로 고려하여 보면, 국세기본법 및 구 국세기본법 시행령이 과세예고 통지의 대상으로 삼고 있지 않다거나 과세전적부심사를 거치지 않고 곧바로 과세처분을 할 수 있는 예외사유로 정하고 있는 등의 특별한 사정이 없는 한, 과세관청이 과세처분에 앞서 필수적으로 행하여야 할 과세예고 통지를 하지 아니함으로써 납세자에게 과세전적부심사의 기회를 부여하지 아니한 채 과세처분을 하였다면, 이는 납세자의 절차적 권리를 침해한 것으로서 과세처분의 효력을 부정하는 방법으로 통제할 수밖에 없는 중대한 절차적 하자가 존재하는 경우에 해당하므로, 그 과세처분은 위법하다고 보아야 할 것이다.

(2) 청구기간 등

국세의 경우 과세전적부심사청구는 세무조사결과 통지 또는 감사결과 과세예고통지를 받은 날부터 30일 이내에 청구하여야 하며, 과세전적부심사청구를 받은 세무서장·지방국세청장 또는 국세청장은 청구를 받은 날부터 30일 이내에 과세전적부심사위원회의 심의를 거쳐 결정하도록 하고 있다. 결정기간은 훈시규정이고 결정의 종류는 불채택결정, 채택결정, 심사하지 아니한다는 결정이 있다.

지방세의 경우 과세전적부심사청구는 통지를 받은 날로부터 30일 이내에 시·군세는 시장·군수에게, 도세는 도지사에게 제출하여야 한다. 한편 지방자치단체의 장은 청구서를 접수한 날로부터 30일 이내 위원회의 심사를 거쳐 그 결과를 청구인에게 통지하여야 한다.

<그림 13－3> 국세의 경우 과세전적부심사절차 흐름도

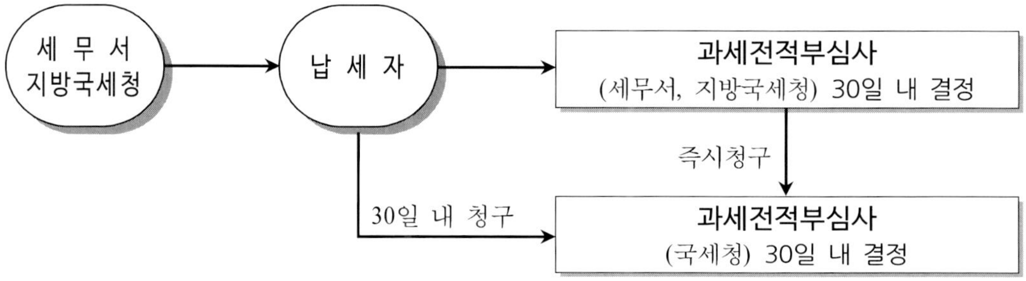

3) 직권구제(취소)

(1) 개념

위법, 부당한 처분 또는 부작위로 인하여 권리, 이익의 침해받은 경우에 과세관청 자신이 이를 취소하거나 합당한 처분을 할 것을 과세관청에 청구하여 구제받는 것을 말한다.

민원봉사실의 납세자보호담당관을 통한 고충민원신청이나 강제력이 없는 권고의 효력만 갖는 국민고충처리위원회의 시정조치도 직권구제방법의 일종이다.

(2) 법적근거

국세기본법에는 명문규정이 없으나 재무부 기법 46019-326, 1995.10.12.에서 "불복청구기한이 지난 경우에도 과다납부한 사실이 확인되면 부과제척기한 내에는 경정할 수 있다."고 하고 있고(국세청 납세서비스사무처리규정 제60조는 적극적인 직권취소를 규정하고 있다), 지방세법 제25조의2는 "지방자치단체의 장은 지방세의 부과징수가 위법 또는 부당한 것임을 확인한 때에는 즉시 그 처분을 취소하거나 변경하여야 한다."고 명문의 규정을 두고 있다.

명문이 없더라도 과오납 세금이 확인된 때에는 헌법상 보장된 재산권보장과 조세법률주의 원칙의 이념에 의해 당연히 과세관청 스스로 직권시정조치하여야 한다.

(3) 직권구제절차

직권구제를 요구하는 서류(환급신청서, 탄원서, 시정요구서 등)를 처분청에 직접 제출하고 부과처분이 명백히 잘못되었음을 상세히 기술하고 입증서류를 제출하여야 한다.

(4) 유효성

직권구제는 위법·부당한 처분임이 명백함에도 불복·쟁송기한의 경과로 행정심판 또는 소송의 방법으로 구제받지 못하는 경우에 유효한 방법이다. 세금의 착오 납부, 이중납부, 계산착오로 인한 초과납부, 예규에 반하는 처분, 부칙 적용의 오류, 명백히 법령해석을 잘못 적용하여 세금을 과다납부한 경우 등 과오납 원인이 명백한 경우에는 직권구제방법이 가장 신속한 구제방법이다.

4) 이의신청

(1) 신청의 대상 등

세법상의 위법, 부당한 처분 또는 부작위로 인하여 권리, 이익의 침해를 받은 자와 그 이해 관계자는 그 처분이 국세청장이 조사, 결정 또는 처리하거나 처리하였어야 할 경우를 제외하고는 그 처분에 대하여 심사청구에 앞서 이의신청을 할 수 있다. 이의신청은 납세의 선택에 따라 거칠 수도 있고 거치지 않을 수도 있는 임의적인 절차이다.

(2) 이의신청업무 처리절차

당해 처분을 하거나 하였어야 할 세무서장에게 하며, 세무서장을 거쳐 소관 지방국세청장에게 한다. 이의신청대상이 지방국세청장이 조사 결정 처리할 것이라면 7일 이내 의견서를 첨부하여 지방국세청장에게 송부하여야 하며, 90일 이내에 결정하여야 한다.

지방세는 도지사(도세의 경우)나 시장 · 군수(시 · 군세의 경우)에게 이의신청이 가능하다. 즉 이의신청을 하고자 할 때에는 그 처분이 있는 것을 안 날로부터 90일 이내에 불복의 사유를 구비하여 도세에 있어서는 도지사에게, 시 · 군세에 있어서는 시장 · 군수에게 이의신청을 하여야 한다. 다만, 과세전적부심사를 거친 후에 과세된 처분에 대하여 이의가 있는 자는 이의신청을 거치지 아니하고 바로 심사청구 또는 심판청구를 할 수 있다.

5) 심사청구

(1) 청구대상 등

세법상의 위법, 부당한 처분 또는 부작위로 인하여 권리, 이익의 침해를 받은 자와 그 이해 관계자는, 이의신청을 거치거나 이의신청 없이 곧바로 국세청장에게 심사청구할 수 있다.

(2) 심사청구업무 처리절차

심사청구는 요식행위로서 문서에 의해 관계증거서류나 증거물이 있는 경우에는 이를 첨부하여 소관 세무서장을 거쳐 국세청장에게 한다. 심사청구서를 받은 세무서장은 이를 받은 날부터 7일 이내 그 청구서에 의견서를 첨부하여 국세청장에게 송부하여야 하며, 국세심사위원회의 심의 후 국세청장이 결정(심사위원회 – 국세청 차장이 위원장, 10인으로 구성)하여 청구받은 날부터 90일 이내에 결정하여야 한다.

6) 심판청구

(1) 청구의 대상 등

세법상의 위법, 부당한 처분 또는 부작위로 인하여 권리, 이익의 침해를 받은 자와 그 이해 관계자는 징세기관인 국세청, 관세청 및 지방자치단체와는 독립된 조세심판원에 심판청구할 수 있다.

(2) 심판청구업무 처리절차

심판청구는 그 처분을 하거나 하였어야 할 세무서장(세관장), 지방자치단체의 장을 거쳐 조세심판원장에게 하거나 세무서장 등을 거치지 않고 직접 조세심판원장에게 할 수 있으며(우편 또는 사이버심판청구 가능), 조세심판원장은 심판청구를 받은 날로부터 90일 이내에 결정하여야 한다.

지방세의 경우 이의신청을 거치지 아니하고 심사청구 또는 심판청구를 하려는 때는 도지사의 결정에 대해서는 조세심판원장에게 심판청구를, 시장・군수의 결정에 대해서는 도지사에게 심사청구를 하거나 조세심판원장에게 심판청구를 하여야 한다.

이의신청을 거친 후에 심사청구 또는 심판청구를 하고자 할 때에는 이의신청에 대한 결정의 통지를 받은 날로부터 90일 이내에 도지사의 결정에 대하여는 조세심판원장에게 심판청구를, 시장・군수의 결정에 대하여는 도지사에게 심사청구를 하거나 조세심판원장에게 심판청구를 하여야 한다.

(3) 심판결정의 종류 및 효력

심판청구에 대한 결정은 그 결정된 내용에 따라 다음의 <표 13－1>과 같이 각하, 기각, 인용으로 분류한다.

<표 13－1> 심판청구에 대한 결정

결 정	내 용
각하(却下)	요건심리를 한 결과 청구요건이 불비한 경우에 청구인이 주장한 이유 등 내용을 심리하지 않고 신청 자체를 배척하는 결정, 즉 본안심리를 하지 않고 신청 자체가 부적합다고 판단하는 결정
기각(棄却)	청구요건을 구비하였으므로 본안심리에 의하여 청구주장의 내용 및 이유 등을 검토・심리하고 그 불복의 내용이 이유 없다고 판단하는 결정으로 청구

결 정	내 용
	인의 불복을 받아들이지 아니하고 처분청의 처분 등을 정당하다고 인정하여 청구의 대상이 된 처분을 유지시키는 결정
인용(認容)	본안심리 결과 불복의 내용이 이유 있다고 판단하는 결정으로 청구인의 불복을 받아들여 처분청의 처분을 취소, 경정, 재조사하도록 하는 결정

※ 출처 : 조세심판원, http://www.tt.go.kr/mUser/guide/kindList.do(방문일자 : 2017.4.16.)

심판결정은 관계 행정청을 기속하며 당해 행정청은 결정 취지에 따라 즉시 필요한 처분을 하여야 하고, 처분청은 심판결정에 불복하여 행정소송 등 쟁송을 제기할 수 없다.

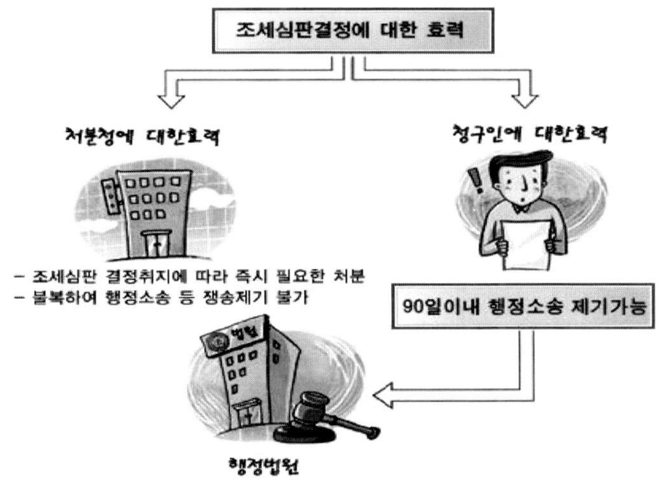

※ 출처 : 조세심판원, http://www.tt.go.kr/mUser/guide/umpireList.do(방문일자: 2017.4.16)

(4) 재조사 결정

'취소 · 경정 또는 필요한 처분'을 하기 위하여 사실관계 확인 등 추가적으로 조사가 필요한 경우에는 처분청으로 하여금 이를 재조사하여 그 결과에 따라 취소 · 경정하거나 필요한 처분을 하도록 하는 '재조사 결정'을 할 수 있다.

이에 따른 재조사결정이 있는 경우 처분청은 재조사 경정일로부터 60일 이내에 결정서 주문에 기재된 범위에 한하여 조사하고, 그 결과에 따라 취소 · 경정하거나 필요한 처분을 하여야 한다(이 경우에는 지체없이 그 처분결과를 불복청구인에게 통지하여야 한다). 이 경우 처분청은 세무조사의 연기신청과 세무조사 기간의 연장 규정에 따라 조사를 연기하거나 연장(또는 조사를 중지)할 수 있다.

뉴스 속의 세금

✤ 대법원 2016.9.28. 선고, 2016두39382 판결 ; 조세심판원 재조사 결정 후 세액 더 늘었다면 '위법'

조세심판원의 재조사 결정에 따라 과세관청이 다시 세액을 부과했는데 당초보다 세액이 늘었다면 증액된 부분은 위법하다는 대법원 판결이 나왔다. 대법원은 지난달 28일 A씨가 영등포·북인천세무서장을 상대로 낸 '부가가치세 등 부과처분취소' 소송에서 일부는 파기환송, 일부는 취소 및 기각 결정을 내렸다.

대법원은 판결문에서 "국세기본법에서는 조세심판관회의 또는 조세심판관합동회의는 각하, 기각, 취소 및 경정 처분결정을 할 때 심판청구를 한 처분보다 청구인에게 불리한 결정을 하지 못한다고 규정하고 있다."고 밝혔다. 또 "심판청구에 대한 결정의 한 유형으로 실무상 행해지고 있는 재조사결정은 재결청의 결정에서 지적된 사항에 관해 처분청의 재조사결과를 기다려 그에 따른 후속 처분의 내용을 심판청구에 대한 결정의 일부분으로 삼겠다는 의사가 내포된 변형결정에 해당한다."고 덧붙였다.

따라서 대법원은 "처분청의 후속 처분에 따라 내용이 보완·결정됨으로써 효력이 발생하므로, 재조사결정의 취지에 따른 후속 처분이 심판청구를 한 당초 처분보다 청구인에게 불리하면 국세기본법 제79조 제2항의 불이익변경금지원칙에 위배돼 후속 처분 중 당초 처분의 세액을 초과하는 부분은 위법하게 된다."고 판결했다.

7) 감사원 심사청구

(1) 청구의 대상 등

납세자는 감사원법 제43조의 규정에 의하여 위법·부당한 조세(국세 및 지방세)의 부과징수처분에 대하여 감사원에 심사청구할 수 있다. 감사원 심사청구를 위해서는 처분의 통지를 받은 날로부터 90일 이내에 청구의 취지와 이유를 기재한 청구서 및 증빙서류를 작성하여 처분청에 제출하여야 한다.

(2) 감사원 심사청구업무 처리절차

감사원은 심사청구에 대해 특별한 이유가 없는 한 3개월 이내에 심사결정을 하여야 하고, 감사원 심사청구를 한 처분에 대해서는 다른 심사청구 또는 심판청구를 하지 못하도록 하고 있다. 감사원이 그 심사청구를 이유 있다고 결정하여도 직접 당해 처분을 취소·변경하거나 필요한 처분의 이행 결정을 할 수는 없고, 관계기관의 시정이나 기타 필요한 조치를 요구하는 결정의 통지를 받은 때에는 그 결정에 따른 조치를 취하여야 한다.

8) 조세소송

이의신청, 심사 및 심판에 의해서 결정된 내용에 대해 불복이 있는 경우에는 법원에 정식으로 소송을 제기한다. 조세소송은 항고소송과 민사소송으로 나누어진다. 항고소송은 취소소송, 무효확인소송, 부작위 위법확인소송 등을 포함한다.

학 습 평 가

1. 부과된 세금에 대해 구제를 신청하는 방법으로 행정적인 절차와 사법적인 절차는 어떤 것이 있으며, 진행 흐름은 어떻게 되는가?
2. 국세기본법상 과세전적부심사의 청구대상으로 옳은 것은?
   (2013년 사법시험)
   ① 세법상 수시부과의 사유에 따른 납세고지
   ② 조세범 처벌법 위반으로 인한 통고처분
   ③ 납기 전 징수를 위한 납세고지
   ④ 국세환급금의 충당통지
   ⑤ 세무조사 결과에 대한 서면통지

[정답] : ⑤

3. 국세기본법상 심판청구가 가능한 것으로 묶인 것은?(2011년 사법시험)

ㄱ. 감사원법에 따라 심사청구를 한 처분 ㄴ. 국세기본법에 따른 심사청구에 대한 국세청장의 심사결정 ㄷ. 국세에 관한 필요한 처분을 받지 못하여 권리나 이익을 침해받은 경우 ㄹ. 이의신청에 대한 처분 ㅁ. 조세범 처벌절차법에 따른 통고처분

① ㄱ, ㅁ ② ㄴ, ㄷ ③ ㄴ, ㄹ ④ ㄷ, ㄹ ⑤ ㄷ, ㅁ

[정답] : ④

제 14 강 대중문화와 세금

학습목표

1. 대중문화예술과 관련된 세금의 종류에 대하여 설명할 수 있다.
2. 대중문화예술인 특히 연예인의 사례를 통해 관련 세법규정을 설명할 수 있다.

1. 연예산업의 구성요소

연예산업의 구성은 ① 연예용역을 제공하는 연예용역제공자(연예인), ② 연예용역제공자의 연예용역을 연예제작업에 중개하는 연예기획업(연예기획사), ③ 연예물을 제작하는 연예제작업(영화제작사, 드라마제작사, 방송사, 음반제작사, 공연제작사, 광고제작사), ④ 연예제작에 조력하는 연예물제작스태프, ⑤ 연예산업의 산출물인 연예물로 이루어진다. 경우에 따라서 연예용역제공자는 연예기획업의 중개를 거치지 않고 직접 연예제작업에 연예용역을 제공하기도 한다.

2. 연예기획사의 세금

1) 연예기획사와 사업유형의 선택

2014년 7월 28일부터는 「대중문화예술산업발전법」에 따라 대중문화예술기획업(연예기획사)을 하려는 자는 ① 독립된 사무소, ② 대중문화예술기획업에서의 4년 이상 경력(법인의 경우 1명 이상의 임원이 4년 이상 경력)의 요건을 갖추어 문화체육관광부에 등록을 하여야 한다.

이에 따라 2016년 2월 11일 현재 1,689개의 대중문화예술기획사가 등록되어 있으며, 그 중 약 48%인 813개가 개인사업자이며, 나머지 876개가 법인사업자로 등록되어 있다. 법인사업자가 개인사업자에 비하여 상대적으로 대규모의 자본을 바탕으로 한 매출규모가 크다고 할 수 있으나, 사업유형의 선택은 대외적인 신뢰도, 내부적인 자본금의 출연관계, 수익배분, 세금문제 등 여러 가지 측면을 고려하여 결정된다.

2) 연예기획사와 부가가치세

개인 혹은 법인사업자인 연예기획사가 대중에게 제공하는 연예용역은 부가가치세 과세대상에 해당하고 연예기획사에게는 부가가치세 신고납부의무가 있다. 그리고 일반사업자에 해당하는 연예기획사가 제공하는 연예용역(출연용역 등)은 그 용역을 공급받는 사업자 혹은 단체에게 원칙적으로 세금계산서를 발행할 의무가 있다.

세금계산서 발행시기는 세금계산서의 발행일자를 의미하는데, 이는 부가가치세 신고기한 및 납부기한을 결정하는 요소가 된다. 현실적으로는 세금계산서를 발행한 후에 대가를 지급받는 경우가 대부분이다. 세금계산서 발행시 기재하는 공급가액 혹은 공급대가는 부가가치세액뿐만 아니라 종합소득세 혹은 법인세와도 직결되므로 세금계산서 발행시 유의하여야 한다.

<표 14－1> 부가가치세 신고 및 납부기한

구 분	예정신고		확정신고		비 고
	거래기간	신고기한	거래기간	신고기한	
1기	1.1.～3.31.	4.25.	4.1.～6.30.	7.25.	
2기	7.1.～10.31.	10.25.	10.1.～12.31.	1.25.	

3) 연예기획사의 사업소득세와 법인세

(1) 수입(매출액)

연예기획사의 수입(매출)은 방송출연료 등의 용역매출, 공연수입 등의 매니지먼트매출, 음반·음원 매출 등으로 구성된다. 방송출연료 등에 대하여 발행한 세금계산서상 공급가액 합계가 총수입금액(매출)이 되며, 전속광고료 등은 계약기간에 안분하여 매출로 계상하여야 한다.

<표 14-2> 주요 연예기획사 2014년 매출현황

매출 부문	㈜에스.엠. 엔터테인먼트	㈜와이지 엔터테인먼트	㈜제이와이피 엔터테인먼트
음반·음원	455억원	361억원	112억원
출연료	805억원	252억원	-
매니지먼트	434억원	461억원	331억원
기타	-	489억원	41억원
합계	1,694억원	1,563억원	484억원

※ 출처 : 2014년 위 회사의 사업보고서(금융감독원 전자공시시스템 DART)

(2) 비용

① 인건비

연예기획사가 임원 및 근로자인 직원(스케줄매니저, 로드매니저, 코디네이트, 관리직원 등)에게 지급하는 급여에 대해서는 근로소득 원천징수의무가 있고, 보조출연자 등 일용근로자의 근로소득을 지급하는 경우 일당 지급액에서 일용근로자 근로소득공제 1일 10만원을 차감한 금액에 대하여 원천징수세율 6%를 적용한 산출세액에서 그 금액의 55%를 근로소득세액공제액으로 하여 차감한 금액을 근로소득으로 원천징수하여야 한다.

신고 및 납부는 원천징수일이 속하는 달의 다음 달 10일까지(반기별 7/10, 1/10) 하여야 하고, 지급명세서는 사업소득의 경우 다음 해 2월말, 근로소득의 경우 3/10까지, 일용근로자의 경우 4월·7월·10월·2월말 각각 제출하여야 한다. 한편 근로소득자의 경우 다음 해 2월까지 연말정산하여야 한다.

② 소속 연예인에게 지출한 비용

연예기획사의 소속 연예인에게 지출한 비용처리에 관한 일반원칙은 전속계약서상 약정에 따르고 수익비용대응 원칙, 개별원가가 적용된다. 예컨대 성형, 치아교정 등 의료비용을 회사가 부담한 경우 선급비용처리하고, 수익발생시 차후 상계하여야 하는 것이 원칙이다.

그러나 연예인의 치아교정비를 필요경비로 인정하지 않는 국세청 예규도 있어 주의를 요한다. 연기, 노래, 댄스 교육비, 의상비, 메이크업비에 관해서는 세법상 규정이 명확하지 않은데, 연예활동과 직접적인 연관성이 있는 경우에만 비용으로 인정된다. 로드매니저, 코디네이터, 헤어, 메이크업 담당 등 스태프 비용, 차량(스타그래프트) 리스 및 유지비 등은 비용으로 인정된다.

③ 접대비 등 기타 비용

연예기획사의 접대비 등 기타 지출에 대한 세무상 비용처리는 일반적인 세무상 비용처리방식과 동일하다.

④ 주식

법인사업자인 연예기획사의 소유주는 주주가 되며 상법상 출자금액을 한도로 유한책임을 지게 되나, 세법상으로는 친족 등 특수관계자 포함하여 해당 법인의 발행주식 총수의 50%를 초과하여 보유하는 자는 과점주주에 해당되어 법인이 부담할 세금에 대하여도 제2차 납세의무를 부담하게 된다.

<표 14-3> 주요 연예기획사 2014년 말 소유지분 현황

매출 부분	㈜에스.엠. 엔터테인먼트	㈜와이지 엔터테인먼트	㈜제이와이피 엔터테인먼트
이수만	21.27%	–	–
양현석	–	23.28%	–
박진영	–	–	16.43%
국민연금	4.85%	–	–
그레이트월드	–	11.35%	–
미디어코프	–	–	5.2%
소액주주	65.22%	57.65%	57.9%

※ 출처 : 2014년 위 회사의 사업보고서(금융감독원 전자공시시스템 DART)

⑤ 신고 및 납부

법인사업자인 연예기획사는 사업연도(법령 또는 정관에서 정하는 1회계기간) 종료일로부터 3개월 이내에 법인세 과세표준과 세액을 신고하여야 하고, 개인사업자인 연예기획사는 매년 발생된 사업소득을 다음 해 5월 1일부터 5월 31일까지 종합소득 과세표준과 세액을 신고하여야 한다.

4) 소속연예인의 출연료수입과 연예기획사의 세무

(1) 출연료 수입

개인(일반)사업자 혹은 법인사업자인 연예기획사의 소속 연예인이 방송 등에 출연한 경우 출연료를 수령하기 위해서는 방송사 등에 세금계산서를 발행하여야 한다.

세금계산서 발행일자는 출연 등의 용역제공 완료 시(출연료를 지급받는 때가 아님)를 원칙으로 하고, 출연계약이 6개월 이상이거나, 대가를 3회 이상 분할하여 지급받을 때에는 각각 받기로 한 때로 한다.

<그림 14-1> 연예기획사 출연료수입 세무처리

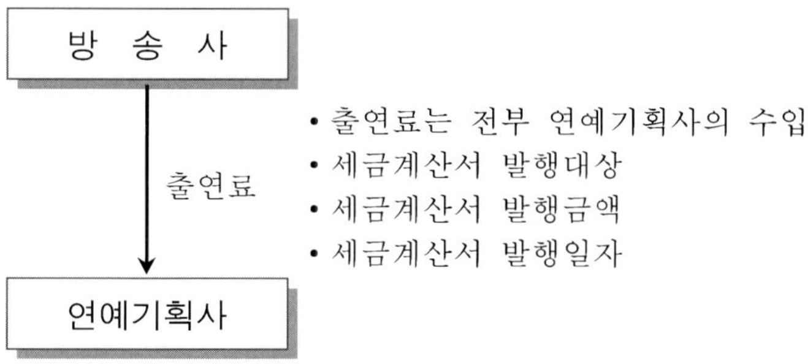

(2) 출연료 배분

중견연예인 이상이 연예기획사와 대등한 지위에서 전속계약을 한 경우 독립적인 인적용역 제공으로 사업소득이 타당하고, 신인급 연예인의 경우 대등하지 않은 지위에서 전속계약을 한 경우 독립적이라기보다는 고용적인 요소가 강하므로 근로소득으로 간주될 여지가 있다. 연예기획사가 방송사가 방송하는 각종 프로그램의 제작과정에 소속 연예인을 출연시키고 출연료를 지급받는 경우 연예기획사는 아래와 같이 원천징수를 하게 된다.

<그림 14－2> 연예기획사가 배분하는 출연료의 세무처리

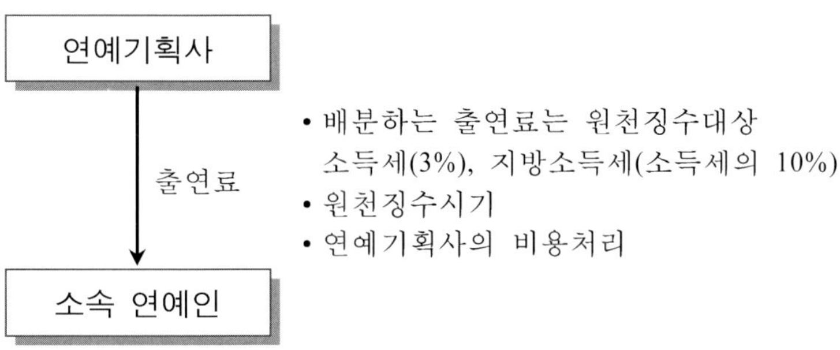

3. 연예인의 세금

1) 개 관

연예인은 세법상 개인서비스업 중 인적용역 제공에 해당하는 것으로 업종분류되어 종합소득세 신고 및 납부를 다음 해 5월까지 하여야 한다. 우선 다음 해 2월 10일까지 사업장현황 신고 시 납부할 개략적인 세금산정 준비를 하게 되는데, 사업장현황 신고는 원칙적으로 사업자등록한 연예인만을 대상으로 한다.

직전년도 수입금액 7,500만원 이상인 연예인의 경우 지출증빙을 바탕으로 복식부기에 의한 기장을 할 의무가 있고, 이에 따라 작성된 재무제표를 바탕으로 세무사 등의 세무조정계산서를 첨부하여 종합소득세 신고를 하여야 한다. 반면 직전년도 수입금액 7,500만원 미만 연예인의 경우 간편장부 대상자가 되고, 기장을 통한 신고 시 기장세액공제 등의 혜택이 있다.

2) 전속계약금

(1) 전속계약금의 의의

연예인의 경우 전속계약금을 수령하는 경우는 두 가지가 있다. 하나는 연예인이 매니지먼트 권한을 연예기획사에 일정한 기간 독점적으로 위임하는 계약을 체결하고, 위 활동으로 인한 수익의 일정비율을 분배받는 계약조건에 따라 계산된 전속계약금을 받는 경우이다.

다른 하나는 연예인이 탤런트 및 광고모델 등으로 활동하면서 계약기간 동안 동일 업종의 다른 회사 제품 또는 동종 경쟁상품의 타회사 광고에 출연할 수 없다는 내용의 전속모델계약을 체결한 경우라든가, 방송사와 일정 횟수의 출연기간 중 타방송사의 작품에는 출연하지 못한다는(단, 영화 · 광고물 · 케이블 티브이 · 위성방송 등 다른 영상매체의 경우는 사전승인을 받아 출연할 수 있는 경우) 내용의 전속출연계약을 체결하고 전속출연료를 받는 경우가 바로 그것이다.

후자의 전속모델계약료라든지, 전속출연료는 연예인이 연예기획사에 소속되어 있는 경우는 소속사를 통해 수령하게 되므로 이하는 연예인이 연예기획사에 소속되어 활동하고 있는 것을 전제로 한다.

(2) 전속계약금과 연예기획사의 세무

연예기획사는 연예인의 면세사업자등록 여부 및 계산서 발행과는 무관하게 전속계약금 지급시 전체 금액을 연예인에 대하여 사업소득을 지급한 것으로 보고 소득세(3%) 및 지방소득세(소득세의 10%)를 원천징수할 의무가 있다. 원천징수세액은 다음 달 10일까지 납부하여야 하고, 지급명세서는 다음 해 2월까지 제출하여야 한다.

연예기획사는 전속계약금 지급시 선급금 혹은 무형자산으로 계상하여야 하고, 계약기간 동안 안분하여 비용으로 처리하게 된다.

(3) 전속계약금과 연예인의 세무

연예인이 여러 회사나 단체, 거주자 등과 출연계약이나 광고모델 계약을 체결하고 전속계약금으로 지급받는 금액은 사업소득에 해당한다(소득세법 시행령 37조 1항). 연예인이 오로지 한 회사나 단체 또는 한 거주자 등과만 일신전속적인 계약을 체결하고 일회적으로 전속계약금을 받는 데 그치는 경우 기타소득으로 볼 수 있을지 의문이 있으나, 소득세법상 전속계약금을 기타소득으로 규정한 소득세법 제21조 제1항 제18호는 2007.12. 31. 삭제하고, 연예인이 사업활동과 관련하여 받는 전속계약금을 사업소득으로 규정한 소득세법 시행령 제37조 제1항이 2008.2.22자로 신설되었으므로 사업소득으로 본다.

연예인이 (면세)사업자등록한 경우 원천징수시 계산서를 발행한 것으로 간주하게 된다(소득세법 시행령 211조 5항). 연예인은 전속계약금을 지급받은 경우 사업소득을 지급받은 것으로 보고 종합소득세 신고하여야 하고 원천징수된 세액은 세액공제가 가능하다.

만일 연예인 등이 계약기간 1년을 초과하는 일신전속계약에 대한 대가를 일시에 받은 경우라면 계약기간 동안 안분하여 소득세를 신고(소득세법 시행령 48조 8호 단서)하여야 하고, 일시 지급된 금액에 대한 원천징수세액은 계약기간에 걸쳐 안분 공제가 가능하다.

3) 가수의 음반제작으로 인한 소득

자작곡으로 음반제작계약을 하고 받은 소득은 가수로서의 수입으로 보아야 하는지 아니면 작곡가로서의 수입으로 보아야 하는지에 따라 표준경비률이 달라지므로 세금이 달라진다.

이러한 계약의 경우 그 가수가 별도로 작곡료를 받거나 저작권을 양도한 경우에는 가수의 수입이 아닌 작곡가 수입으로 볼 수도 있지만 그렇지 않은 경우에는 전속가수로서 직접 노래를 불러 마스터 테이프를 제작하면 작곡이 부수적 용역으로 포함된 것으로 보아 작곡가부분과 가수부분을 구분할 수 없으므로 가수로서 용역을 제공한 것으로 본다.

따라서 음반제작계약으로 인한 대가를 받을 경우에는 작곡료를 구분하여 계약하는 것이 세법상 유리하다.

4) 매니저계약에 따르는 필요경비인정

배우 겸 모델로 활동하는 사람이 어머니와 전속계약을 체결하고, 또 다른 사람과는 광고모델활동에 따르는 매니저계약을 체결하고 각각 매니저비를 지급하면 인정될까?

감사원심사결정례에서는 다른 사람에게 광고모델 활동에 따르는 매니저비를 지급하였음에도 어머니에게 따로 광고모델 매니저비를 지급한 것은 필요경비로 인정하지 않았다. 그러나 어머니의 매니저 활동이 광고모델부분에 대해서도 인정될 수 있다면 어머니에게 따로 지급한 광고모델 매니저비도 필요경비로 인정받을 여지가 있다고 할 것이다.

4. 외국연예인의 세금

연습사례

Q1. 甲국의 배우 A는 한국의 영화제작사 B사의 영화에 출연하기 위해 6개월 이상 한국에 체류하였다. A는 자신이 전액 출자하여 설립한 회사 α사(한국에 고정사업장이 없음)의 고용인으로서 B사의 영화에 출연하였다. B사는 α사에 출연료를 지급하였지만 α사는 A에게 지급한 보수에 대하여 원천징수의무를 이행하지 않았다. 이 경우 B사가 α사에 지급한 출연료에 관해 한국에서 과세할 수 있는가?

외국 연예인의 국내공연은 체류기간에 따라 발급받는 사증의 종류에 따라 단기공연과 장기공연으로 구분할 수 있다. 즉, 단기공연은 음악회, 콘서트, 뮤지컬 등의 공연을 위해 단기취업(C-4)의 사증을 발급받은 외국 연예인을 초청하여 보통 10일 이내의 짧은 기간동안 공연하고 대가는 주로 외화로 지급하는 공연형태이고, 장기공연은 가무, 노래 및 연주 등의 공연을 위해 예술흥행(E-6)의 사증을 발급받은 외국 연예인을 초청하여 호텔, 나이트클럽 등의 공연장소와 장기간 공연계약을 체결하고 대가는 주로 원화로 매월 일정액을 지급하는 공연형태이다.

1) 단기공연으로 인한 용역대가

단기공연의 경우 조세조약 체결국가의 거주자(법인 포함) 해당 여부를 먼저 파악한 후 조세조약 미체결국가의 거주자에 해당할 경우에는 국내세법에 의하여 총지급대가의 20%를 원천징수해야 한다. 조세조약 체결 국가의 거주자에 해당할 경우에는 해당 국가와의 조세조약에 연예인 조항이 별도로 있으면 동 조항을, 연예인 조항이 없으면 독립적 인적용역조항을 적용하여 국내세법과 같이 총지급대가의 20%를 원천징수해야 한다. 다만, 해당 국가와의 조세조약에서 공연대가에 대하여 비과세 또는 면제하도록 규정하고 있는 경우에는 국내세법에 의하여 과세되더라도 비과세 또는 면제로 처리한다.

한편 외국 연예인(법인 포함)의 공연과 관련하여 법령의 규정에 의한 국내사업장이 있는 경우에는 해당 외국 연예인은 사업자등록을 하고 거주자의 경우와 같이 소득세(혹은 법인세)를 신고・납부해야 한다. 외국 연예인의 등록대가가 국내사업장에 귀속되는 경우에도 원천징수의무가 있으나, 동 국내사업장이 사업자등록을 한 경우에는 동 의무가 면제된다.

2) 장기공연으로 인한 용역대가

장기공연의 경우 외국 연예인이 외국법인에 소속되어 초청되는 경우도 있지만 대부분 개인 자격으로 입국하여 동 용역을 제공하게 된다. 이때 동 용역의 제공에 대한 대가는 외국연예인이 국내 기획사(파견사업주)에 고용되었는지 여부에 따라 인적용역소득 또는 근로소득으로 분류된다. 외국연예인(법인 포함)이 국내사업장에 귀속되지 않고 독립적으로 용역을 제공하는 경우에는 단기공연의 경우와 같이 인적용역소득으로 원천징수한다.

그러나 체류기간이 6개월을 초과하는 경우와 같이 국내사업장이 있는 것으로 보는 경우에는 사업자등록을 하고 거주자와 마찬가지로 소득세 또는 법인세를 신고납부해야 한다. 외국연예인의 공연대가가 국내사업장에 귀속되는 경우에도 원천징수의무는 있지만, 동 국내사업장이 사업자등록을 한 경우에는 동 의무가 면제된다.

국내 기획사(파견사업주)가 외국연예인을 고용한 후 그 고용관계를 유지하면서 근로자 파견계약 등에 따라 종사하게 하는 경우 국내 기획사가 지급하는 공연대가는 근로소득으로 원천징수해야 한다. 외국연예인이 거주자 또는 비거주자인지 여부는 소득세법에 의해 판정하지만, 비거주자에 해당할 경우에는 거주자에 대한 소득세 과세표준 및 세액계산 규정을 준용하되, 인적공제 중에서 비거주자 본인 외의 자에 대한 공제와 특별공제는 허용하지 않는다.

3) 외국 연예인에 대한 과세면제와 부가가치세 대리납부

연예인을 파견하는 국가의 정부나 지방공공단체 등의 공공기금에서 경비를 지원받는 경우 등과 같은 특정 외국 연예인의 용역대가는 조세조약상의 면제규정이 적용되고, 외국 연예인으로부터 용역을 공급받고 대가를 지급하는 자는 일반적으로 부가가치세 대리납부의무를 부담하게 된다.

연습사례

A : Q1 사례와 같이 A가 스스로 전액 출자하여 설립한 a사의 피고용자의 지위에서 영화에 출연하고, 출연료는 자신을 고용한 a사에 지급하게 한 경우, a사는 한국에 고정사업장이 없으므로 그 사업소득에 대해 한국에서 전혀 과세되지 않고, A가 a사의 피고용자의 지위에서 받는 보수는 한국 내에서의 활동에 대한 보수에만 국한되어 한국에서 과세된다(OECD 모델조세조약 15조 1항). 만일 A가 i) 한국의 체재일수가 183일 이하이고, ii) 한국 거주자 이외의 자에 의한 보수지급 및 iii) 지급된 보수가 한국에 소재하는 고용자의 PE에 의해 부담되지 않을 것 등 3가지의 요건이 충족되면 A의 거주지국인 甲국만 과세할 수 있다(동 조약 15조 2항).

이처럼 연예인이 자신의 활동으로 인한 소득을 전부 회사에 귀속시키는 방법으로 활동지국에서의 과세를 피하는 것을 막기 위해 OECD 모델조세조약은 연예인의 개인적 활동으로 얻어진 소득이 그들 자신에게 발생하는 것이 아니라 제3자에게 발생하더라도, 그 소득은 OECD 모델조세조약 제7조(사업소득), 제15조(근로소득)의 규정에 불구하고 활동지국(소득원천지국)이 과세할 수 있는 것으로 규정하고 있다(동 조약 17조 2항). 따라서 만일 甲국 · 한국 조세조약에서 OECD 모델조세조약 제17조 제2항과 같은 규정을 두고 있지 않다면 한국에서 과세할 수 없을 것이다.

학 습 평 가

1. 연예기획사가 지출한 금액 중 세법상 비용으로 전혀 인정되지 않는 것은?

   ① 스태프 비용

   ② 차량유지 비용

   ③ 연기교육비

   ④ 차량과속으로 인한 과태료

2. 국내 기획사(파견사업주)가 외국연예인을 고용한 후 그 고용관계를 유지하면서 근로자파견계약 등에 따라 종사하게 하는 경우 국내 기획사는 어떤 소득으로 원천징수해야 하는가?
3. 자작곡으로 음반제작계약을 하고 받을 경우 어떻게 하여야 세법상 유리한가?

찾 아 보 기

ㄱ

ㄴ

ㄷ

편저자 · 집필자 소개

□ 안 경 봉

- 국민대학교 법과대학 교수, 법학박사
- (전)국세청 국세심사위원회 위원
- (전)한국세법학회 회장, (현)국제조세협회 부이사장, (현)금융조세포럼 수석부회장
- 제1강 · 제2강 · 제10강 · 제11강 · 제14강 집필

□ 하 홍 준

- 한국지식재산연구원 연구위원, 법학박사
- 한국세법학회 정회원
- 제13강 집필

□ 김 홍 균

- 세무사, 법학박사
- 한국세법학회 · 국제조세협회 정회원 · 북악세법연구회 회장
- 제4강 · 제6강 · 제12강 집필

□ 장 기 락

- 세무사, 법학석사 · 법학박사과정 수료
- 한국세법학회 · 국제조세협회 정회원
- 제7강 · 제8강 집필

□ 손 영 철

- 세무사, 법학박사
- 한국세법학회 · 국제조세협회 정회원, 금융조세포럼 상임이사
- 제5강 집필

□ 남 태 현

- 공인회계사, 법학석사 · 법학박사과정 수료
- 한국세법학회 · 국제조세협회 정회원
- 제3강 · 제4강 · 제6강 · 제7강 · 제8강 · 제9강 · 제12강 집필

□ 이 한 우

- 세무사, 법학박사
- 한국세법학회 · 금융조세포럼 정회원
- 제7강 · 제8강 집필

시민생활과 세금

초판 발행	2012년 2월 28일
2판 2쇄	2014년 3월 5일
3판 2쇄	2016년 2월 29일
개정 4판	2019년 2월 26일
저 자	**안경봉**
발 행 인	**유지수**
편 집 인	**국민대학교 출판부**
주 소	서울특별시 성북구 정릉로 77
전 화	02)910-4242
등 록	1975년 6월 17일 제6-33호
인 쇄	(주)상지피앤아이

 ISBN 978-89-7812-434-8 93320

가격 20,000원